商务部十二五规划教材

中国国际贸易学会十二五规划教材

基础会计
模拟操作教程

主编　钟红霞　李丽

中国商务出版社

图书在版编目（CIP）数据

基础会计模拟操作教程 / 钟红霞，李丽主编 . —北京：中国商务出版社，2012.10
商务部十二五规划教材　中国国际贸易学会十二五规划教材
ISBN 978-7-5103-0787-4

Ⅰ.①基…　Ⅱ.①钟…　②李…　Ⅲ.①会计学-教材
Ⅳ.①F230

中国版本图书馆 CIP 数据核字（2012）第 248351 号

商务部十二五规划教材
中国国际贸易学会十二五规划教材
基础会计模拟操作教程
JICHU KUAIJI MONI CAOZUO JIAOCHENG

主编　钟红霞　李 丽

出　　版：中国商务出版社
发　　行：北京中商图出版物发行有限责任公司
社　　址：北京市东城区安定门外大街东后巷 28 号
邮　　编：100710
电　　话：010—64269744　64218072（编辑一室）
　　　　　010—64266119（发行部）
　　　　　010—64263201（零售、邮购）
网　　址：www.cctpress.com
邮　　箱：cctp@cctpress.com
照　　排：嘉年华文排版公司
印　　刷：北京密兴印刷有限公司
开　　本：787 毫米×980 毫米　1/16
印　　张：26.75　字　数：423 千字
版　　次：2012 年 11 月第 1 版　　2012 年 11 月第 1 次印刷
书　　号：ISBN 978-7-5103-0787-4
定　　价：42.00 元

编　委　会

丛书参编院校（排名不分先后）

常州机电职业技术学院　　　辽宁公安司法管理干部学院

辽宁科技学院　　　　　　　沧州职业技术学院

扬州环境资源职业技术学院　无锡城市职业技术学院

江苏省武进职业教育中心校　常州信息职业技术学院

江苏食品职业技术学院　　　江苏省扬州商务高等职业学校

泰州师范高等专科学校　　　常州工程职业技术学院

东营职业学院　　　　　　　武汉交通职业学院

江苏电大武进学院　　　　　池州职业技术学院

鸡西大学　　　　　　　　　日照职业技术学院

江苏信息职业技术学院

江西财经职业学院

九江职业大学

本书执行编委

主　编　　钟红霞　　常州机电职业技术学院

　　　　　李　丽　　江苏信息职业技术学院

副主编　　周大兴　　江苏省武进职业教育中心校

　　　　　刘　静　　江苏省武进职业教育中心校

　　　　　胡丽蓉　　辽宁公安司法管理干部学院

　　　　　姚玉兵　　沧州职业技术学院

参　编　　吴小红　　常州机电职业技术学院

　　　　　王燕芬　　江苏电大武进学院

　　　　　顾晓霞　　江苏电大武进学院

　　　　　周　兵　　江苏食品职业技术学院

　　　　　刘丽林　　辽宁公安司法管理干部学院

前　言

《基础会计模拟操作教程》是会计专业的基础课程，是会计模拟实训系列教材的入门教材。教材分上下两篇，上篇"操作示例与讲解"以企业最基本的经济业务为例，立足于会计实务操作层面，围绕会计工作循环，详细介绍了常用原始凭证和记账凭证的填制方法和注意事项、各类账簿的登记方法及注意事项、主要会计报表的编制方法等。另外还结合会计职业的特点增加了会计数字的书写规范等内容。下篇"模拟实训题"是与上篇相配套的会计数字书写、凭证、账簿、报表等专题训练，通过针对性的训练，以进一步提高学生的实际操作能力。具体而言，本教材有以下几方面的特色：

一、内容新颖，讲解翔实

本书是结合我国会计准则的具体内容和税收法规的最新变化编写而成的。在理论上紧密结合我国会计准则改革，将新的企业会计准则的基本准则、具体准则和企业会计准则应用指南，以及税收法规的最新变化贯穿其中。围绕会计实务工作流程，对会计数字书写、凭证填制及登账等规范进行翔实介绍，力争体现新颖性、准确性和实用性。

二、突出会计专业素质和操作技能的培养

本书注重会计理论与会计实务相结合，体现了职业教育的"理论够用、强化实务"的培养方针。本书在会计核算和实务操作上力争用真实的原始凭证体现，操作技能也与实际工作相一致，重在学生实务操作能力的培养。

三、适用范围广、与会计从业资格考试相衔接

本书既适用于职业院校会计专业的学生与教师，又适合于社会各界从事会计工作的人员及其他学习者；既考虑到职业院校注重能力培养，又考虑到本书使用者的能力提升。本书紧密结合会计从业资格的考试内容，可以作为会计从业资格的后续内容学习，以使获得会计从业资格的人士真正具备从事会计工作的能力。

本书由钟红霞、李丽担任主编，周大兴、刘静、胡丽蓉、姚玉兵担任副主编。本书的写作分工如下：钟红霞负责第一、三、九、十一章，李丽负责

第二、四、十、十二章，周大兴负责第五、十三章，刘静负责第六、十四章，胡丽蓉负责第七、十五章，姚玉兵负责第八、十六章。全书由钟红霞、李丽负责审定。同时感谢杨阳、何卫杰、兰丽娜、瞿浪、靳津津、喻桂金、贡怡、杨明、王清华、万军、柳勇、吴明、曾凡铠、曾桂香、谢峰、乐莉霞、朱文婷、冯庭罗、陶莎、郭吉丽、喻海棠、王洁谊、黄蓉、蔡梦华、卢菲、胡海伟、胡东林、吴菊菊、陈志斌、谢美琴、白云、习佳、肖福香、杨慧、江淑仙、陈朋、张新生、李亚、郭福金、谢龙英等同志在教材编校过程中所做的工作。

　　在本书的编写过程中，我们拜读了国内外许多专家、学者的著作，并借鉴了其中部分内容，在此谨向他（她）们表示深深的感谢和敬意！

　　由于水平有限，书中难免有不足之处，恳请读者批评指正，以便进一步修改和完善。

编者

2012 年 9 月

目录

上篇　操作示例与讲解

下篇　模拟实训题

上篇　操作示例与讲解

第一章　会计数字的书写与计算训练

第一节　会计数字的书写

一、会计阿拉伯小写数字的书写

（一）基本要求

正确、规范和流利书写阿拉伯数字，是会计人员应掌握的基本功。会计记账过程中书写的阿拉伯数字，同数学中或汉文字学中的书写方法并不一致，也不尽相同。财经工作常用的数字有两种：一种是阿拉伯小写数字，一种是中文大写数字。通常将用阿拉伯数字表示的金额数字简称为"小写金额"，用中文大写数字表示的金额数字简称为"大写金额"。阿拉伯数字与中文大写数字有不同的规范化要求，会计数字的书写应规范化，对会计人员书写数字的要求是正确、规范、清晰、整洁、美观。

1. 正确

正确，是指对所发生的经济业务的记录，一定要正确反映其内容，反映其全过程及结果，反映其全貌，所用文字与数字一定要书写正确。

2. 规范

规范，是指对有关经济活动的记录书写一定要符合财经法规和会计制度的各项规定，符合对财会人员的要求。无论是记账、核算、分析、编制报表，都要书写规范、数字准确、文字适当、分析有理，要严格按书写格式书写。文字要以国务院公布的简化汉字为标准，不要滥造简化字，不要滥用繁体字。数码字要按规范要求书写。

3. 清晰

清晰，是指账目条理清晰，书写时字迹清楚，举笔坚定，无模糊不清的现象。

4. 整洁

整洁，是指账面清洁，横排、竖排整齐分明，无杂乱无章现象。书写工整、不潦草，无大小不均、参差不齐及涂改现象。

5. 美观流畅

美观，是指结构安排要合理，字迹流畅，字体大方，显示个人功底。

（二）书写规范

1. 手写体阿拉伯数字写法示范

阿拉伯数字的写法，过去只有印刷体是统一字型的，手写体是根据人们的习惯和爱好去写，没有统一的标准字体。近年来随着经济发展，金融、商业等部门逐步采用一种适合金融、商业记数和计算工作需要的阿拉伯数字手写体，其标准书写字体如表1—1所示。

表1—1 手写体阿拉伯数字写法示范

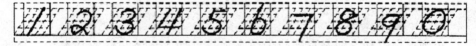

2. 小写数字书写要求

财会工作中，尤其是会计记账过程中，阿拉伯数码字的书写同普通的书写汉字有所不同，且已经约定俗成，形成会计数字的书写格式。其具体要求是：

（1）各数字自成体型，大小匀称，笔顺清晰，合乎手写体习惯，流畅、自然、不刻版。

（2）书写时字迹工整，排列整齐有序且有一定的倾斜度（数字与底线成60度的倾斜）并以向左下方倾斜为好。

（3）书写数字时，应使每位数字（7、9除外）紧靠底线且不要顶满格（行）。

一般来讲，每位数字约占预留格子（或空行）的1/2空格位置，每位数字之间一般不要连结，但不可预留间隔（以不增加数字为好）；每位数字上方预留 1/2 空格位置，可以订正错误记录时使用。

（4）对一组数字的正确书写是，应按照自左向右的顺序进行，不可逆方向书写；在没有印刷数字格的会计书写中，同一行相邻数字之间应空出半个数字的位置。

（5）除"4"、"5"以外的各单数字，均应一笔写成，不能人为地增加数字的数划。但注意整个数字要书写规范、流利、工整、清晰、易认不易改。

（6）如在会计运算或会计工作底稿中，运用上下几行数额累计加减时，应尽可能地保证纵行累计数字的位数对应，以免产生计算错误。

（7）对于不易写好、容易混淆且笔顺相近的数字书写，尽可能地按标准字体书写，区分笔顺，避免混同，以防涂改。①除"7"和"9"上低下半格的 1/4、下伸次行上半格的 1/4 处外，其他数字都要靠在低线上书写，不要悬空；②"0"要写成椭圆形，细看应接近轴对称与中心对称的几何图形，下笔要由右上角按逆时针方向划出，既不要写得太小，又不要开口，不留尾巴，不得写成 D 型，也不要写成 C 型；③"1"不能写短，且要合乎斜度要求，下端应紧靠分位格的左下角，防止改为"4"、"6"、"7"、"9"；④"4"的顶部不封口，写第一笔时应上抵中线，下至下半格的 1/4 处，斜度应为 60 度，并注意中竖是最关键的一笔，且要与第一笔平行，防止改为"8"；⑤"6"书写时可适当扩大其字体，使起笔上伸到数码格的 1/4 处，下圆要明显，以防改为"8"；⑥写"8"时，上边要稍小，下边应稍大，注意起笔应写成斜"S"型，终笔与起笔交接处应成菱角，以防止将"3"改为"8"。⑦"6"、"8"、"9"、"0"都必顺把圆圈笔划写顺，并一定要封口；⑧"2"、"3"、"5"应各自成体，避免混同。

（8）除采用电子计算机处理会计业务外，会计数字应用规范的手写体书写，不适用其他字体。只有这样，会计数字的书写才能规范、流利、清晰，合乎会计工作的书写要求。

二、会计小写金额书写要求

（一）币种符号的书写

书写小写金额时，数字前面应当书写货币币种或者货币名称简写和币种符号。币种符号与数字之间不得留有空白，以防止金额数字被人涂改。凡数字前写有币种符号的，数字后面不再写货币单位。人民币符号用"￥"表示，"￥"是"yuan"第一个字母缩写变形，它既代表了人民币的币制，又表示人民币"元"的单位。所以，小写金额前填写人民币符号"￥"以后，数字后面可不写"元"字。"￥"主要应用于填写票证（发票、支票、存单等）和编制记账凭证，在登记账簿，编制报表时，一般不使用"￥"。

（二）无数位分隔线的凭证、账表的标准写法

在没有位数分隔线的凭证、账表上，所有以元为单位的阿拉伯数字，除表示单价等情况外一律写到角分；无角分的，角位和分位可写"00"或"—"；有角无分的，分位应当写"0"，不得以符号"—"代替。只有分位金额的，在元和角位上各写一个"0"字并在元与角之间点一个小数点，如"￥0.06"。金额的整数部分，可以从小数点向左按照"三位一节"用分位点","分开或加 1/4 空分开，如"￥6, 947, 130.72"或"￥6 947 130.72"。

（三）有数位分隔线的凭证、账表的标准写法

对应固定的位数填写，不得错位，从最高位起，后面各数位格数字必须写完整；只有分位金额的，在元和角位上均不得写"0"；只有角位或角分位金额的，在元位上不得写"0"字；分位是"0"的，在分位上写"0"，角分位都是"0"的，在角分位上各写一个"0"字，不能采用划线等方法代替。

三、会计中文大写数字及金额的书写

（一）用正楷字体或行书字体书写

中文大写金额数字，为了易于辨认、防止涂改，应一律用正楷或者行书体书写。如壹、贰、叁、肆、伍、陆、柒、捌、玖、拾、佰、仟、万、亿、元、角、分、整、零等字样。不得用中文小写一、二、三、四、五、六、七、八、九、十或廿、两、毛、另（或 0）、圆等字样代替，不得任意自造简化字。

（二）正确运用"整"字

中文大写金额到"元"为止的，应当写"整"或"正"字，如￥480.00 应写成"人民币肆佰捌拾元整"。中文大写金额到"角"为止的，可以在"角"之后写"整"或"正"字，也可以不写，如￥197.30 应写成"人民币壹佰玖拾柒元叁角整"或者"人民币壹佰玖拾柒元叁角"。中文大写金额到"分"位的，不写"整"或"正"字，如￥94 862.57 应写成"人民币玖万肆仟捌佰陆拾贰元伍角柒分"。

（三）"人民币"与第一个大写数字之间不得留有空位

有固定格式的重要凭证，大写金额栏一般都印有"人民币"字样，书写时，金额数字应紧接在"人民币"后面，在"人民币"与大写金额数字之间

不得留有空位。大写金额栏没有印有"人民币"字样的，应在大写金额数字前填写"人民币"三字。

（四）正确书写中间"零"

一般在填写重要凭证时，为了增强金额数字的准确性和可靠性，需要同时书写小写金额和大写金额，且二者必须相符。当小写金额数字中有"0"时，大写金额应怎样书写，要看"0"所在的位置。

（1）金额数字尾部的"0"，不管有一个还是有连续几个，大写金额到非零数位后，用一个"整（正）"字结束，都不需用"零"来表示。如"￥4.80"，大写金额数字应写成"人民币肆元捌角整"；又如"￥200.00"时，应写成"人民币贰佰元整"。

（2）对于小写金额数字中间有"0"的，大写金额数字应按照汉语语言规律、金额数字构成和防止涂改的要求进行书写。举例说明如下：

①小写金额数字中间只有一个"0"的，大写金额数字要写成"零"字。如"￥306.79"，大写金额应写成"人民币三佰零陆元七角玖分"。

②小写金额数字中间连续有几个"0"的，大写金额数字可以只写一个"零"字。如"￥9 008.36"，大写金额应写成"人民币玖仟零捌元叁角陆分"。

③小写金额数字元位是"0"，或者数字中间连续有几个"0"，元位也是"0"，但角位不是"0"时，大写金额数字中间可以只写一个"零"，也可以不写"零"。如"￥3 480.40"，大写金额应写成"人民币叁仟肆佰捌拾元零肆角整"，或者写成"人民币叁仟肆佰捌拾元肆角整"；又如"￥920 000.16"，大写金额应写成"人民币玖拾贰万元零壹角陆分"，或者写成"人民币玖拾贰万元壹角陆分"。

④小写金额数字角位是"0"而分位不是"0"时，大写金额"元"字后必须写"零"字。如"￥637.09"，大写金额应写成"人民币陆佰叁拾柒元零玖分"。

（五）数字前必须有数量字

大写金额"拾"、"佰"、"仟"、"万"等数字前必须冠有数量字"壹"、"贰"、"叁"……"玖"等，不可省略。特别是壹拾几的"壹"字，由于人们习惯把"壹拾几"、"壹拾几万"说成"拾几"、"拾几万"，所以在书写大写金额数字时很容易将"壹"字漏掉。"拾"字仅代表数位，而不代表数量，前面不加"壹"字既不符合书写要求，又容易被改成"贰拾几"、"叁拾几"等。如"￥120 000.00"大写金额应写成"人民币壹拾贰万元整"。而不能写成"人民币拾贰万元整"。如果书写不规范，"人民币"与金额数字之间留有空位，就很容易被改成"人民币叁（肆、伍……）拾万元整"等。

【例1－1】下面列举在书写大写金额时，容易出现的问题，并进行解析。

1. 小写金额为 6 500 元

正确写法：人民币陆仟伍佰元整；错误写法：人民币：陆仟伍佰元整；错误原因："人民币"后面多一个冒号。

2. 小写金额为 3 150.20 元

正确写法：人民币叁仟壹佰伍拾元零贰角整；错误写法：人民币叁仟壹佰伍拾元贰角整；错误原因：漏写一个"零"字。

3. 小写金额为 105 000.00 元

正确写法：人民币壹拾万零伍仟元整；错误写法：人民币拾万伍仟元整；错误原因：漏写"壹"和"零"字。

4. 小写金额 90 036 000.00 元

正确写法：人民币玖仟零叁万陆仟元整；错误写法：人民币玖仟万零叁万陆仟元整；错误原因：多写一个"万"字。

5. 小写金额 4 300 000.93 元

正确写法：人民币肆佰叁拾万元零玖角叁分；错误写法：人民币肆佰叁拾万零玖角叁分；错误原因：漏写一个"元"字。

6. 小写金额 150 001.00 元

正确写法：人民币壹拾伍万零壹元整；错误写法：人民币壹拾伍万元另壹元整；错误原因：将"零"错写成"另"字，多出一个"元"字。

（六）票据的出票日期必须使用中文大写

为防止变造票据的出票日期，在填写月、日时，月为壹月、贰月和拾月的，日为壹至玖和壹拾、贰拾、叁拾的，应在其前加"零"，日为拾壹至拾玖的，应在其前面加壹。如：1 月 12 日，应写成"零壹月壹拾贰日"；10 月 30 日，应写成"零壹拾月零叁拾日"；2012 年 4 月 9 日，应写成"贰零壹贰年肆月零玖日"。票据出票日期使用小写填写的，银行不予受理。

票据和结算凭证上金额、出票或者签发日期、收款人名称不得更改，更改的票据一律无效。票据和结算凭证金额以中文大写和阿拉伯数码同时记载的，二者必须一致，否则票据无效，银行不予受理。票据和结算凭证上一旦写错或漏写了数字，必须重新填写单据，不能在原凭单上改写数字，以保证所提供数字真实、准确、及时完整。

第二节　会计数据的抄写与计算训练

　　会计人员成天与数字打交道：现金的收支、费用的摊提、成本的计算、收入汇总、试算平衡等，这其中包含大量的繁杂的数据计算。在会计采用电算化情况下似乎这一切都能迎刃而解，所以传统的会计计算工具——算盘、计算器的作用越来越弱化。而事实上有相当的单位仍用手工做账，且在相当多的情况下算盘与计算器仍能起到不可替代的作用。如珠算在凭证审核上具有简便快捷的特点，如果将算盘内空档作为间隔，珠算可对好几笔经济业务同时显示数字，同时运算操作，同时得出所需要的结果。将珠算这种"一顶几"的特长运用到日常核算中，将可收到事半功倍的效果。

　　计算器的日常功能使用，几乎人人都会，但是要做到快速、准确，还必须多加训练。培养学生快速、准确的计算能力，是保证会计后续工作顺利进行的前提。

一、会计数据的抄写

（一）抄写数据的来源

1. 传票练习本

　　传票练习本一般是 100 页，每页五行，这与记账凭证相类似。一题抄写完成后可用红笔划通栏计算线，以备计算用。抄写训练可采用限时不限量方式，一般右限时 10 分钟。数据可抄写在专用的"阿拉伯数字数字抄写与计算练习用纸"上。

2. 珠算练习卷

　　珠算初级加减练习卷每题一般为 15 行，这与汇总记账凭证及简单的科目汇总表数据汇总相类似。初始练习时可采用珠算五级练习卷进行抄写，训练一段时间后，抄写可采用珠算一级练习卷。珠算能手级加减练习卷每题一般为 10 行，且数据倍数多，这与一般的科目汇总表数据的汇总相类似，训练较长时间后可以采用。

3. 自编相关数据

　　（1）印制平时练习时所涉及的已填写好发生额的科目汇总过渡表，将其抄写在同样格式的无数据的空白科目汇总过渡表上。

　　（2）有关账页，如仅有发生额的"银行存款日记账"、"原材料明细账"等。

（3）有关原始凭证，如"五险一金计算表"、"产品成本计算单"等。

（二）抄写数据的注意事项

（1）首先要做到规范、清楚、快速。

（2）在专用纸上具体抄写时，千万不能错位，更改要用规范的划线更正法。

（3）在一般白纸上抄写时，数据要均称，"0"要点清，一般不用分节号，小数点要清楚。

二、会计数据的计算训练

（一）算盘计算训练

主要是用于加法的计算，计算资料可以用上述会计数据抄写的资料。在训练时可以计算自己抄写的数据，也可以计算他人抄写的数据，这样可以督促他人数据抄写得清晰与准确，也可以培养合作精神。

（二）计算器计算训练

主要是乘除法的计算，计算练习资料主要是自编的数据，也可用相关珠算练习卷。计算器的计算重点要关注计算器的选择与输入指法。

选择计算器注意点：

（1）实用价廉，一般情况下，会计上计算不会太复杂。

（2）性能稳定，电池太阳能双驱的。

（3）键盘大些，键盘小输入不得劲，快速的情况下容易输入错误。

（4）要有退格键、双"0"，容易更正，输入快捷。

（5）数字键的排列与计算机数字区的排列一致。

计算器输入指法：一般来说，计算器输入无固定的指法，如果训练过计算机（或小键盘）的数字输入，不妨用相同的输入方法，熟练后应该能更快捷。

（三）算盘与计算器的结合计算

主要是加减乘除混合计算时可考虑算盘与计算器的结合使用，以发挥各自的优势。计算练习资料主要是自编的数据，如产品成本的计算、存货明细账的登记等。

第二章 原始凭证的填制与审核

第一节 原始凭证填制概述

一、原始凭证填制的基本要求

原始凭证是具有法律效力的证明文件，原始凭证所反映的情况和数据是进行会计核算的最原始资料。为了保证会计核算资料的真实、正确和及时，原始凭证的填制必须符合一定的规范。

1. 记录要真实

原始凭证所填列的经济业务内容和数字，必须真实可靠，符合实际情况，不得歪曲经济业务真相，弄虚作假。对实物的数量和金额的计算，要准确无误，不得以匡算和估算填入，确保凭证所记录内容的真实可靠。

2. 内容要完整

原始凭证所要求填列的项目必须逐项填列齐全，不得遗漏和省略。名称要齐全，不能简化；品名或用途要填写明确，不能含糊不清；需要填写一式数联的原始凭证，必须用复写纸套写，各联的内容必须完全相同，联次不得缺少；业务经办人员必须在原始凭证上签名或盖章，以对凭证的真实性和正确性负责。

3. 手续要完备

企业自制的原始凭证必须由经办人和单位领导人或者其他指定人员的签名或盖章；对外开出的原始凭证必须加盖本企业公章；从外部取得的原始凭证，必须盖有填制单位的公章；从个人取得的原始凭证必须有填制人员的签名或盖章。

4. 书写要清楚规范

原始凭证要按规定填写，文字要简要，字迹要清楚，易于辨认，不得使用未经国务院公布的简化汉字。

5. 编号要连续

如果原始凭证已预先印定编号，在写坏作废时，应加盖"作废"戳记，妥善保管不得撕毁。

6. 不得随意修改

原始凭证有错误时，要按国家统一的会计制度的规定更正错误，不得随意涂改、刮擦和挖补。原始凭证有错误时，应当由出具单位重开或更正，更正处应当加盖出具单位印章。原始凭证金额有错误的应该退回出具单位重开，不得在原始凭证上更正。

7. 填制要及时

应当根据经济业务的执行和完成情况及时填制原始凭证，并按规定的程序及时送交会计机构、会计人员进行审核。不能提前，也不能事后补办，做到不积压，不耽误时间，不事后补制。

二、原始凭证填制的其他注意事项

（1）购买实物的原始凭证，必须有验收证明，如入库单，如果未入库就直接交由个人使用的实物，应由接收人在发票等原始凭证的背面签字查收。

（2）支付款项的原始凭证，必须有收款单位和收款人的收款证明。

（3）凡填有大写和小写金额的凭证，大写和小写的金额必须相符。

（4）一式几联的原始凭证，应当注明各联的用途，只能以一联作为报销凭证。一式几联的发票和收据，应该用双面复写纸（发票和收据本身具备复写纸功能的除外）套写，并连续编号，作废时加盖"作废"戳记，连同存根一起保存，不得撕毁。

（5）发生销货退回的，除填制退货发票外，还必须有退货验收的证明；退款时，必须取得对方的收款收据或者汇款银行的凭证，不得以退货发票代替收据。

（6）经上级有关部门批准的经济业务，应当将批准文件作为原始凭证附件；如果单独归档的，应当在凭证上注明名称、日期和文件字号。

（7）一张原始凭证所列的支出需要由两个以上单位共同负担时，应当由保存该原始凭证的单位开给其他应负担单位"原始凭证分割单"（见表2-1）。收到原始凭证分割单的单位以分割单作为记账凭证的附件。

原始凭证分割单必须具备原始凭证的基本内容：凭证名称、填制凭证日期、填制凭证单位名称或者填制人姓名、经办人的签名或者盖章、接受凭证单位名称、经济业务内容、数量、单价、金额和费用分摊情况等。

表 2—1

原始凭证分割单

凭证分割名称：　　　　　　　　分割日期：　　　　　　　　　　单位：元

填制凭证单位名称				接收分割单位名称				
序号	分割类别	经济业务内容	分割前总额	单位	分割量	单价	分割金额	备注
1								
2								
3								
4								
合　　计	人民币（大写）					￥_____		

填制人：　　　　　　　经办人：　　　　　　　　接收人：

第二节　常用原始凭证的填制方法

一、支票

（一）使用要点

1. 使用范围

通常适用于单位和个人在同一票据交换区域的各种款项结算，转账支票在同一票据交换区域内可以背书转让。

2. 付款期限

支票的持票人自出票之日起 10 日内提示付款，超过提示付款期限提示付款的，持票人开户银行不予受理，付款人不予付款。

3. 支票的种类

支票按支付票款的方式不同分为现金支票、转账支票和普通支票。现金支票只能用于支取现金不能用于转账，转账支票只能用于转账不能支取现金，普通支票既可以用于支取现金，也可以用于转账，在普通支票左上角划两条平行线的，为划线支票，划线支票只能用于转账，不得支取现金。

4. 支票登记簿

为了详细反映支票的使用情况，企业应设置"支票登记簿"，格式见表2—2。

表 2—2

支票登记簿

年		支票号码	用　　途	金　额										经办人	收回日期	备注
月	日			千	百	十	万	千	百	十	元	角	分			

　　如果一个单位有几个账户，为避免张冠李戴，支票登记簿最好要分开设置，支票领用登记簿不必每年更换，对于作废的支票，要把右上角上支票号码剪下来，贴在登记簿上，并在签名栏内注明作废。

（二）支票票样

　　现金支票票样见图 2—1 及转账支票票样见图 2—2（分别以中国农业银行和中国工商银行为例）。

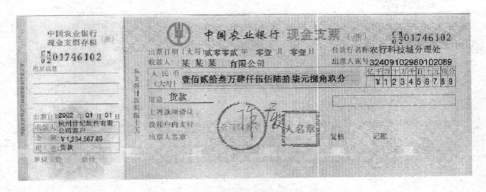

图 2—1　现金支票

转账支票背面

附加信息：	被背书人：	被背书人：	（贴粘单处）
	背书人签章： 年　月　日	背书人签章： 年　月　日	

根据《中华人民共和国票据法》等法律法规的规定，签发空头支票由中国人民银行处以票面金额5%但不低于1 000元的罚款

图 2—2　转账支票

（三）支票签发要求

（1）空白支票由出纳员保管签发，应用碳素墨水或墨汁，印鉴必须另有人保管，实行票章分管。

（2）禁止签发空头支票（是指支票持有人请求付款时，出票人在付款人处实有的存款不足以支付票据金额的支票）、远期支票，不准出租支票或将支票转让其他单位和个人使用，不准将支票交收款单位代签。不准携带空白支票外出，如有特殊情况，经主管领导和财务主管批准，并登记清楚用途及限额。）不得签发与其预留银行签章不符的支票；使用支付密码的，出票人不得签发支付密码错误的支票。

（3）"出票日期"应为大写，小写无效。规则为：月份为1、2和10的前加"零"，分别写为零壹月、零贰月、零壹拾月，日为1~9、10、20、30前加"零"，如1日为零壹日，20日为零贰拾日、30日为零叁拾日，日为11~19的前加"壹"，如11日写成零壹拾壹日，以此类推。

（4）大写金额与"人民币"字样之间不得留有空白，小写金额前应加人民币缩写符号"￥"。

（5）"收款人"、"出票日期"和金额不得更改，更改则无效，发生错误时只能作废重开，作废时用红笔在"金额"栏开始，往后划线并盖作废戳记，作废支票的存根和正本部分应一并保存，并在支票使用登记簿上注明作废。

（6）"收款行名称"应填写支票对应的开户银行名称，"出票人账号"应填写本支票对应的开户银行账号。"用途"根据实际用途填写。

（7）小写金额下的方框为密码区，应根据支付密码器生成的密码填写。

（8）出票人签章一般使用两枚预留银行的签章，通常一枚是单位的财务专用章，另一枚是单位法定代表人的个人名章。

（四）签发实例

【例 2—1】 常州星海有限公司于 2012 年 1 月 8 日提取现金 3 000 元备用，企业应签发见表 2—3 的现金支票。

企业基本资料

公司名称：常州星海有限公司，公司为增值税一般纳税人。

开户银行：基本存款账户：中国建设银行常州新北区支行，账
号：897020121

人民币结算账户：中国工商银行常州新北区支行，账
号：810535466

税务登记号：320411010194491

银行预留印鉴为企业财务专用章及法定代表丁正伟个人名章。

表 2—3

现金支票

现金支票正面

中国建设银行

现金支票存根

21008287

08786622

附加信息 _____

_____

出票日期：2012年01月08日

收款人：	常州星海有限公司
金 额：	¥3 000.00
用 途：	备用

单位主管　　会计

现金支票背面

根据《中华人民共和国票据法》等法律法规的规定，签发空头支票由中国人民银行处以票面金额 5%但不低于 1 000元的罚款。

注：提备用金时，收款人是本单位，所以支票背面收款人签章处一定要加盖银行预留印鉴。（身份证信息略）

【例 2—2】企业于 2012 年 1 月 8 日签发现金支票 2 000元给阳湖商场购买打印机耗材，则企业签发见表 2—4 的现金支票。

表 2－4

现金支票

现金支票正面

中国建设银行

现金支票存根

21008288

08786623

　　付款期限自出票之日起十天

附加信息

＿＿＿＿＿＿＿

＿＿＿＿＿＿＿

出票日期：2012年01月08日

收款人：	阳湖商场
金　额：	¥ 2 000.00
用　途：	货款

单位主管　会计

中国建设银行　　现金支票　　21008288

08786623

出票日期（大写）贰零壹贰年零壹月零捌日　付款行名称：中国建设银行股份有限公司新北区支行

收款人：阳湖商场　　　出票人账号：897020121

人民币（大写）	叁仟元整	亿	千	百	十	万	千	百	十	元	角	分
						¥	3	0	0	0	0	0

用途　备用金

上列款项请从

我账户内支付

出票人签章　　财务专用章　　复核　　　记账

现金支票背面

附加信息：	
	收款人签章 年　月　日
身份证件名称：　　　发证机关：	
号码	

（贴粘单处）

根据《中华人民共和国票据法》等法律法规的规定，签发空头支票由中国人民银行处以票面金额 5%但不低于1 000元的罚款。

注：如果收款人是其他单位或个人，则支票背面不需要盖章。

【例2－3】常州星海有限公司于 2012 年 3 月 7 日从浙江光大企业购入材料一批，取得的增值税专用发票上注明的金额为50 000元，税额为8 500元，企业以转账支票方式支付货款，则企业应签发转账支票见表2－5。

表 2—5

转账支票正面

中国建设银行

转账支票存根

3567892

附加信息

出票日期：2012年03月07日

收款人：浙江光大股份有限公司

金　额：￥58 500.00

用　途：材料款

单位主管　　会计

本支票付款期限十天

中国建设银行	转账支票	3567892

出票日期（大写）贰零壹贰年叁月零柒日

付款行名称

收款人：浙江光大股份有限公司　　出票人账号：中国建设银行股份有限公司新北区支行

897020121

人民币 （大写）伍万捌仟伍百元整	亿	千	百	十	万	千	百	十	元	角	分
				￥	5	8	5	0	0	0	0

用途　材料款　　　　密码

上列款项请从

我账户内支付

出票人签章　财务专用章　复核　记账

常州星海有限公司　★　财务专用章

伟丁印正

转账支票背面

附加信息：	被背书人： 委托收款 背书人签章： 　年　月　日	被背书人： 背书人签章： 　年　月　日

（贴粘单处）

根据《中华人民共和国票据法》等法律法规的规定，签发空头支票由中国人民银行处以票面金额 5%但不低于1 000元的罚款。

　　注：只有单位在不同商业银行之间划转款项且采用顺解程序时，支票背面的背书人签章处才需要加盖本单位银行预留印鉴。

　　【例 2—4】常州星海有限公司于 2012 年 3 月 8 日签发一张转账支票，从建行新北区支行划款5 000元到工商银行新北区支行。

　　■ 采用顺解方式时，单位开出见表 2—6 的转账支票。

表 2-6

转账支票正面

中国建设银行
转账支票存根
7267892

附加信息
_____
_____

出票日期：2012年03月08日

收款人：常州星海有限公司
金　额：￥5 000.00
用　途：划款

单位主管　　会计

本支票付款期限十天

中国建设银行　　转账支票　　7267892

出票日期（大写）贰零壹贰年零叁月零捌日　付款行名称：

收款人：贵州星海有限公司　　出票人账号：

中国建设银行股份有限公司新北区支行
897020121

人民币 （大写）	伍仟元整	亿	千	百	十	万	千	百	十	元	角	分
							￥5	0	0	0	0	0

用途　划款　　　　　　　密码

上列款项请从
我账户内支付

出票人签章　　财务专用章　　复核　　记账

伟丁印正

转账支票背面

附加信息：	被背书人： 委托收款 常州星海有限公司 ★ 财务专用章 背书人签章： 2012年03月08日	被背书人： 伟丁印正 背书人签章： 年　月　日	（贴粘单处）

根据《中华人民共和国票据法》等法律法规的规定，签发空头支票由中国人民银行处以票面金额 5%但不低于1 000元的罚款。

■ 采用倒解方式时，单位开出的票据见表2-7。

表 2—7

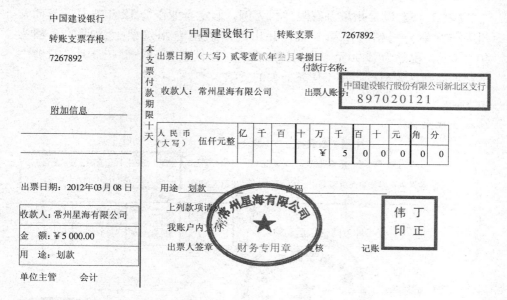

转账支票背面

附加信息：	被背书人：委托收款	被背书人：	
			（贴粘单处）
	背书人签章： 年　月　日	背书人签章： 年　月　日	

根据《中华人民共和国票据法》等法律法规的规定，签发空头支票由中国人民银行处以票面金额 5%但不低于 1 000 元的罚款。

（五）收到支票

1. 收到现金支票

收到现金支票后应直接在背面收款人签章处加盖本单位的银行预留印鉴，并持票到出票人开户银行提取现金。

2. 收到转账支票

（1）收到转账支票后，如由本单位进账，则需要填制进账单。

（2）收到转账支票后，如背书转让给其他单位，则应在转账支票背书人签章处加盖本公司银行预留印鉴，在被背书人处填写接受本转转账支票的单位或个人名称，并提交给被背书人。

3. 填制实例

【例2—5】以常州星海有限公司为例，假定企业于2012年3月5日向常州阳湖贸易公司销售产品一批，开出的增值税专用发票上注明的金额为40 000元，税额为6 800元，收到转账支票一张见表2—8，并于3月8日背书给湖塘高新区钢材厂，用于偿还前欠的货款。

表2—8

转账支票正面

转账支票背面

注：如果因多次背书转让需要使用粘贴单的，则在粘贴的连接处加盖骑缝章，并确保骑缝章清晰可见，否则该粘单上记录的背书无效。

二、进账单

1. 使用要点

（1）适用范围：单位收到支票、银行本票、银行汇票等票据后，办理进账手续时使用。

（2）联次：进账单一式三联，第一联为开户银行交给持（出）票人的回单，第二联为收款人开户行作贷方凭证，第三联为收款人开户银行交给收款人的收账通知。

（3）进账单通用样式见表2—9、2—10、2—11。

表2—9

进　账　单（回单）　　　　　　1

年　月　日

出票人	全称		收款人	全称											收此联是的收款账开户通知银行交给
	账号			账号											
	开户银行			开户银行											
金额	人民币（大写）				亿	千	百	十	万	千	百	十	元	角	分
票据种类		票据张数													
票据号码															
复核　　　　记账				收款人开户银行签章											

表2—10

进　账　单（贷方凭证）　　　　　2

出票人	全称		收款人	全称											此联由开户银行作贷方凭证
	账号			账号											
	开户银行			开户银行											
金额	人民币（大写）				亿	千	百	十	万	千	百	十	元	角	分
票据种类		票据张数													
票据号码															
备注				复核　　　　记账											

表 2—11

进　账　单（收账通知）　3

	全称				全称												收此款联人人是的收款收账人通开知户
出票人	账号			收款人	账号													
	开户银行				开户银行													银行交给
金额	人民币（大写）					亿	千	百	十	万	千	百	十	元	角	分		
票据种类		票据张数																
票据号码																		
复核　　　记账						收款人开户银行签章												

2. 填制进账单说明

（1）"日期"按填制进账单当日的日期填写，不用大写。

（2）"出票人"信息应根据收到的票据上注明的出票人或申请人信息填写。

（3）"收款人"信息应根据收到的票据或本单位实际情况填写。

（4）"金额"应根据收到的票据上注明的金额填写。

（5）"票据种类"应根据实际收到的票据类别（如支票、银行汇票、银行本票等）填写。

（6）"票据张数"和"票据号码"应根据实际收到的票据张数与票据上注明的号码填写。

3. 填制实例

【例 2—6】以星海有限公司为例，假定企业 2012 年 3 月 3 日将工行结算账户人民币 100 000 元划到建行基本账户。

表 2—12

中国工商银行转账支票存根

支票号码：№435357

科目：

对方科目：

之印

签发日期：2012 年 03 月 03 日

收款人：常州星海有限公司
金额：￥100 000.00
用途：划款
备注：(810535466)

单位主管：何永成　　会计：高蓉

表 2—13

进　账　单（回单）

1

2012 年 03 月 03 日

出票人	全称	常州星海有限公司	收款人	全称	常州星海有限公司
	账号	810535466		账号	897020121
	开户银行	工行常州新北区支行		开户银行	建行常州新北区支行

金额	人民币 （大写）壹拾万元整	亿	千	百	十	万	千	百	十	元	角	分
						￥	1	0	0	0	0	0	0	0

票据种类	转账支票	票据张数	一张	
票据号码	435357			中国工商银行常州 新北区支行 2012、03、03 办讫章

复核　　　记账　　　　　　　　　　开户银行签章

此联是开户行交给持票人

表 2—14

进　账　单（收账通知）

2012 年 03 月 03 日

3

出票人	全称	常州星海有限公司	收款人	全称	常州星海有限公司	
	账号	810535466		账号	897020121	此联是收款人开户行交给持票人
	开户银行	工行常州新北区支行		开户银行	建行常州新北区支行	

金额	人民币（大写）壹拾万元整	亿	千	百	十	万	千	百	十	元	角	分
					￥	1	0	0	0	0	0	0	0

票据种类	转账支票	票据张数	一张
票据号码	435357		

中国工商银行常州新北区支行

2012、03、03

办讫章

复核　　　记账　　　　　　　　　　　　开户银行签章

4. 填制注意事项

（1）所有联次填写内容一致，用复写纸套写。

（2）开户银行签章处由办理进账手续的银行加盖印章。

（3）进账单上填列的收款人名称、账号、金额、内容均不得更改，其他项目内容应根据所附支票的相关内容据实填列。这是因为银行受理票据后，支票和进账单两者分离，要分别在不同的柜组或行处之间进行核算处理，为了防止差错纠纷和经济案件的发生，便于事后查找，故作此明确规定。

（4）进账单第二联最下端的磁码区域必须保持清洁，任何企事业单位或个人不得在此区域内书写或盖章，其目的、作用与支票相同。

三、银行汇（本）票申请书

1. 使用范围

企业向银行申请签发银行汇（本）票时使用；当收款人与申请人均为个人时，可以申请现金银行汇（本）票。

银行汇（本）票申请书中所填金额不得超过申请人所用账号的银行存款余额。

2. 银行汇（本）票申请书样式

银行汇（本）票一式三联，第一联为银行记账凭证（表 2－15），第二联为代理签发行记账凭证（表 2－16），第三联为客户回单（表 2－17）。

表 2－15

中国建设银行　　银行汇（本）票申请书　　№99276409

币别：　　　　　　年　月　日　　　　　　流水号：

业务类型	□银行汇票 □银行本票		付款方式		□ 转账　　□ 现金										第一联银行记账联
申 请 人			收 款 人												
账　　号			账　　号												
用　　途			代理付款行												
金额（大写）					亿	千	百	十	万	千	百	十	元	角	分
客户签章															

会计主管：　　　　授权：　　　　复核：　　　　录入：

表 2－16

中国建设银行　　银行汇（本）票申请书　　№99276409

币别：　　　　　　年　月　日　　　　　　流水号：

业务类型	□银行汇票 □银行本票		付款方式		□ 转账　　□ 现金										第二联代理签发行记账
申 请 人			收 款 人												
账　　号			账　　号												
用　　途			代理付款行												
金额（大写）					亿	千	百	十	万	千	百	十	元	角	分
客户签章															

会计主管：　　　　授权：　　　　复核：　　　　录入：

表 2—17

中国建设银行　　银行汇（本）票申请书　　№99276409

币别：　　　　　年　月　日　　　　　　　　流水号：

业务类型	□银行汇票 □银行本票	付款方式	□ 转账　　□ 现金	
申请人		收款人		
账　号		账　　号		
用　途		代理付款行		
金额（大写）		亿 千 百 十 万 千 百 十 元 角 分		
客户签章				

第三联 客户回单

会计主管：　　　　授权：　　　　复核：　　　　录入：

3. 填制银行汇票申请书的具体方法

（1）"币别"按申请结算币种填写。

（2）日期按填制该申请书的日期填写。

（3）"业务类型"应根据申请的结算方式并在相应的方框内打"√"。

（4）填写"付款方式"时，除申请人和收款人同为个人而在现金前的方框内打"√"外，其余均在转账前的方框内"√"。

（5）"申请人"及"账号"应填写申请人名称及银行账号。

（6）"收款人"及"账号"应填写收款人名称及银行账号。

（7）"用途"应根据实际用途填写。

（8）"金额"应根据申请支付金额填写。

（9）"客户签章"处应加盖申请人预留银行的印鉴。

4. 填制实例

【例 2—7】常州星海有限企业于 2012 年 3 月 13 日从上海达瑞公司购入材料一批，取得的增值税专用发票上注明的金额为400 000元，税额为68 000元，企业采用银行汇票结算方式支付货款。"申请人"是本公司，"收款人"是上海达瑞公司，表明本公司向银行申请取得了一张金额为468 000元、收款人为上海达瑞公司的银行汇票，见表2—18。

表 2—18

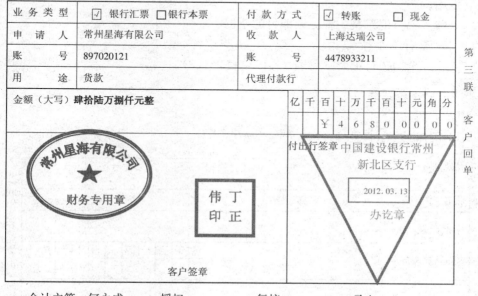

业务类型	☑ 银行汇票 □银行本票	付款方式	☑ 转账	□ 现金

银行汇（本）票申请书　　№ 99276409

币别：人民币　　　2012 年 03 月 13 日　　　　流水号：003077

业务类型	☑ 银行汇票　□银行本票		付款方式	☑ 转账　　□ 现金
申请人	常州星海有限公司		收款人	上海达瑞公司
账号	897020121		账号	4478933211
用途	货款		代理付款行	

金额（大写）**肆拾陆万捌仟元整**　　　亿 千 百 十 万 千 百 十 元 角 分　　¥ 4 6 8 0 0 0 0 0

付出行签章　中国建设银行常州新北区支行　2012.03.13　办讫章

客户签章

会计主管：何永成　　　授权：　　　复核：　　　录入：

第三联　客户回单

四、银行汇票

1. 使用要点

（1）使用范围：银行汇票一般由汇款人将款项交存当地银行，由银行签发给汇款人持往异地办理转账结算或支取现金。银行汇票可以用于转账。填明"现金"字样的银行汇票也可以用于支取现金。单位和个人在同城、异地或统一票据交换区域的各种款项结算，均可使用银行汇票。

（2）联次：全国银行汇票共四联，第一联为卡片，为承兑行支付票款时作付出传票；第二联为银行汇票，与第三联解讫通知一并由汇款人自带，在兑付行兑付汇票后此联做联行往来账付出传票；第三联解讫通知，在兑付行兑付后随报单寄签发行，由签发行做余款收入传票；第四联是多余款通知，出票行结清多余款后交汇款人。华东三省一市银行汇票共两联，第一联为出票行结清汇票时作汇出汇款借方凭证，第二联为代理付款行付款后作借方凭证附件。

（3）银行汇票在申请人向银行提交银行汇（本）票申请书后，由银行受理开具。银行汇票的出票和付款，全国范围限于中国人民银行和各商业银行参加"全国联行往来"的银行办理。跨系统银行签发的转账银行汇票的付款，应通过同城票据交换将银行汇票和解讫通知提交给同城的有关银行审核支付后抵用。

（4）银行汇票是一种见票即付的票据。

2. 银行汇票样式

（1）全国银行汇票（见表2—19～表2—23）。

表2—19   第一联

表 2-20 第二联

| 提示付款期自出票之日起壹个月 | _____ 银 行
银行汇票 2 | 汇票号码 |

出票日期
（大写） 年 月 日

代理付款行： 行号：

此联代理付款行付款后作联行往账借方凭证附件

| 收款人 | | 账 号： |
| 出票金额 | 人民币
（大写） | |

| 实际结算金额 | 人民币
（大写） | 亿 千 百 十 万 千 百 十 元 角 分 |

申请人：_____ 账号：_____

出票行：_____行号：___
备 注：_____

密押	
多余金额	
亿 千 百 十 万 千 百 十 元 角 分	

见票付款
出票行签章

复核 记账

表 2-21 第二联背面

被背书人：	被背书人：
背书人签章： 年 月 日	背书人签章： 年 月 日

（粘单处）

持票人向银行 身份证件名称
提示付款签章 号 码
发 证 机 关

表 2－22　第三联解讫通知

提示付款期自出票之日起壹个月	＿＿＿＿ 银 行 银行汇票（解讫通知）　3　汇票号码											此联代理付款行兑付后随报单寄出票行，由出票行作多余款贷方凭证
出票日期（大写）　　年　月　日	代理付款行：　　　行号：											
收款人　　　　账　号：												
出票金额｜人民币（大写）												
实际结算金额｜人民币（大写）	亿	千	百	十	万	千	百	十	元	角	分	
申请人：＿＿＿＿　账号：＿＿＿＿												
出票行：＿＿行号：＿＿ 备　注：＿＿＿＿	密押 多余金额											
	亿	千	百	十	万	千	百	十	元	角	分	
见票付款 代理付款行签章												复核　记账

表 2－23　第四联多余款收账通知

提示付款期自出票之日起壹个月	＿＿＿＿ 银 行 银行汇票（多余款收账通知）　4　汇票号码											此联出票行结算多余款后交申请人
出票日期（大写）　　年　月　日	代理付款行：　　　行号：											
收款人　　　　账　号：												
出票金额｜人民币（大写）												
实际结算金额｜人民币（大写）	亿	千	百	十	万	千	百	十	元	角	分	
申请人：＿＿＿＿　账号：＿＿＿＿												
出票行：＿＿行号：＿＿ 备　注：＿＿＿＿	密押 多余金额											左列退回多余金额已收入你账户内
	亿	千	百	十	万	千	百	十	元	角	分	
出票行签章												复核　记账

（2）华东三省一市银行汇票，华东三省一市银行汇票指的是出票银行必须是三省一市（浙江、安徽、江苏、上海）区域内的银行。票据的流通不受限制。华东三省一市银行汇票一般是一式三联，每个银行稍微有些区别，第一联是卡片，第二联叫发报或出票依据，第三联是客户回单联，其样式（见表2—24～表2—26）

表2—24 银行汇票第一联

提示付款期自出票之日起壹个月	华东三省一市 银行汇票(卡片) 1	汇票号码	此联出票行结算汇票时作汇出汇款借方凭证附件

出票日期 年 月 日 （大写） 代理付款行： 行号：

收款人： 账 号：

出票金额 人民币（大写）

实际结算金额 人民币（大写） 亿 千 百 十 万 千 百 十 元 角 分

申请人：_____ 账号：_____

出票行：_____ 行号：_____

复核 经办 复核 记账

表 2－25　银行汇票第二联

| 提示付款期自出 票之日起壹个月 | 华东三省一市 银行汇票　2 | | | | | | | | | | | 汇票号码 |

出票日期　　　　　年　月　日
（大写）

收款人　　　　　　　账　号：

出票金额　人民币
　　　　　（大写）

| 实际结算金额 | 人民币 （大写） | 亿 | 千 | 百 | 十 | 万 | 千 | 百 | 十 | 元 | 角 | 分 |

申请人：＿＿＿＿＿＿＿　　账号：＿＿＿＿＿＿＿＿＿＿＿

出票行：＿＿＿行号：＿＿

密押												
多余金额												
亿	千	百	十	万	千	百	十	元	角	分		

复核
经办　　　　　　　　　　　　　　　　　　复核　记账

此联代理付款行付款后作借方凭证附件

表 2－26　银行汇票第二联背面

被背书人：	被背书人：
背书人签章： 年　月　日	背书人签章： 年　月　日

（粘单处）

持票人向银行　　　　　　身份证件名称
提示付款签章　　　　　　号　　码
　　　　　　　　　　　发　证　机　关

3. 填制实例

　　【例2-8】常州星海有限公司2012年2月9日向银行申请取得银行汇票（见表2-27~表2-29），用以支付徐州机械设备厂货款。

　　说明：在这里，常州星海有限公司是作为付款人向银行申请取得汇票。星海有限公司取得银行汇票后，应将第二联和第三联交给收款人徐州机械设备厂。

　　表2-27

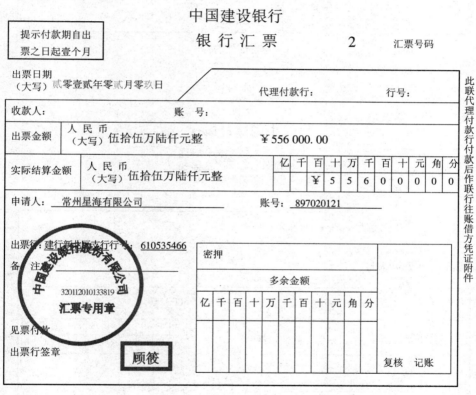

表 2-28　第二联背面

被背书人：	被背书人：
背书人签章： 年　月　日	背书人签章： 年　月　日

持票人向银行　　　　　身份证件名称

提示付款签章　　　　　号　　码

　　　　　　　　　　　发 证 机 关

表 2-29　第三联

中国建设银行

银行汇票　（解讫通知）　　　3　汇票号码

出票日期（大写）　贰零壹贰年零贰月零玖日　　代理付款行：　　　　行号：

				亿	千	百	十	万	千	百	十	元	角	分
收款人：	徐州机械厂													
出票金额	人民币（大写）伍拾伍万陆仟元整	￥556 000.00												
实际结算金额	人民币（大写）伍拾伍万陆仟元整				￥	5	5	6	0	0	0	0	0	0

申请人：　常州星海有限公司　　　　　　账号：　897020121

出票行：建行新北区支行　行号：610535466

备　注：＿＿＿＿＿＿＿＿＿

密押
多余金额

亿	千	百	十	万	千	百	十	元	角	分

复核　记账

代理付款行签章

粘单处

【例2—9】常州星海有限公司2012年2月11日，销售产品一批，货税合计234 000元，公司从徐州铜山益友公司收到银行汇票，则收到的第二、第三两联的汇票和填表制进账单见表2—30～表2—33所示。

表2—30　收到的银行汇票第二联

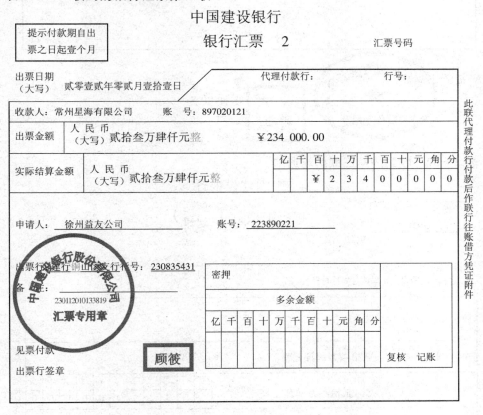

表 2-31　第二联背面：

被背书人：	被背书人：
背书人签章：　　　　年　月　日	背书人签章：　　　　年　月　日

持票人向银行
提示付款签章

身份证件名称
号　　码
发证机关

表 3-32　收到的第三联解讫通知

中国建设银行

银行汇票　（解讫通知）　　3　汇票号码

提示付款期自出
票之日起壹个月

出票日期（大写）	贰零壹贰年零贰月壹拾壹日	代理付款行：		行号：								
收款人：	常州星海有限公司											
出票金额	人民币（大写）贰拾叁万肆仟元整			￥234 000.00								

实际结算金额	人民币（大写）贰拾叁万肆仟元整	亿	千	百	十	万	千	百	十	元	角	分
				￥2	3	4	0	0	0	0	0	0

申请人：　徐州益友公司　　　　　账号：　223890221

出票行：建行铜山区支行　行号：　23083543

备　注：

密押

多余金额

亿	千	百	十	万	千	百	十	元	角	分

代理付款行签章

复核　记账

此联代理付款行兑付后随报单寄出票行，由出票行作多余款贷方凭证

注：收款人收到对方传递来的银行汇票时，应审查下列事项：

①银行汇票和解讫通知是否齐全、汇票号码和记载的内容是否一致；

②收款人是否确为本单位或本人；银行汇票是否在提示付款期限内；必须记载的事项是否齐全；

③出票人签章是否符合规定，是否有压数机压印的出票金额，并与大写出票金额一致；

④出票金额、出票日期、收款人名称是否更改，更改的其他记载事项是否由原记载人签章证明。

星海有限公司填制的进账单见表2—33。

表2—33

进　账　单（回单）　　　　　　　　1

2012 年 02 月 11 日

出票人	全称	徐州益友公司	收款人	全称	常州星海有限公司	亿	千	百	十	万	千	百	十	元	角	分	此联是开户银行交给持（出）票人的回单
	账号	235980356012		账号	897020121												
	开户银行	建设银行铜山支行		开户银行	建设银行常州新北区支行												
金额	人民币（大写）贰拾叁万肆仟元整						￥	2	3	4	0	0	0	0	0	0	
票据种类	银行汇票	票据张数	1 张														
票据号码	02114302012021118																
复核　　　记账				开户银行签章：													

【例2—10】沿用上述【例2—9】，如果星海有限公司收到徐州益友公司的银行汇票后，将汇票于2012年2月12日背书转让给常州东方股份有限公司，则按见表2—34填制。

表 2－34

中国建设银行
银行汇票　2　　　　　汇票号码

| 提示付款期自出票之日起壹个月 | | |

出票日期
（大写）贰零壹贰年零贰月壹拾壹日　　　　代理付款行：　　　　行号：

| 收款人：常州星海有限公司 | 账　号：897020121 |

| 出票金额 | 人 民 币（大写）贰拾叁万肆仟元整 | 234 000.00 |

| 实际结算金额 | 人 民 币（大写）贰拾叁万肆仟元整 | 亿 千 百 十 万 千 百 十 元 角 分
　　　　　2 3 4 0 0 0 0 0 |

| 申请人：徐州益友公司 | 账号：223890221 |

出票行：中国建设银行铜山富南支行
行号：230835431
　　　230112010133819
备　注：

密押

多余金额

亿 千 百 十 万 千 百 十 元 角 分

见票付款
出票行签章

复核　记账

顾筱

表 2－35　第二联背面：

| 被背书人：常州东方股份有限公司 | 被背书人： |

常州星海有限公司
★
财务专用章

伟 丁
印 正

背书人签章：
2012年02月12日

背书人签章：
年 月 日

持票人向银行
提示付款签章

身份证件名称
号　　　码
发 证 机 关

粘单处

此联代理付款行付款后作联行往账借方凭证附件

表 2-36　第三联

中国建设银行

银行汇票　（解讫通知）　　　3　　汇票号码

提示付款期自出票之日起壹个月

出票日期（大写）　贰零壹贰年零贰月壹拾壹日	代理付款行：		行号：

收款人：	常州星海有限公司

出票金额	人民币（大写）　贰拾叁万肆仟元整　　　　¥ 234 000.00

实际结算金额	人民币（大写）　贰拾叁万肆仟元整	亿	千	百	十	万	千	百	十	元	角	分
				¥	2	3	4	0	0	0	0	0

申请人：　徐州益友公司	账号：　223890221

出票行：建行铜山区支行　行号：23083543

备　注：_____

密押										
多余金额										
亿	千	百	十	万	千	百	十	元	角	分

复核　记账

代理付款行签章

此联代理付款行兑付后随报单寄出票行，由出票行作多余款贷方凭证

五、银行承兑汇票与银行托收凭证

商业汇票是指由出票人签发的，委托付款人在指定日期无条件支付确定金额给收款人或者持票人的票据。根据承兑人不同，商业汇票分为商业承兑汇票和银行承兑汇票。商业承兑汇票由银行以外的付款人承兑，银行承兑汇票由银行承兑。商业汇票的付款人为承兑人。商业汇票的付款期限，最长不得超过 6 个月；商业汇票的提示付款期限，自汇票到期日起 10 日。

1. 银行承兑汇票使用范围

在银行开户具有真实的交易关系或债务债权关系的同城或异地单位均可使用。银行承兑汇票首先是一种约定，它是由作为中介者的银行，在一定时期内，以其自身的银行信用为担保，在收取一定手续费的基础上，对客户履

行特定票据的义务。

在具体执行上，由在承兑银行开立存款账户的存款人签发，经银行承兑，在指定日期无条件支付给收款人或持票人明确的金额。

2. 银行承兑协议

银行承兑汇票的承兑银行，应按票面金额向出票人收取万分之五的手续费。经银行承兑后，出票人与承兑银行都必须遵守相关法律和银行承兑协议上所述条款。

银行承兑汇票的出票人或持票人向银行提示承兑时，银行的信贷部门负责按有关规定和审批程序，对出票人的资格、资信、购销合同和汇票记载的内容进行认真审查，必要时可由出票人提供担保。符合规定和承兑条件的，与出票人签订承兑协议（见表 2－37）。

银行承兑协议一式三联，第一联出票人留存，第二、三联承兑银行留存。

表 2－37

银行承兑协议（存根）　　　　　　　1

编号：

```
银行承兑汇票的内容：
收款人全称_____    付款人全称_____
开 户 银 行_____    开 户 银 行_____
账    号_____    账    号_____
汇 票 号 码_____    汇票金额（大写）_____
签发日期____年____月____日    到期日期____年____月____日
    以上汇票经承兑银行承兑，承兑申请人（下称申请人）愿遵守《银行结算办法》的
规定以及下列条款：
    一、申请人于汇票到期日前将应付票款足额交存承兑银行。
    二、承兑手续费按票面金额万分之（五）计划，在银行承兑时一次付清。
    三、承兑汇票如发生任何交易纠纷，均由收付双方自行处理，票款于到期前仍按第
一条办理。
    四、承兑汇票到期日，承兑银行凭票无条件支付票款。如到期日之前申请人不能足
额交付票款时，承兑银行对不足支付票款转作承兑申请逾期贷款，并按照有关规定计收
罚息。
    五、承兑汇票款付清后，本协议自动失效。
    本协议第一、二联分别由承兑银行信贷部门和承兑申请人存执，协议副本由承兑银
行会计部门存查。
    承兑申请人签章：              承兑银行签章：
    订立承兑协议日期：                    年    月    日
```

3. 银行承兑汇票式样

银行承兑汇票共三联，第一联为承兑行留存备查到期支付票款时作借方

凭证附件（见表2—38），第二联为收款人开户行随托收凭证寄付款方作借方凭证附件（见表2—39），第三联为出票人存查（见表2—40）。

表 2—38

银行承兑汇票（卡片）　　　　　1

出票日期（大写）　　　　年　月　日　　　　汇票号码

出票人全称		收款人	全　称											
出票人账号			账　号											
付款行全称			开户银行				行号							
出票金额	人民币（大写）			亿	千	百	十	万	千	百	十	元	角	元
汇票到期日（大写）		付款行	行号											
承兑协议编号			地址											
本汇票请你行承兑，此项汇票款我单位承兑协议于到期日前足额交存银行，到期请予以支付。 　　　　　出票人签章 　　　　　　年　月　日							复核　记账							
	备注：													

此联承兑行留存备查，到期支付票款时作借方凭证附件

表 2－39

银行承兑汇票

2

出票日期（大写）　　　年　月　日　　　　　汇票号码

出票人全称		收款人	全　称											
出票人账号			账　号											
付款行全称			开户银行			行号								
				亿	千	百	十	万	千	百	十	元	角	元
出票金额	人民币（大写）													
汇票到期日（大写）		付款行	行号											
承兑协议编号			地址											

本汇票请你行承兑，到期无条件付款　　　　　　　本汇票已经承兑，到期日由本行付款

出票人签章　　　　备注：　　　　　　　复核　记账
　年　月　日

此联收款人开户行随托收凭证寄付款方作借方凭证附件

第二联背面

被背书人：	背书人签章　年　月　日	被背书人：	背书人签章　年　月　日	被背书人：	背书人签章　年　月　日

（粘单处）

表 2－40

银行承兑汇票（存根）

3

出票日期（大写）　　　年　月　日　　　　　汇票号码

出票人全称		收款人	全　称											
出票人账号			账　号											
付款行全称			开户银行			行号								
				亿	千	百	十	万	千	百	十	元	角	元
出票金额	人民币（大写）													
汇票到期日（大写）		付款行	行号											
承兑协议编号			地址											

出票人签章　　　　备注：　　　　　　　复核　记账
　年　月　日

此联是出票人存查

4. 付款单位签发银行承兑汇票

（1）签发流程：

A. 出票人与承兑银行签订承兑协议。

B. 出票人支付保证金（全额保证金或差额保证金）。

C. 出票人填制银行承兑汇票并提交承兑银行。

D. 承兑银行承兑并将银行承兑汇票返还给出票人。

（2）签发实例

【例 2—11】常州星海有限公司在 2012 年 3 月 15 日向南京新华厂购买材料一批，价税合计46 800元，签发一张 2 个月期的银行承兑汇票支付货款，南京新华厂开户银行为中国建设银行 1 南京分行，账号为 23635222287。常州星海有限公司填制的银行承兑汇票见表 2—41。

表 2—41

银行承兑汇票（卡片）　　　　　　　　1

出票日期（大写）　　　　贰零壹贰年叁月壹拾伍日　　　　汇票号码

出票人全称	常州星海有限公司	收款人	全　称	南京新华厂										
出票人账号	810535466		账　号	23635222287										
付款行全称	中国工商银行 常州新北区支行		开户银行	建行南京分行		行号	1013386							
出票金额	人民币（大写）　肆万陆千捌百元整			亿	千	百	十	万	千	百	十	元	角	分
							¥	4	6	8	0	0	0	0
汇票到期日（大写）	贰零壹贰年零伍月壹拾伍日	付款行	行号	073343										
承兑协议编号 GZ000843			地址	常州新北区汉江西路										

本汇票请你行承兑，此项汇票款我单位承兑协议于到期日前足额交存银行，到期请无条件支付。

出票人签章
2012年3月12日

复核　记账

备注：

此联承兑行留存备查，到期支付票款时作借方凭证附件

5. 收到银行承兑汇票

（1）审查注意点

①银行承兑汇票印鉴章不得盖在"被背书人"一栏，印鉴章不得超出上框线。

②银行承兑汇票正确的盖章方式是在背书框中央空白处加盖印鉴章。印鉴章要清晰，印章内字迹不得缺损。

③银行承兑汇票如因印鉴章模糊，须续盖的，原则上须盖章仍需盖在框内空白处，若因框内空白处盖不下第二枚章，印鉴章超出框外，则印鉴章需与背书框的下框线相交，背书人印鉴章不得悬于框外。

④银行承兑汇票被背书人抬头需正确书写，且字迹工整，并银行承兑汇票背书有连续性，即被背书人的抬头必须是下一个背书框中所盖的财务章的抬头。

⑤银行承兑汇票票面整洁，字迹无涂改，票面无破损。银行承兑汇票出票日期、到期日期及银行承兑汇票大小写金额书写规范。银行承兑汇票出票人的印鉴章（财务章、法人章）中字迹清晰。

⑥如银行承兑汇票后附证明的，一般情况下不收取。如特殊情况收取的，则收取时须核对证明信的内容与银行承兑汇票内容（出票人资料，收款人资料，金额，日期，事由，出证明人的财务专用章、法人章、公章）。各地城市商业银行开出的银行承兑汇票须与财务确认是否收取。

银行承兑汇票收取不当会给公司资金回笼造成一定的影响，企业相关人员在收取银行承兑汇票时务必仔细核对！

（2）收到银行承兑汇票后，其第二联的原件应单独存放，并以其复印件作为借记"应收票据"的记账依据。

（3）如持有至到期，则在银行承兑汇票到期之日起 10 日内，收款人应在银行承兑汇票第二联背面的背书人签章处写明"委托收款"字样并加盖预留银行印鉴，在被背书人处填写收款人开户银行名称后，填制托收凭证，办理托收的进账手续。

六、托收凭证

1. 使用范围

采用委托收款或托收承付结算方式时使用。

2. 托收凭证各联次及格式

托收凭证共五联，第一联为收款人开户银行给收款人的受理回单，第二联为收款人开户银行作贷方凭证，第三联为付款人开户银行作借方凭证，第四联为付款人开户行凭以汇款或收款开户银行作收账通知，第五联为承付支款通知，是付款单位开户银行通知付款单位按期承付货款的承付通知。托收凭证各联次格式见表 2—42～表 2—46。

表 2—42

托收凭证（受理回单）　　　　1

委托日期　　年　月　日

业务类型	委托收款（□邮划　　□电划）托收承付（□邮划　　□电划）										

付款人	全称			收款人	全称						
	账号				账号						
	地址	市县	开户行		地址	市县	开户行				
金额	人民币（大写）			亿 千 百 十 万 千 百 十 元 角 分							
款项内容		托收凭据名称				附寄单证张数					
商品发运情况		合同名称号码									
备注：　　　复核　记账		款项收妥日期　　　　年 月 日				收款人开户银行签章　　年 月 日					

此联作收款开户银行给收款人的受理回单

表 2—43

托收凭证（贷方凭证）　　　　2

委托日期　　年　月　日

业务类型	委托收款（□邮划　　□电划）托收承付（□邮划　　□电划）										

付款人	全称			收款人	全称						
	账号				账号						
	地址	市县	开户行		地址	市县	开户行				
金额	人民币（大写）			亿 千 百 十 万 千 百 十 元 角 分							
款项内容		托收凭据名称				附寄单证张数					
商品发运情况		合同名称号码									
备注：收款人开户银行收到日期　　年 月 日		上列款项随附有关债务证明，请予以办理　收款人签章				复核　记账					

此联收款人开户银行作贷方凭证

表 2—44

托收凭证（借方凭证）　　　3

委托日期　　　年　　月　　日　　　付款期限　　年　　月　　日

业务类型		委托收款（□邮划　　　□电划）托收承付（□邮划　　　□电划）											
付款人	全称				收款人	全称							
	账号					账号							
	地址	市县	开户行			地址		市县	开户行				
金额	人民币（大写）				亿	千	百	十	万	千	百	十	元　角　分
款项内容			托收凭据名　称						附寄单证张数				
商品发运情况				合同名称号码									
备注：　收款人开户银行收到日期　　年 月 日			收款人开户银行签章　收款人签章				复核　　记账						

此联收款人开户银行作贷方凭证

表 2—45

托收凭证（收款依据或收账通知）　　　4

委托日期　　　年　　月　　日　　　付款期限　　年　　月　　日

业务类型		委托收款（□邮划　　　□电划）托收承付（□邮划　　　□电划）											
付款人	全称				收款人	全称							
	账号					账号							
	地址	市县	开户行			地址		市县	开户行				
金额	人民币（大写）				亿	千	百	十	万	千	百	十	元　角　分
款项内容			托收凭据名　称						附寄单证张数				
商品发运情况				合同名称号码									
备注：　　　年 月 日　复核　　记账			收款人开户银行签章　　收款人签章										

此联付款人开户银行凭以汇款或收款人开户银行作收账通知

表 2—46

托收凭证（借方凭证）　　5

委托日期　　年　　月　　日　　付款期限　　年　　月　　日

<table>
<tr><td colspan="3">业务类型</td><td colspan="10">委托收款（□邮划　□电划）托收承付（□邮划　□电划）</td></tr>
<tr><td rowspan="3">付款人</td><td>全称</td><td colspan="3"></td><td rowspan="3">收款人</td><td>全称</td><td colspan="6"></td></tr>
<tr><td>账号</td><td colspan="3"></td><td>账号</td><td colspan="6"></td></tr>
<tr><td>地址</td><td>市
县</td><td>开户行</td><td></td><td>地址</td><td>市
县</td><td>开户行</td><td colspan="4"></td></tr>
<tr><td>金额</td><td colspan="4">人民币
(大写)</td><td colspan="8">亿　千　百　十　万　千　百　十　元　角　分</td></tr>
<tr><td colspan="2">款项内容</td><td></td><td colspan="2">托收凭据名称</td><td colspan="2"></td><td colspan="4">附寄单证张数</td><td colspan="2"></td></tr>
<tr><td colspan="2">商品发运情况</td><td colspan="3"></td><td colspan="4">合同名称号码</td><td colspan="4"></td></tr>
<tr><td colspan="4">备注：
付款人开户银行收到日期
年　月　日
复核　记账</td><td colspan="4">付款人开户银行签章
年　月　日</td><td colspan="5">付款人注意：
1.根据支付结算办法，上列委托收款（托收承付）款项在付款期限内未提出拒付，即视为同意付款，以此代付款通知。
2.如需提出全部或部分拒付，应在规定限期内，将拒付理由书并附债务证明退交开户银行。</td></tr>
</table>

此联付款人开户银行给付款人按期付款通知

3. 托收凭证填制说明

（1）委托日期：即该凭证送交银行柜台的日期；

（2）付款人全称：应该注意的是，银行承兑汇票和商业承兑汇票的承兑人不同，银行承兑汇票的承兑人是银行，所以，此处即为票面显示的“付款行全称”栏内付款行行名；

（3）付款人账号：付款人账号栏不填，由银行查询填写；

（4）付款人地址：若票面有付款行详细地址则按地址填写，如没有，需要查询到该付款行隶属于何省何市（或县）；

（5）付款人开户行：“付款人开户行”栏与“付款人”栏一样，均为承兑行行名；

（6）收款人全称：即为收款单位；

（7）收款人账号：为收款单位送交托收银行本单位账号；

（8）收款人地址：收款单位隶属省、市（县）；

（9）收款人开户行：收款单位送交托收行行名；

（10）金额：票面金额大写、小写；

（11）款项内容：“货款”等；

（12）托收凭据名称："银行承兑汇票"并需填写托收的本张承兑右上角的汇票号码；

（13）附寄单证张数：此栏有些银行不要求填写，有些银行要求，所附寄的即为本须托收汇票，一般写"一张"本托收凭证共五联，要求复印填写，每张填写内容一致。填完后在第二联左下角指定处加盖本单位预留印。

4. 背书

如银行承兑汇票中途背书转让，则背书转让时，收款人应在银行承兑汇票背面的背书人签章处盖本单位银行预留印鉴，同时在被背书人处填写接受该票据单位的名称。

5. 填制实例

【例2—12】常州星海有限公司于2012年3月15日向无锡广安股份有限公司销售产品76 800元，收到2012年5月15日到期的一张（表2—47）；企业于5月16日办理了进账手续，填写的托收凭证见表2—48。

表 2—47

银行承兑汇票   2

出票日期
（大写）贰零壹贰年叁月壹拾伍日   汇票号码

出票人全称	无锡广安股份有限公司	收款人	全　称	常州星海有限公司											
出票人账号	637289471		账　号	810535466											
付款行全称	中国工商银行股份有限公司无锡崇安寺支行		开户银行	中国建设银行常州新北区支行	行号	610535466									
出票金额	人民币（大写）柒万陆千捌百元整				亿	千	百	十	万	千	百	十	元	角	元
							¥7	6	8	0	0	0	0		
汇票到期日（大写）	贰零壹贰年伍月壹拾伍日	付款行	行号	123343											
承兑协议编号	WX000843		地址	无锡崇安区县前东路											

本汇票请你行承兑，此项汇票款我单位承兑成设于到期日前备足额交存银行，到期请行付款予以支付。

（无锡广安股份有限公司 财务专用章 ★）

本汇票已经承兑，到期日由本行付款。

（中国工商银行股份有限公司 汇票专用章 32022401013121）

承兑行签章
承兑日期 2012-03-15

出票人签章
2012 年 03 月 15 日

备注：

备注：

复核　记账

此联收款留存备查，到期支付票款时作借方凭证附件

第二联背面

被背书人：中国工商银行股份有限公司无锡崇安寺支行	被背书人：	被背书人：	（粘单处）
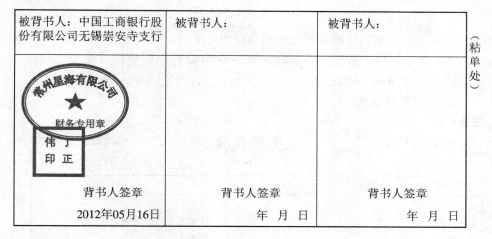 背书人签章 2012年05月16日	背书人签章 年　月　日	背书人签章 年　月　日	

表 2—48

托收凭证　　（受理回单）　　　　　　　1

委托日期　　2012 年 5 月 16 日

业务类型		委托收款（□邮划　√电划）　托收承付（□邮划　□电划）												
付款人	全称	工行崇安支行		收款人	全称	常州星海有限公司								
	账号				账号	810535466								
	地址	无锡市	开户行	工行崇安支行		地址	常州市	开户行		建行新北支行				

金额	人民币(大写) 柒万陆仟捌佰元整	亿	千	百	十	万	千	百	十	元	角	分
				¥	7	6	8	0	0	0	0

款项内容	银行承兑汇票到期	托收凭据名称	银行承兑汇票	附寄单证张数	一张
商品发运情况			合同名称号码		
备注：		款项收妥日期			中国工商银行常州新北区支行 2012.05.16 办讫章
复核　　记账		年　月　日		收款人开户银行签章	2012 年 5 月 16 日

注意：所有联次填写内容一致，用复写纸套写。

此联作收款开户银行给收款人的受理回单

七、电汇

1. 使用要点

（1）适用范围：异地各种款项的结算均可采用。

（2）联次：电汇凭证一式两联，第一联为银行记账凭证（见表 2－49），第二联为客户回单（见表 2－50）。

2. 电汇凭证格式

表 2－49

中国建设银行　　　　**电 汇 凭 证**　　　　№ 8152102

币别：　　　　　　　年　月　日　　　　　　流水号：

汇款方式	□普通　□加急				
汇款人	全　称		收款人	全　称	
	账　号			账　号	
	汇出行名称			汇入行名称	
金额（大写）					亿千百十万千百十元角分
		支付密码			
		附加信息及用途			
				客户签章	

会计主管　　　授权　　　　　　复核　　　　录入

第一联　银行记账联

表 2－50

中国建设银行　　　　**电 汇 凭 证**　　　　№ 8152102

币别：　　　　　　　年　月　日　　　　　　流水号：

汇款方式	□普通　□加急				
汇款人	全　称		收款人	全　称	
	账　号			账　号	
	汇出行名称			汇入行名称	
金额（大写）					亿千百十万千百十元角分
		支付密码			
		附加信息及用途			
				客户签章	

会计主管　　　授权　　　　　　复核　　　　录入

第一联　客户回单

3. 填制实例

【例 2—13】常州星海有限公司于 2012 年 3 月 20 日采用电汇方式预付货款 100 000 元给上海沪江股份有限公司，上海沪江股份有限公司开户银行为中国银行股份有限公司上海分行，账号为 8365778962。常州星海有限公司填制电汇凭证见表 2—51。

表 2—51

中国建设银行　　　　　　　　　　**电 汇 凭 证**

币别：　　　　　　　　2012 年 3 月 20 日　　　　　　　　流水号：

汇款方式		☑普通　□加急				
汇款人	全　称	常州星海有限公司	收款人	全　称	上海沪江股份有限公司	
	账　号	810535466		账　号	8365778962	
	汇出行名称	建行新北支行		汇入行名称	中国银行上海分行	

金额 (大写) 壹拾万元整

亿	千	百	十	万	千	百	十	元	角	分
			¥	1	0	0	0	0	0	0

支付密码

附加信息及用途

伟 丁
印 正

常州星海有限公司
★
财务专用章

客户签章

会计主管　　　　授权　　　　复核　　　　录入

注：所有联次填写内容一致，用复写纸套写。

八、现金缴款单

1. 使用要点

（1）适用范围：企业将收到的现金交存银行时使用。

（2）联次：现金交款单一式两联，第一联为银行记账凭证，第二联为客户回单。

2. 现金缴款单格式（以中国建设银行格式为例，见表 2—52、表 2—53）

表 2—52

中国建设银行　　　　　现 金 缴 款 单

币别：　　　　　　　　年　月　日　　　　　　　流水号：

单位填写	收款单位		缴款人										
	账　号		款项来源										
	（大写）			亿	千	百	十	万	千	百	十	元	角	分
银行确认栏													
	现金回单（无银行打印记录及银行签章此单无效）												

第一联　银行记账凭证联

复核　　　　　　　　　录入　　　　　　　　　出纳

表 2—53

中国建设银行　　　　　　现 金 缴 款 单

币别：　　　　　　　　年　月　日　　　　　　　流水号：

单位填写	收款单位		交 款 人										
	账　号		款项来源										
	（大写）			亿	千	百	十	万	千	百	十	元	角	分
银行确认栏													
	现金回单（无银行打印记录及银行签章此单无效）												

第二联　客户回执

复核　　　　　　　　　录入　　　　　　　　　出纳

3. 现金缴款单的填制

（1）填制说明：

①日期按现金交存银行当天日期填写。

②"币别"按企业实际解款的币种填写。

③"收款单位"和"交款人"均填定本单位。

④"账号"按企业根据需要选择的账号填写。

⑤"款项来源"按取得现金的实际来源填写。

⑥金额按实际解款的金额填写。

(2) 填制实例：

【例2—14】常州星海有限公司2012年3月16将现金人民币3 000元存入银行。出纳填制现金缴款单见表2—54。

表 2—54

中国建设银行　　　　　**现 金 缴 款 单**

币别：　　　　　　　　2012 年 3 月 16 日　　　　　　　流水号

单位填写	收款单位	常州星海有限公司	交 款 人		常州星海有限公司										第二联客户回执
	账 号	897020121	款项来源		材料销售										
	（大写）叁千元整			亿	千	百	十	万	千	百	十	元	角	分	
								¥	3	0	0	0	0	0	
银行确认栏	中国工商银行常州 新北区支行 20120316 现金收讫														
				现金回单（无银行打印记录及银行签章此单无效）											

复核　　　　　　　　　录入　　　　　　　　　出纳

九、增值税专用发票

1. 使用范围

增值税专用发票是增值税一般纳税人（以下简称一般纳税人）销售货物或者提供应税劳务开具的发票，是购买方支付增值税额并可按照增值税有关规定据以抵扣增值税进项税额的凭证。

2. 联次

专用发票由基本联次或者基本联次附加其他联次构成，基本联次为三联：发票联、抵扣联和记账联。发票联，作为购买方核算采购成本和增值税进项税额的记账凭证；抵扣联，作为购买方报送主管税务机关认证和留存备查的凭证；记账联，作为销售方核算销售收入和增值税销项税额的记账凭证。其他联次用途，由一般纳税人自行确定。

3. 增值税专用发票式样

表 2－55

江苏省增值税专用发票

记账联（此联不作扣税凭证）

发票代码

发票号码

开票日期：　年 月 日

购货单位	名　称： 纳税人识别号： 地址、电话： 开户行及账号：					密码区		
货物及应税 劳务的名称	规格 型号	单位	数量	单价	金额	税率	税额
合　　计							
价税合计（大写）			（小写）				
销售单位	名　　称： 纳税人识别号： 地址、电话： 开户行及账号：					备注		

第一联 记账联 销货方记账凭证

收款人：　　　　复核：　　　　开票人　　　　销货单位（章）

表 2－56

江苏省增值税专用发票

抵扣联

发票代码

发票号码

开票日期：　年 月　日

购货单位	名　称： 纳税人识别号： 地址、电话： 开户行及账号：					密码区		
货物及应税 劳务的名称	规格 型号	单位	数量	单价	金额	税率	税额
合　　计							
价税合计（大写）			（小写）				
销售单位	名　　称： 纳税人识别号： 地址、电话： 开户行及账号：					备注		

第二联 抵扣联 购货方扣税凭证

收款人：　　　　复核：　　　　开票人　　　　销货单位（章）

表 2－57

江苏省增值税专用发票

全国统一发票监制章
国家税务总局监制

发票联

开票日期：　年　月　日

发票代码
发票号码

购货单位	名　　　称：		密码区	
	纳税人识别号：			
	地址、电话：			
	开户行及账号：			
货物及应税劳务的名称	规格型号	单位	数量	单价	金额	税率	税额
合　　　计							
价税合计（大写）			（小写）				
销售单位	名　　　称：		备注	
	纳税人识别号：			
	地址、电话：			
	开户行及账号：			

收款人：　　　　复核：　　　　开票人　　　　销货单位（章）

第三联　发票联　购货方记账凭证

4．填制说明

（1）增值税专用发票一律由计算机填开，手写发票一律无效。

（2）"销货单位"的资料由计算机自动生成。

（3）"购货单位"的资料就根据购货方提供的资料填开，如发生差错，应作废后重新填开。

（4）"密码区"由开票系统自动生成，不需要输入。

（5）发票上的内容必须清晰可见，不得压线，也不得填开到表格外面。

（6）在发票联和抵扣联上加盖收款单位发票专用章。

5．填制示例

【例 2－15】2012 年 3 月 20 日，星海有限公司销售给无锡星光公司甲产品 100 件，每件不含税单价为 450 元，税率 17％。

表 2—58

江苏省增值税专用发票

发票代码132041565387

发票号码99847638

开票日期：2012年03月20日

购货单位	名　　　　称：无锡星光公司 纳税人识别号：320511778855903 地址、电话：无锡梅园路118号 开户行及账号：建行无锡支行梅园路分理处 　　　　　　　9873356						密码区	略

货物及应税劳务的名称	规格型号	单位	数量	单价	金额	税率	税额
甲产品		件	100	450.00	45 000.00	17%	7 650.00
合　　　计					¥45 000.00		¥7 650.00

价税合计（大写）	⊗伍万贰仟陆佰伍拾元整	（小写）¥52 650.00

销售单位	名　　　　称：常州星海有限公司 纳税人识别号：320411375583636 地址、电话：常州市汉江西路99号 开户行及账号：工行常州和平路分理处	备注

收款人：黄语蝶　　　复核：山梅　　　开票人：安寒　　　销货单位（章）

第三联　记账联　销货方记账凭证

【例2—16】常州星海有限公司于2012年3月5日购买常州昌盛公司T设备一台，单价为50 000元，增值税8 500元。收到常州昌盛公司开具的增值税专用发票见表2—59、表2—60。

表 2－59

江苏省增值税专用发票

抵扣联

发票代码 132041017768
发票号码 01887582

开票日期：2012年03月05日

购货单位	名　　称：常州星海有限公司 纳税人识别号：320411010194491 地址、电话：常州市汉江西路99号 开户行及账号：建行新北区支行 　　　　　　　897020121	密码区	略

货物及应税劳务的名称	规格型号	单位	数量	单价	金额	税率	税额
T设备		台	1	50 000.00	50 000.00	17%	8 500.00
合　　计					￥50 000.00		￥8 500.00

价税合计（大写）	⊗伍万捌仟伍佰元整	（小写）￥58 500.00

销售单位	名　　称：常州昌盛公司 纳税人识别号：320411585575378 地址、电话：常州市新市路80号 开户银行及账号：工行常州分行 　　　　　　　　8755543589642332345	

收款人：洪兴　　　复核：方丁昌　　　开票人：季小妹　　　销货单位（章）

第二联　抵扣联　购货方扣税凭证

表 2—60

江苏省增值税专用发票

发票联

发票代码 132041017768

发票号码 01887582

开票日期：2012年03月05日

购货单位	名　　称：常州星海有限公司 纳税人识别号：320411010194491 地址、电话：常州市汉江西路99号 开户行及账号：建行新北区支行 　　　　　　　897020121	密码区	略

货物及应税劳务的名称	规格型号	单位	数量	单价	金额	税率	税额
T设备		台	1	50 000.00	50 000.00	17%	8 500.00
合　　计					￥50 000.00		￥8 500.00
价税合计（大写）	⊗伍万捌仟伍佰元整				（小写）￥58 500.00		

销售单位	名　　称：常州昌盛公司 纳税人识别号：320411585575378 地址、电话：常州市新市路80号 开户行及账号：工行常州分行 　　　　　　　8755543589642332345	备注	

收款人：洪兴　　复核：方丁昌　　开票人：季小妹　　销货单位（章）

第二联　发票联　购货方记账凭证

十、增值税普通发票

1. 使用范围

主要为增值税小规模纳税人使用，当增值税一般纳税人承担增值税纳税义务但不能使用增值税专用发票时也可使用。

2. 增值税普通发票联次

增值税普通发票基本联次为两联，第一联为记账联，为销售方记账凭证；第二联为发票联，为购买方记账凭证。

3. 增值税普通发票式样

表 2—61

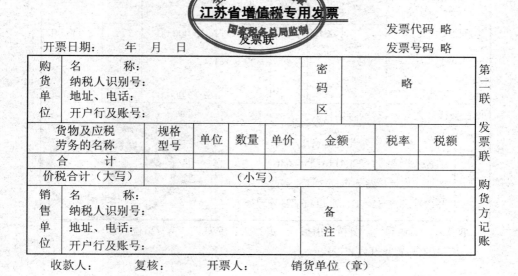

全国统一发票监制章

江苏省增值税专用发票

国家税务总局监制

记账联

发票代码 略

发票号码 略

开票日期：　年　月　日

购货单位	名　　　　称：					密码区		略		第一联
	纳税人识别号：									
	地址、电话：									记账联
	开户行及账号：									
货物及应税劳务的名称		规格型号	单位	数量	单价	金额		税率	税额	销货方记账凭证
合　　计										
价税合计（大写）				（小写）						
销售单位	名　　　　称：					备注				
	纳税人识别号：									
	地址、电话：									
	开户行及账号：									

收款人：　　　复核：　　　开票人：　　　销货单位（章）

表 2—62

全国统一发票监制章

江苏省增值税专用发票

国家税务总局监制

发票联

发票代码 略

发票号码 略

开票日期：　年　月　日

购货单位	名　　　　称：					密码区		略		第二联
	纳税人识别号：									
	地址、电话：									发票联
	开户行及账号：									
货物及应税劳务的名称		规格型号	单位	数量	单价	金额		税率	税额	购货方记账
合　　计										
价税合计（大写）				（小写）						
销售单位	名　　　　称：					备注				
	纳税人识别号：									
	地址、电话：									
	开户行及账号：									

收款人：　　　复核：　　　开票人：　　　销货单位（章）

4. 填制实例

【例 2—17】常州星海有限公司 2012 年 3 月 24 向湖塘城中冲压件厂销售甲材料 300 公斤，每件不含税单价 50 元。

购货方湖塘城中冲压件厂提供的有关资料如下，税号：32042137892333372，地址：武进湖塘城中路 88 号，电话：89855111，开户银行为农行城中支行，账号：89882222435。开具的普通增值税发票如下：

表 2—63

江苏省增值税专用发票

发票代码 132041017768

发票号码 01887582

开票日期：2012年03月20日

购货单位	名　　　称：湖塘城中冲压件厂　纳税人识别号：32042137892333372　地址、电话：武进湖塘城中路88号　开户行及账号：农行城中支行 89882222435				密码区		略		
货物及应税劳务的名称	规格型号	单位	数量	单价	金额		税率	税额	
甲产品		公斤	300	50.00	15 000.00		17%	2 550.00	
合　　　计					￥15 000.00			￥2 550.00	
价税合计（大写）	⊗壹万柒仟伍佰伍拾元整				（小写）￥17 550.00				
销售单位	名　　　称：常州星海有限公司　纳税人识别号：320411375583636　地址、电话：常州市汉江西路99号　开户行及账号：工行常州和平路分理处				备注				

第二联　发票联　购货方记账凭证

收款人：黄语蝶　　　复核：山梅　　　开票人：安寒　　　销货单位（章）

注：所有联次填开内容一致

十一、普通发票

1. 使用范围

营业税纳税人，增值税小规模纳税人，增值税一般纳税人在不能开具专用发票的情况下也可以使用普通发票。普通发票由行业发票和专用发票组成。

2. 联次

基本联次一般为三联，第一联为存根联，第二联为发票联，第三联为记账联。

3. 常用普通发票样张

表 2—64

江苏省常州市通用发票

存根联

付款单位（个人）：						发票代码
收款单位：						发票号码
纳税人识别号：						机打票号

项目及金额	项目	单位	数量	单价	金额	附注
合计（大写）						

机器编号		开票人		开票日期：
税控码				电话
收款单位（盖章有效）				机打发票 手写无效

第一联 存根联

表 2—65

江苏省常州市通用发票

全国统一发票监制章
江苏省常州市
地方税务局监制
发 票 联

付款单位（个人）：　　　　　　　　　发票代码

收款单位：　　　　　　　　　　　　　发票号码

纳税人识别号：　　　　　　　　　　　机打票号

项目及金额	项目	单位	数量	单价	金额	附注
合计（大写）						

机器编号　　　　　　　　　　开票人　　　　　开票日期：

税控码　　　　　　　　　　　　　　　　　　　电话

收款单位（盖章有效）　　　　　　　　　　　机打发票 手写无效

第二联　发票联

表 2—66

江苏省常州市通用发票

全国统一发票监制章
江苏省常州市
地方税务局监制
记 账 联

付款单位（个人）：　　　　　　　　　发票代码

收款单位：　　　　　　　　　　　　　发票号码

纳税人识别号：　　　　　　　　　　　机打票号

项目及金额	项目	单位	数量	单价	金额	附注
合计（大写）						

机器编号　　　　　　　开票人日期：　　　　　开票日期：

税控码　　　　　　　　　　　　　　　　　　　电话

收款单位（盖章有效）　　　　　　　　　　　机打发票 手写无效

第三联　记账联

4. 填制说明

（1）普通发票可以机打，也可以手工填开。

（2）第二联上必须加盖收款单位发票专用章。

5. 填写实例

【例2—18】常州星海有限公司于 2012 年 3 月 18 日支付常州正浩律师事务所法律咨询费 2 500 元，收到的发票见表 2—67。

表 2—67

江苏省常州市通用发票

发票联

付款单位（个人）：常州星海有限公司	发票代码 23204005943
收款单位：常州正浩律师事务所	发票号码 91309712
纳税人识别号：320400086981611	机打票号 91309712

项目及金额	项目	单位	数量	单价	金额	附注
	法律咨询费				2 500.00	
合计（大写）贰仟伍佰元整					￥2 500.00	

第二联　发票联

机器编号		开票人：李珏	开票日期：2012 年 03 月 18 日
税控码			电话：0519—88784432
收款单位（盖章有效）			机打发票 手写无效

十二、借款单

（1）使用范围：单位职工向企业借款时使用。

（2）基本联次为一式三联，第一联付款联（表 2—68）；第二联结算联（表 2—69）；第三联回执联（表 2—70）。

表 2—68

借　款　单

年　　月　　日

借款人：	所属部门
借款原因：	
借款金额：人民币（大写）　　　　　　　　　小写	
付款方式：　　　支票（号）　　　电汇　　　其他	
单位负责人意见：	借款人领款签字：
财务主管核批：	出纳：
核销记录：	

第一联　付款联（付款人记账）

表 2—69

借　款　单

年　　月　　日

借款人：	所属部门
借款原因：	
借款金额：人民币（大写）　　　　　　　　　小写	
付款方式：　　　支票（号）　　　电汇　　　其他	
单位负责人意见：	借款人领款签字：
财务主管核批：	出纳：
核销记录：	

第二联　结算联（结算后记账）

表 2—70

借 款 单
年　　月　　日

借款人：	所属部门
借款原因：	
借款金额：人民币（大写）　　　　　　　小写	
付款方式：　　　支票（号）　　　电汇　　　其他	
单位负责人意见：	借款人领款签字：
财务主管核批：	出纳：
核销记录：	

第三联　回执联（结算后交借款人留存）

　　3. 借款单的填制

　　（1）借款单所列相关内容必须填写清楚，项目要逐一填写完整，不得有空缺；借款单位、借款事由必须具体详细；"借款金额"大小写要填写一致；相关人员签章要齐全。

　　（2）借款单的第二联结算联，此联应作为本单位结算借款时的记账依据。

　　4. 填制实例

　　【例 2—19】2012 年 3 月 16 日，销售部门王强出差上海借款 2 000 元。填制完成的借款单见表 2—71。

表 2—71

借 款 单
2012 年 03 月 16 日

借款人：王强	所属部门：销售部门
借款原因：出差借款	
借款金额：人民币（大写）贰仟元整　　小写￥2 000.00	
付款方式：现金√　　　支票（号）　　　电汇　　　其他	
单位负责人意见：丁正伟	借款人领款签字：王强
财务主管核批：何永成	出纳：田飞
核销记录：	

第二联　结算联（结算后记账）

十三、差旅费报销单

（1）使用范围：单位职工出差回来报销差旅费时使用。

（2）差旅费报销单常用格式见表 2—72。

表 2—72

<table>
<tr><td colspan="15">差旅报销单
年　月　日</td></tr>
<tr><td colspan="2">姓名</td><td colspan="3"></td><td colspan="2">工作部门</td><td colspan="2"></td><td colspan="4">出差事由</td><td colspan="2"></td></tr>
<tr><td colspan="2">日期</td><td colspan="2">地点</td><td colspan="3">车船费</td><td rowspan="2">深夜补贴</td><td rowspan="2">途中补贴</td><td colspan="3">住勤费</td><td rowspan="2">旅馆费</td><td rowspan="2"></td><td rowspan="2">金额合计</td></tr>
<tr><td>起</td><td>讫</td><td>起</td><td>讫</td><td>车次</td><td>时间</td><td>金额</td><td>地区</td><td>天数</td><td>补贴</td></tr>
<tr><td></td><td></td><td></td><td></td><td></td><td></td><td></td><td></td><td></td><td></td><td></td><td></td><td></td><td></td><td></td></tr>
<tr><td></td><td></td><td></td><td></td><td></td><td></td><td></td><td></td><td></td><td></td><td></td><td></td><td></td><td></td><td></td></tr>
<tr><td></td><td></td><td></td><td></td><td></td><td></td><td></td><td></td><td></td><td></td><td></td><td></td><td></td><td></td><td></td></tr>
<tr><td colspan="15">报销金额（大写）　　　　¥</td></tr>
<tr><td colspan="8">补付金额：</td><td colspan="7">退回金额：</td></tr>
</table>

领导批准　　会计主管　　部门负责人　　审核　　报销人

（3）填制实例：

【例 2—20】王强出差本月 24 日回来，共发生火车费用 150 元，途中补贴每天 50 元，上海住宿费 1 400 元。24 日王强办理报销手续时，填制完成的差旅费报销单见表 2—73。

表 2—73

<table>
<tr><td colspan="15">差旅报销单
2012 年 03 月 24 日</td></tr>
<tr><td colspan="2">姓名</td><td colspan="3">王强</td><td colspan="2">工作部门</td><td colspan="2">销售部门</td><td colspan="4">出差事由</td><td colspan="2">销售事宜</td></tr>
<tr><td colspan="2">日期</td><td colspan="2">地点</td><td colspan="3">车船费</td><td rowspan="2">深夜补贴</td><td rowspan="2">途中补贴</td><td colspan="3">住勤费</td><td rowspan="2">旅馆费</td><td rowspan="2"></td><td rowspan="2">金额合计</td></tr>
<tr><td>起</td><td>讫</td><td>起</td><td>讫</td><td>车次</td><td>时间</td><td>金额</td><td>地区</td><td>天数</td><td>补贴</td></tr>
<tr><td>17</td><td>24</td><td>常州</td><td>上海</td><td>火车</td><td></td><td>150</td><td></td><td></td><td>上海</td><td>8</td><td>400</td><td>1 400</td><td></td><td>1 950</td></tr>
<tr><td></td><td></td><td></td><td></td><td></td><td></td><td></td><td></td><td></td><td></td><td></td><td></td><td></td><td></td><td></td></tr>
<tr><td></td><td></td><td></td><td></td><td></td><td></td><td></td><td></td><td></td><td></td><td></td><td></td><td></td><td></td><td></td></tr>
<tr><td colspan="15">报销金额（大写）壹仟玖佰伍拾元整　　　　¥ 1 950.00</td></tr>
<tr><td colspan="9">补付金额：</td><td colspan="6">退回金额：¥ 50.00</td></tr>
</table>

领导批准　丁正伟　　会计主管 何永成　　部门负责人　　审核　　报销人王强

十四、收款收据

（1）使用范围：单位收取其他单位或个人的款项时使用。

（2）常用联次：一般为一式三联，第一联为存根联，第一联为记账联，第三联为付款方记账。

（3）收款收据格式：

表2-74

收 款 收 据　　　　　号码

日期：　　年　　月　　日

交款单位：	收款方式：	
人民币（大写）		第一联 存根联
收款事由：		
	年　　月　　日	

单位盖章　　会计主管：　　记账　　出纳：　　审核：　　经办

表2-75

收 款 收 据　　　　　号码

日期：　　年　　月　　日

交款单位：	收款方式：	
人民币（大写）		第二联 记账联
收款事由：		
	年　　月　　日	

单位盖章　　会计主管：　　记账　　出纳：　　审核：　　经办

表2-76

收 款 收 据　　　　　号码

日期：　　年　　月　　日

交款单位：	收款方式：	
人民币（大写）		第三联 付款方记账
收款事由：		
	年　　月　　日	

单位盖章　　会计主管：　　记账　　出纳：　　审核：　　经办

（4）填制实例：

【例2—21】沿用【例2—20】，2012年3月24日，销售部王强出差回来报销差旅费，退回单位现金50元整。

表2—77

收 款 收 据　　　　　　　　号码

日期：2012年03月24日

交款单位：王强	收款方式：现金方式
人民币（大写）伍拾元整	￥50.00
收款事由：预借差旅费余款返回	
	2012年03月24日

第一联　存根联

单位盖章　　会计主管：何永成　　记账　　出纳：田飞　　审核：　　经办

十五、收料单

1. 使用范围

企业购入原材料（含周转材料）入库时。

2. 常用联次

收料单一般一式三联，第一联为存根联，第二联为记账联，第三联为交货人留存。

3. 收料单常用格式

表2—78

收 料 单

供应单位：　　　　　　年　月　日　　　　　　编号：

材料编号	名称	单位	规格	数量		实际成本			
				应收	实收	单价	发票价格	运杂费	合计

备注：

第一联

收料人：　　　　　　　　　　交料人：

表 2-79

收　料　单

供应单位：　　　　　　　　　年　月　日　　　　　　　　编号：

材料编号	名称	单位	规格	数量		实际成本				
				应收	实收	单价	发票价格	运杂费	合计	第二联 记账联
备注：										

收料人：　　　　　　　　　交料人：

表 2-80

收　料　单

供应单位：　　　　　　　　　年　月　日　　　　　　　　编号：

材料编号	名称	单位	规格	数量		实际成本				
				应收	实收	单价	发票价格	运杂费	合计	第三联 交料人留存
备注：										

收料人：　　　　　　　　　交料人：

4. 填制说明

(1) 供应单位、名称、单位、规格及应收数量应根据取得的发票填写，并要与合同核对。

(2) 仓库管理人员在填写收料单时不需要填写实际成本栏，可以由财务人员在进行账务处理时填写。

(3) 收料单是预先编号的自制原始凭证，如果填写错误不能撕毁，应注明"作废"字样，连同其他联次一起保存。

(4) 如果月末货到发票未到可以开具估价入库单，次月发票到后再开对应估价负数入库单（红冲），再根据发票重新开新的入库单。

5. 填制实例

【例 2-22】2012 年 3 月 12 日，常州星海有限公司从立达有限公司购进电解铝锭验收入库。填写见表 2-81 收料单。

表 2—81

收 料 单

材料科目：原材料　　　　　　　　　　　　　　　　　　编号：

材料类别：原料及主要材料　　　　　　　　　　　　收料仓库：一仓库

供应单位：立达有限公司　　2012 年 03 月 12 日　　发票号码：009020

材料编号	材料名称	规格	计量单位	数量		实际价格				计划价格		第一联 存根联
				应收	实收	单价	发票金额	运费	合计	单价	金额	
	电解铝锭		公斤	4 000	4 000		39 000	1 000	40 000			
备注												

采购员：××　　　　检验员：××　　　　记账员：××　　　　保管员：××

十六、领料单

（1）领料单是企业车间或职能部门从仓库中领用各种材料时，都要履行的材料出库手续，由领料经办人根据需要材料的情况填写领料单，并经该单位主管领导批准到仓库领用材料，仓库保管人员根据领料单审核其用途，认真计量发放材料，并在"领料单"上签章。右上角是领料单的编号，单位可以根据实际业务填写该领料单作出出库和成本核算的凭证。

（2）填写内容：

①领料单通常由生产部门人员开，只需开对货名就可以了。

②如实填写领用单位（部门）、日期、入账凭证号码（发票号码），材料名称，单位，数量、单价（增值税发票填写不含税价格），金额（增值税发票填写不含税金额）。领料单一般为三联，第 1 联：存根联，第 2 联：财务入账联，第 3 联：仓库入账联

③"实发数量"根据仓库实际发放的数量填写，并由领料人及发料人双方签字认可。

（3）领料单填制实例：

①一般领料单。

【例 2—23】2012 年 3 月 25 日，生产车间生产产品领用电解铝锭 100 公斤，填制见表 2—82 的材料领用单。

表 2—82

材料领用单

领用单位：生产车间　　　　　2012 年 03 月 25 日　　　　　　编号：0004

用　途　＼　项　目	材料名称	电解铝锭	规格型号		计量单位	公斤
	请　领	实　发	单位成本	总成本	备　注	
生产车间用	100	100	10	1 000		
合　计				1 000		

主管：　　　审核：　　　领料人：孙序　　　会计：　　　发料人：沈宁

②限额领料单。

"限额领料单"是多次使用的累计领发料凭证。在有效期内（一般为一个月，只要领用数量不超过限额就可以连续使用）领用某一种材料，"限额领料单"是由生产、计划部门根据下达的生产任务和材料消耗定额按每种材料用途分别开出的，一料一单，一式两联，一联交仓库据以发料，一联交领料部门据以领料。领料部门领料时，在该单内注明请领数量，经领料单位负责人签章批准后，到仓库领料，仓库发料时，根据材料的品名、规格和限额内发料，同时将实发数量脱离限额余额填写在限额领料单内，领发料双方在单内签章。月末在此单内结出实发数量和金额转交会计部门，据以计算材料费用，并做材料减少的核算。

在使用限额领料单时，全月领料不能超过生产部门所下达的全月领用限额量。由于增加产量而需追加限额时，应经过生产计划部门批准，办理追加限额的手续。由于浪费或其他原因超限额用料需追加限额时，应由用料部门向生产计划部门提出申请，经批准后追加限额。

【例 2—24】2012 年 3 月，常州星海有限公司二车间本月计划生产甲产品4 000 台，每台甲产品需消耗铝锭 0.5 公斤，根据生产任务全月的领用限额为2 000 公斤，每公斤单价为 10 元。由生产部门下达"限额领料单"，车间在规定的限额内可分次领用铝锭，其格式如表 2—83。

表 2－83

限额领料单

1（领料部门）

领料部门：二车间　　　　　　　　　　　　　　　　　　　　　第　号：

用　途：甲产品　　　　　　2012 年 03 月 02 日　　　　　　　发料仓库：

材料编号	材料名称规格	计量单位	计划投产量	单位消耗定额	领用限额	实　发																		
						数量	单价 10 元							金　额									
							百	十	万	百	十	元	角	分	千	百	十	万	千	百	十	元	角	分
	铝锭	公斤	4 000	0.5	2 000																		

日期	领　用			退　料			限额结余数量
	数量	领料人	发料人	数量	退料人	收料人	
3.2	400	孙序	沈宁				1 600
3.7	300	孙序	沈宁				1 300
3.12	300	孙序	沈宁				1 000
3.15	300	孙序	沈宁				700
3.22	400	孙序	沈宁				300
3.28	200	孙序	沈宁				100

生产计划部门（签章）　　　　　供销部门（签章）　　　　　　　仓库（签章）

"限额领料单"不但起到事先控制材料消耗的作用，而且可以减少原始凭证的数量和简化填制凭证的手续。

十七、发料汇总表

（1）适用范围：企业发出材料的成本采用月末汇总核算时使用。

（2）发料汇总表的格式：

表 2－84

原材料发料汇总表

年　月　日

类别 用途	数量	金额	数量	金额	合计

制单　丁一明　　　　　　　　复核人　程前

（3）填制说明：

①发料凭证汇总表一般一个月汇总编制一次。根据领料单按部门，材料类别编制而成的。仓库人员根据领料单存根联的用途、名称分别汇总填制"用途"、"名称"和"数量"栏。

②"金额"和"合计"栏由会计人员填写。

③"编制人"处由填制本表的仓库人员及会计人员签章，"审核人"处由仓库及财务部门负责审核的人员签章。

（4）发料汇总表填写示例：

表 2—85

原材料发料汇总表

附领料单 25 份　　　　　　　2012 年 03 月 31 日　　　　　　　单位：元

会计科目	领料部门	原材料	燃料	合计
基本生产成本	一车间	5 000	10 000	15 000
	二车间	8 000	14 000	22 000
	小计	13 000	24 000	37 000
辅助生产成本	供电车间	7 000	2 000	9 000
	锅炉车间		4 000	4 000
	小计	7 000	6 000	13 000
制造费用	一车间	400		400
	二车间	600		600
	小计	1 000		1 000
管理费用		200	300	500
合计		21 200	30 300	51 500

会计主管：　　　　　　　审核：　　　　　　　制单：

第三节　原始凭证的审核

为了正确地反映和监督各项经济业务，确保会计资料真实、正确和合法，必须对原始凭证进行严格认真的审核。原始凭证的审核主要包括如下几个方面：

（一）审核原始凭证的真实性

主要是审核凭证所反映的内容是否符合所发生的实际情况，数字、文字有无伪造、涂改、重复使用和大头小尾、各联之间数字是否相符等情况。特别要注意的是，对通用原始凭证，还应审核原始凭证本身的真实性，以防假冒。

（二）审核原始凭证的合法性

审核原始凭证的合法性，这是对原始凭证进行实质性的审核，也是最重要的审核，主要包括：

（1）审核原始凭证内容是否符合国家的方针、政策、法令、制度和计划。

（2）审核原始凭证本身是否具有"合法性"。

（三）审核原始凭证的合理性

审核原始凭证的合理性是否符合企业生产经营活动需要、有关的计划和预算等。

（四）审核原始凭证的完整性

主要是审核原始凭证各个项目是否填写齐全，数字是否正确；名称、商品规格、计量单位、数量、单价、金额和填制日期的填写是否清晰，计算是否正确。对要求统一使用的发票，应检查是否存在伪造、挪用或用作废的发票代替等现象，凭证中应有的印章、签名是否齐全、审批手续是否健全等。特别应注意的是：

（1）外来的发票、收据等是否用复写纸套写，是否"报销联"，不属此联的一般不予受理，对于剪裁发票要认真核对剪裁金额是否与大小写金额一致。

（2）购买商品、实物的各种原始凭证，必须附有保管人的验单或其他领用者签名才能受理。

（3）对外支付款项的凭证应附有收款人的收款手续方能转账注销。

（4）自制的原始凭证附有原始单据的，要审核金额是否相符；无原始单据的是否有部门负责人的批准、签章。

（五）审核原始凭证的正确性

主要是审核原始凭证的摘要和数字及其他项目是否填写正确，数量、单价、金额、合计是否填写正确，大、小写金额是否相符。若有差错，应退回经办人员予以更正或重填。

（六）审核原始凭证的及时性

原始凭证的及时填写与传递是保证会计信息及时性的基础。为此要求在经济业务发生或完成时及时填制有关原始凭证，及时传递原始凭证。审核时应注意审查凭证的填制日期，尤其是支票等时效性较强的原始凭证，更应仔细验证其签发日期。

审核中出现的不同情况的处理：

（1）符合要求的原始凭证，应及时据以编制记账凭证。

（2）对于不真实、不合法的原始凭证，会计人员有权不予受理，并向单位负责人报告。

（3）对于内容不全面、手续不完备、数字不准确或填写错误的原始凭证，应当退还给有关业务单位或个人，并由其补办手续或进行更正。

第三章 记账凭证的编制与审核

第一节 记账凭证的编制要求与方法

一、记账凭证编制的基本要求

（一）记账凭证各项内容必须填写完整

1. 记账凭证日期的填写

一般是财会人员填制记账凭证的当天日期，也可以根据管理需要，填写经济业务发生的日期或月末日期。如报销差旅费的记账凭证填写报销当日的日期；现金收、付款记账凭证填写办理收、付现金的日期；银行收款业务的记账凭证一般按财会部门收到银行进账单或银行回执的戳记日期填写；当实际收到的进账单日期与银行戳记日期相隔较远，或次月初收到上月的银行收、付款凭证，按财会部门实际办理转账业务的日期填写；银行付款业务的记账凭证，一般以财会部门开出银行存款付出单据的日期或承付的日期填写；属于计提和分配费用等转账业务的记账凭证，应以当月最后的日期填写。实际工作中与月末相关的结转业务通常在下月初完成，但记账凭证的日期仍为本月末。

2. 经济业务事项内容摘要的填写

会计凭证中有关经济业务的内容摘要必须真实。在填写"摘要"时，既要简明，又要全面、清楚，应以说明问题为主。写物要有品名、数量、单价；写事要有过程；银行结算凭证，要注明支票号码、去向；送存款项，要注明现金、支票、汇票等。遇有冲转业务，不应只写冲转，应写明冲转某年、某月、某日、某项经济业务和凭证号码，也不能只写对方科目。要求"摘要"能够正确地、完整地反映经济活动和资金变化的来龙去脉，切忌含糊不清。

3. 记账凭证的编号应连续

给记账凭证编号，是为了分清记账凭证处理的先后顺序，便于登记账簿和进行记账凭证与账簿记录的核对，防止会计凭证的丢失，并且方便日后查找。

记账凭证编号的方法一般可以：

（1）将财会部门内的全部记账凭证作为一类统一编号，编号为"记字第××号"，如无"字"则可直接填写"第××号"；

（2）分别按现金和银行存款收入、现金和银行存款付出以及转账业务三类进行编号，分别编为收字第××号、付字第××号、转字第××号；

（3）按现金收入、现金付出、银行存款收入、银行存款付出和转账五类进行编号，分别编为现收字第××号、现付字第××号、银收字第××号、银付字第××号、转字第××号。

当月记账凭证的编号，可以在填写记账凭证的当日填写，也可以在月末或装订凭证时填写。记账凭证无论是统一编号还是分类编号，均应分月份按自然数字顺序连续编号。通常，一张记账凭证编一个号，不得跳号、重号。

业务量大的单位，可使用"记账凭证销号单"、按照本单位记账凭证编号的方法，事先在编号单上印满顺序号。编号时用一个销一个，由制证人注销。在装订凭证时将编号单附上，使记账凭证的编号和张数一目了然，方便查考。

复杂的会计事项，需要填制两张或两张以上的记账凭证时，应采用分数编号法，即在原编记账凭证号码后面用分数的形式表示，如第 4 号凭证编有三张记账凭证，第一张编为 $4\frac{1}{3}$，第二张编号为 $4\frac{2}{3}$，第三张编号为 $4\frac{3}{3}$。如果记账凭证编号是采用总号与分号形式，则该业务总号均为 4，分号分别为 $\frac{1}{3}$、$\frac{2}{3}$、$\frac{3}{3}$。

月末，在最后一张记账凭证的编号旁边加注"全"字，表示本月的经济业务到此结束。

4. 记账符号的登记

"过账符号"栏，是在根据该记账凭证登记有关账簿以后，在该栏注明所记账簿的页数或打"√"，表示已经登记入账，避免重记、漏记，在没登账之前，该栏没有记录。

（二）记账凭证编制的其他注意事项

（1）记账凭证可以根据每一张原始凭证填制，或根据若干张同类原始凭证汇总编制，也可以根据原始凭证汇总表填制；但不得将不同内容和类别的原始凭证汇总填制在一张记账凭证上。

（2）除结账和更正错误的记账凭证可以不附原始凭证外，其他记账凭证必须附有原始凭证。如果一张原始凭证涉及几张记账凭证，可以把原始凭证附在一张主要的记账凭证后面，并在其他记账凭证上注明附有该原始凭证的记账凭证的编号或者附原始凭证复印件。如果原始凭证需要另行保管时则应在附件栏目内加以说明。

（3）填制记账凭证时若发生错误，未登账前应当重新填制；已登记入账的记账凭证应按错账更正的方法进行更正，不得撕毁重新填制。

（4）记账凭证可以根据每一张原始凭证填制，或根据若干张同类原始凭证汇总编制，也可以根据原始凭证汇总表填制；但不得将不同内容和类别的原始凭证汇总填制在一张记账凭证上。

（5）除结账和更正错误的记账凭证可以不附原始凭证外，其他记账凭证必须附有原始凭证。如果一张原始凭证涉及几张记账凭证，可以把原始凭证附在一张主要的记账凭证后面，并在其他记账凭证上注明附有该原始凭证的记账凭证的编号或者附原始凭证复印件。如果原始凭证需要另行保管时，则应在附件栏目内加以说明。

（6）填制记账凭证时若发生错误，应当重新填制。已登记入账的记账凭证应按错账更正的方法进行更正，不得撕毁重新填制。

（7）记账凭证填制完经济业务事项后，如有空行，应当自金额栏最后一笔金额数字下的空行处至合计数上的空行处划线注销。

（8）实行会计电算化的单位，对于机制记账凭证，要认真审核，做到会计科目使用正确，数字准确无误。打印出来的机制记账凭证要加盖制单人员、审核人员、记账人员及会计机构负责人、会计主管人员印章或者签字。

二、记账凭证的编制方法

记账凭证按照格式的不同，可以分为通用记账凭证和专用记账凭证。专用记账凭证包括收款凭证、付款凭证和转账凭证，通常适用于规模较大、收付业务较多的单位；通用记账凭证适用于经济业务较少的单位。

（一）专用记账凭证的编制

1. 收款凭证的编制要求

收款凭证左上角的"借方科目"按收款的性质填写"库存现金"或"银行存款"；日期填写的是编制本凭证的日期；右上角填写编制收款凭证的顺序号；"摘要"填写对所记录的经济业务的简要说明；"贷方科目"填写与收入现金或银行存款相对应的会计科目；"记账"是指该凭证已登记账簿的标记，防止经济业务事项重记或漏记；"金额"是指该项经济业务事项的发生额；该凭证右边"附件张"是指本记账凭证所附原始凭证的张数；最下边分别由有关人员签章，以明确经济责任。

2.付款凭证的编制要求

付款凭证的编制方法与收款凭证基本相同，只是左上角由"借方科目"换为"贷方科目"，凭证中间的"贷方科目"换为"借方科目"。

对于涉及"库存现金"和"银行存款"之间的经济业务，一般只编制付款凭证，不编收款凭证。

3.转账凭证的编制要求

转账凭证将经济业务事项中所涉及的全部会计科目，按照先借后贷的顺序记入"会计科目"栏中的"一级科目"和"二级及明细科目"，并按应借、应贷方向分别记入"借方金额"或"贷方金额"栏。其他项目的填列与收、付款凭证相同。

（二）通用记账凭证的编制

通用记账凭证的格式与编制方法与转账凭证基本相同，所不同的是通用记账凭证不分收款、付款和转账业务，而将所有业务统一编号。

第二节　记账凭证编制实例与讲解

一、公司基本情况

名称：常州星海有限公司　　　　　性质：有限责任公司

地址：常州市汉江西路99号　　　　电话：0519－85191920

注册资本：人民币20 000 000元　　执照号：320402600383858

税务登记号：320411010194491　　　法定代表人：丁正伟

主管会计工作负责人（总经理）：王林　　会计机构负责人（财务部经理）：何永成

开户银行：

中国建设银行常州新北区支行（人民币——基本户）　　　　897020121

　　　　　　　　　　　　　　　　（人民币——东海证券托管户）　896453657

中国工商银行常州新北区支行（人民币——结算户）　　　　810535466

银行预留印鉴：

常州星海有限公司为机械制造业，主要生产甲、乙产品，生产所耗用原材料为 A、B 材料。该厂企业的注册资金为 20 000 000 元，全厂拥有资产总额为 30 224 545 元。全厂职工 120 人，其中生产工人 90 人，车间管理人员 10 人，行政管理人员 20 人。

公司财务部有 4 人，财务部经理何永成负责审核与会计报表的编制工作，出纳田飞负责货币资金的收付及现金日记账和银行存款日记账的登记，会计白志国负责记账凭证的编制，会计高蓉负责总账、明细账登记及期末结转业务原始凭证的编制。

仓库 2 人：仓库保管员：丁丽；仓库负责人：马艳

二、主要会计政策说明

（1）公司执行《企业会计准则》和《小企业会计制度》及其有关补充规定。

（2）存货按实际成本核算，出库单位成本按月末一次加权平均法计算，周转材料采用领用时一次摊销法进行核算。存货采用仓库与财会部门账卡合一形式核算。

（3）单位和个人计提缴纳的社会保险费与住房公积金比例，见表 3—1

表 3—1

社会保险费与住房公积金比例表

费用种类	单　位	个　人
基本养老保险	21%	8%
基本医疗保险	8%	2%
大病医疗救助	6 元/人	5 元/人
失业保险	2%	1%
生育保险	0.8%	
工伤保险	1%	
住房公积金	10%	10%

（4）固定资产核算方法。公司固定资产采用直线法计提折旧，其折旧年限及分类折旧率分别为：

固定资产类别	折旧年限	月平均折旧率
房屋建筑物	30 年	0.25%
机器设备	8 年	1%
办公用品	8 年	1%

（5）工资及制造费用分配按产品生产工时进行。

（6）产品成本采用品种法进行核算，设置直接材料、直接人工、制造费用三个成本项目，在产品按定额成本法计算，单位在产品定额成本资料见表3—2。

表3—2

在产品单位定额成本资料

产品名称	直接材料	直接人工	制造费用	合　计
甲产品	100	20	25	145
乙产品	120	45	48	213

（7）公司每月按实际天数计算提取贷款的利息支出；银行于每月20日收取其发放贷款的利息，于每季20日支付其收存存款的利息。

（8）应收款项（应收账款及其他应收款）的坏账准备按季计提，采用余额百分比法，计提比例为5%。

（9）公司为一般纳税人，适用的增值税税率为17%，城市维护建设税税率为7%，教育费附加征收率为3%，地方教育费附加征收率为2%，企业所得税税率为25%，按本月会计利润总额计算预缴本月企业所得税。

公司所得税核算采用资产负债表债务法，递延所得税按年确认。

（10）会计核算形式：科目汇总表核算形式，汇总时间按旬汇总。

（11）分配率、单位成本等计算保留四位小数，其他计算保留两位小数。

三、期初资料

常州星海有限公司2012年2月份有关账户余额见表3—3。

表3—3

常州星海有限公司 2012 年 2 月份总账余额表

账 户 名 称	借方余额	贷方余额
库存现金	5 000	
银行存款——基本户（897020121）	6 718 684.60	
银行存款——结算户（810535466）	2 000 000	
其他货币资金——存出投资（896453657）	150 000	
应收票据——常州德普公司	54 000	
应收账款——徐州益友公司	120 000	
——扬州光明厂	10 000	

续　表

账 户 名 称	借方余额	贷方余额
坏账准备——应收账款坏账准备		650
预付账款——供电公司	17 550	
——徐州兴阳公司	40 000	
——报刊费	350	
原 材 料——A材料（30 000千克）	150 000	
——B材料（25 000千克）	75 000	
在途物资——方兴公司（B材料）（2 000千克）	6 000	
周转材料——包装物（包装箱）（1000只）	15 000	
——低值易耗品（工作服）（50套）	5 000	
生产成本——甲产品（直接材料）	10 000	
（直接人工）	2 000	
（制造费用）	2 500	
库存商品——甲产品（1 000件）	300 000	
——乙产品（2 000件）	1 000 000	
固定资产——厂房	8 000 000	
——办公楼	1 000 000	
——设备	10 060 000	
——办公用品	500 000	
累计折旧		1 256 000
短期借款（工商银行）（年利率为5%） （2012年2月20日借入）合同号2012012018		500 000
应付账款——泰州双亚公司		167 275
——淮阴宝康公司		60 000
应付职工薪酬——工资		108 503
——社会保险（养老保险）		29 337
——社会保险（医疗保险）		11 896
——社会保险（失业保险）		2 792
——社会保险（生育保险）		1 117.60
——社会保险（工伤保险）		1 397
——住房公积金		13 970
应交税费——未交增值税		10 000
——应交企业所得税		80 000
——应交城市维护建设税		700
——应交教育费附加		300

续　表

账户名称	借方余额	贷方余额
——应交地方教育费附加		200
——应交个人所得税		1 260
其他应付款——社会保险费（养老保险）		11 176
——社会保险费（医疗保险）		3 394
——社会保险费（失业保险）		1 397
其他应付款——住房公积金		13 970
应付利息		12 000
长期借款（工商银行）（年利率为6%）（2011年8月5日借入，分期付息）		4 000 000
股本——盟友公司		5 000 000
——晨曦公司		15 000 000
资本公积		1 440 000
盈余公积		463 750
本年利润		850 000
利润分配		1 200 000
合　计	30 241 084.60	30 241 084.60

四、该公司 2012 年 3 月份发生的经济业务

【业务 1】（共 6 张原始凭证）

1—1

江苏省增值税专用发票

发票代码 132012018001

发票号码 10193490

开票日期：2012年03月01日

购货单位	名　　称：常州星海有限公司							
	纳税人识别号：320411010194491				密码区		略	
	地址、电话：常州市汉江西路99号							
	开户行及账号：建行新北区支行 897020121							
货物及应税劳务的名称	规格型号	单位	数量	单价	金额	税率	税额
A材料		千克	15 000	5.00	75 000.00	17%	12 750.00
B材料		千克	4 000	2.50	10 000.00	17%	1 700.00
合　　计					￥85 000.00		￥14 450.00
价税合计（大写）	⊗ 玖万玖仟肆佰伍拾元整　　　　（小写）￥99 450.00						
销售单位	名　　称：南京龙口有限公司				备注			
	纳税人识别号：320112010133819							
	地址、电话：南京大桥路76号 32987622							
	开户行及账号：工行南京分行 01250120420000807							

收款人：方岗　　　　复核：丁立雄　　　　开票人：李艳　　　　销货单位（章）

1—2

发票代码 132012018001

发票号码 10193490

开票日期：2012年03月01日

购货单位	名　　称：常州星海有限公司						密码区		略
	纳税人识别号：320411010194491								
	地址、电话：常州市汉江西路99号								
	开户行及账号：建行新北区支行 897020121								

货物及应税劳务的名称	规格型号	单位	数量	单价	金额	税率	税额
A材料		千克	15 000	5.00	75 000.00	17%	12 750.00
B材料		千克	4 000	2.50	10 000.00	17%	1 700.00
合　　计					¥ 85 000.00		¥ 14 450.00

价税合计（大写）	⊗ 玖万玖仟肆佰伍拾元整	（小写）¥ 99 450.00

销售单位	名　　称：南京龙口有限公司	备注
	纳税人识别号：320112010133819	
	地址、电话：南京大桥路76号 32987622	
	开户银行及账号：工行南京分行 0125012042000807	

收款人：方岗　　　复核：丁立雄　　　开票人：李艳　　　销货单位（章）

第三联 发票联 购货方记账凭证

1—3

计划号码或合同号码

货物运到期限

丙联 A   №235083

承运凭证: 发站 ➡ 托运人 报销用

发 站	南京	到站	常州	车种车号	C73168	货车标重	60T

托运人	名称	南京龙口有限公司		施封号码		托运人/托运人施封	
	住址	南京市	电话	铁路篷布号			

收货人	名称	常州星海有限公司		集装箱号码			
	住址	汉江西路99号	电话	经由		运价里程	364

货物名称	件数	包装	货物重量(千克)		计费重量	运单号	运价率	现 付	
			托运人确定	承运人确定				费别	金额
A材料			15 000	15 000	15 000	4365		运费	300
B材料			4 000	4 000	4 000			装费	30
								取送车费	
								过秤费	
								施封费	
合 计								其他	20
记 事						补退款收据号码第号		2	
								合计	350

经办人盖章

发站承运日期戳   2012 年 03 月 01 日

1—4

运杂费分配表

2012 年 03 月 01 日

材料名称	分配标准	分配率	分配金额
A 材料	15 000		259.50
B 材料	4 000		69.50
合 计	19 000	0.0173	329

复核：高蓉   制单：白志国

说明：分配标准为材料重量，分配率保留四位小数。

1—5

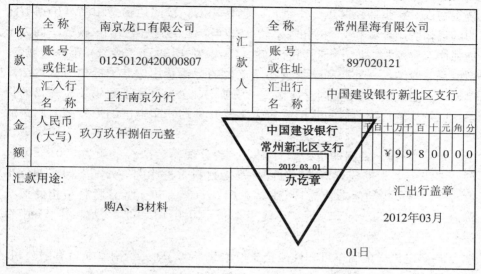

中国建设银行电汇凭证　　（回单）1

委托日期　　　　　2012 年 03 月 01 日　　　　　第 35867 号

收款人	全　称	南京龙口有限公司	汇款人	全　称	常州星海有限公司
	账　号或住址	01250120420000807		账　号或住址	897020121
	汇入行名　称	工行南京分行		汇出行名　称	中国建设银行新北区支行

金额	人民币（大写）	玖万玖仟捌佰元整		千百十万千百十元角分
				￥9 9 8 0 0 0 0

汇款用途：
　　购 A、B 材料

中国建设银行
常州新北区支行
2012.03.01
办讫章

汇出行盖章
2012年03月
01日

1—6

收　料　单

供货单位：南京龙口有限公司　　　2012 年 03 月 01 日　　　　　编号：4467

材料名称	单位	数　量		实　际　成　本			
		应收	实收	单价	发票价格	运杂费	合计
A 材料	千克	15 000	15 000	5	75 000	259.50	75 259.50
B 材料	千克	4 000	4 000	2.50	10 000	69.50	10 069.50
					附单		

第二联　记账联

验收人：丁丽　　　　　　　　　　　　　　　　　　　交料人：李明

原始凭证解读

　　1—1 是江苏省增值税专用发票的第二联抵扣联，此联应作为购货方抵扣进项税额的依据。该抵扣联不能作为记账凭证的附件，应单独存放，专门用于在规定期限（180 天）内到税务机关办理认证，并在认证通过的次月申报期内，向主管税务机关申报抵扣进项税额。

　　1—2 是江苏省增值税专用发票的第三联发票联，此联应作为购货方的记账依据。从此原始凭证可知，模拟企业（常州星海有限公司）向南京龙口有限公司购入 A、B 材料。

　　1－3 是铁路运单，从中可知发生 A、B 材料的运杂费共计 350 元，其中：运输费为 300 元。根据《增值税暂行条例》第八条第四项规定，购进或者销售货物以及在生产经营过程中支付运输费用的，按照运输费用结算单据上注明的运输费用金额和 7% 的扣除率计算进项税额。另根据《国家税务总局关于加强增值税征收管理若干问题的通知》（国税发〔1995〕192 号）第一条规定：增值税一般纳税人外购和销售货物所支付的运输费用，准予抵扣的运费结算单据（普通发票），是指国营铁路、民用航空、公路和水上运输单位开具的货票，以及从事货物运输的非国有运输单位开具的套印全国统一发票监制章的货票。

　　1－4 是属于自制的运杂费分配表。待分配的运杂费金额为 350－300×7%＝329 元，根据题目要求，分配标准为材料重量比例，分配率保留四位小数。A 材料负担的运杂费为 15 000×0.0173＝259.50 元，B 材料负担的运杂费为 329－259.50＝69.50 元，不能用 4 000×0.0173＝69.20 元，由于分配率除不尽会出现小数尾差。

　　1－5 电汇凭证回单可知模拟企业付款 99 800.00 元给南京龙口有限公司，支付 A、B 材料价税款 99 450 元及运杂费 350 元。

　　1－6 收料单中相关内容根据其他相关原始凭证由仓库保管员自行填写，第二联记账联给财会部门用于记录原材料增加。

填制的记账凭证

记 账 凭 证

2012 年 03 月 01 日　　　　　　　　　　　第 01 号

摘　　要	总账科目	明细科目	借方金额 百十万千百十元角分	贷方金额 百十万千百十元角分	记账
购A、B材料	原材料	A材料	7 5 2 5 9 5 0		√
		B材料	1 0 0 6 9 5 0		√
	应交税费	应交增值税（进项税额）	1 4 4 7 1 0 0		√
	银行存款	建行基本户		9 9 8 0 0 0 0	
附件共　5　张	合　　　计		￥9 9 8 0 0 0 0	￥9 9 8 0 0 0 0	

核准：　　　复核：何永成　　　记账：高蓉　　　出纳：田飞　　　制单：白志国

【业务 2】（共 1 张原始凭证）

2—1

中国建设银行业务收费凭证

币别：人民币　　　　　2012 年 03 月 01 日　　　　　流水号：

付款人:常州星海有限公司	账号 89702 ... 121				
项目名称	工本费	手续费	电子汇划费	邮电费	金额
		10		0.5	10.50
金额(大写)壹拾元伍角整			(小写) ￥10.50		
付款方式	银行转账				

中国建设银行常州新北区支行　2012.03.01　办讫章

会计主管　　　　授权　　　　　复核　　　　　录入：张晶

原始凭证解读

　　2—1 为中国建设银行业务收费凭证，是为业务 1 电汇业务而支付的手续费及邮电费。与银行相关的业务一般均记入"财务费用"账户，此处为"工本及手续费"。而且一般不用支付现金，而是银行在企业相关账户上直接划款的。

填制的记账凭证

记 账 凭 证

2012 年 03 月 01 日　　　　　　　第 02 号

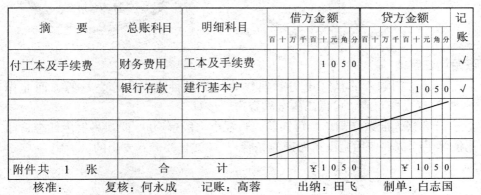

摘　　要	总账科目	明细科目	借方金额 百十万千百十元角分	贷方金额 百十万千百十元角分	记账
付工本及手续费	财务费用	工本及手续费	1 0 5 0		√
	银行存款	建行基本户		1 0 5 0	√
附件共 1 张	合　　　　计		￥ 1 0 5 0	￥ 1 0 5 0	

核准：　　复核：何永成　　记账：高蓉　　出纳：田飞　　制单：白志国

【业务 3】（共 2 张原始凭证）

3—1

经理办公会议纪要
企业拟以不高于每股 16.55 元购入长江电力股票 5 000 股，企业不准备长期持有，将其划分为交易性金融资产。
参加人员：王林　　何永成　　顾红艳　　江放
2012 年 3 月 2 日

3—2

成交过户交割单　买

02/03/02/

股东编号 电脑编号 公司名称	常州星海有限公司	成交证券 成交数量 成交价格	5 000 16.55
申报编号 申报时间 成交时间	2012 年 3 月 2 日 2012 年 3 月 2 日	成交金额 佣金 过户费	8 2750 289.63
上次余额 本次成交 本次余额 本次库存	5 000	印花税 应收金额 到期日期 到期金额	331 83 370.63

经办单位：　　　　　　　　　　　　　　　客户签章

原始凭证解读

　　3—1 说明购入的长江电力股票作为"交易性金融资产"核算，而非作"长期股权投资"或"可供出售金融资产"核算。

　　3—2 买入股票交割单，可知购入长江电力股票 5000 股，另发生佣金、印花税等手续费，费用是由东海证券托管户（896453657）支出的。

填制的记账凭证

记 账 凭 证

2012 年 03 月 02 日 第 03 号

	2012年3月 2日			百	十	万	千	百	十	元	角	分	百	十	万	千	百	十	元	角	分	
购长江电力股票	交易性金融资产	长江电力股票					8	2	7	5	0	0	0										√
	投资收益	交易性金融资产							6	2	0	6	3										√
	其他货币资金	存出投资款														8	3	3	7	0	6	3	√
附件共 1 张	合 计					￥	8	3	3	7	0	6	3			￥	8	3	3	7	0	6	3	

核准： 复核：何永成 记账：高蓉 出纳： 制单：白志国

【业务 4】（共 1 张原始凭证）

4-1

借 款 凭 证

第四联（回单联）

2012 年 03 月 03 日

借款单位 名 称	常州星海有限公司	贷款账号	545623-58
		存款户账号	810535466

借款金额	人民币： （大写）壹拾万元整	金 额

		百	十	万	千	百	十	元	角	分
				￥	1	0	0	0	0	0	0	0

中国建设银行常州
新北区支行

借款用途	补充流动资金	约定偿还日 期及年利率	2012年06月03日 年利率4%

办讫章

上列借款已核准发放并已转入你单位账户。	备注 合同号 20120303012

银行盖章

原始凭证解读

4—1借款凭证可知，3日借入年利率为4‰的流动资金借款10万元。存款户账号810535466说明该借款是存入工行结算户的。

填制的记账凭证

记 账 凭 证

2012 年 03 月 03 日   第 04 号

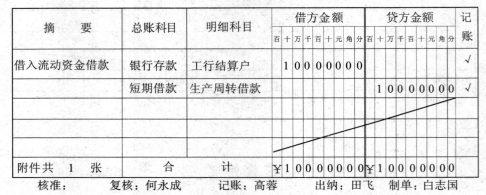

摘　　要	总账科目	明细科目	借方金额										贷方金额										记账
			百	十	万	千	百	十	元	角	分	百	十	万	千	百	十	元	角	分	
借入流动资金借款	银行存款	工行结算户		1	0	0	0	0	0	0	0										√
	短期借款	生产周转借款											1	0	0	0	0	0	0	0	√
附件共　1　张	合　　计		¥	1	0	0	0	0	0	0	0	¥	1	0	0	0	0	0	0	0	

核准：　　复核：何永成　　记账：高蓉　　出纳：田飞　　制单：白志国

【业务5】（共3张原始凭证）

5—1

中国工商银行转账支票存根

支票号码： №435357

科目：

对方科目：

（之印）

签发日期：　　2012 年 03 月 03 日

收款人：常州星海有限公司
金额：　¥100 000.00
用途：划款
备注：(810535466)

单位主管：何永成　　会计：高蓉

5—2

中国建设银行　进 账 单（回单）1

2012 年 03 月 03 日

出票人	全称	常州星海有限公司	收款人	全称	常州星海有限公司
	账号	810535466		账号	897020121
	开户银行	工行常州新北区支行		开户银行	建行常州新北区支行

金额	人名币（大写）壹拾万元整	亿	千	百	十	万	千	百	十	元	角	分
					￥	1	0	0	0	0	0	0

中国工商银行常州新北区支行
2012.03.03
办讫章
开户银行签章

票据种类	转账支票	票据张数	一张
票据号码	435357		

复核　　　　记账

此联是开户行交给持票人的回单

5—3

中国建设银行　进 账 单（收款通知）3

2012 年 03 月 03 日

出票人	全称	常州星海有限公司	收款人	全称	常州星海有限公司
	账号	810535466		账号	897020121
	开户银行	工行常州新北区支行		开户银行	建行常州新北区支行

金额	人名币（大写）壹拾万元整	亿	千	百	十	万	千	百	十	元	角	分
					￥	1	0	0	0	0	0	0

中国工商银行常州新北区支行
2012.03.03
办讫章
开户银行签章

票据种类	转账支票	票据张数	一张
票据号码	435357		

复核　　　　记账

此联是开户行交给持票人的回单

原始凭证解读

5—1可知单位开出转账支票将业务 4 所借的款项划转，故收款人仍为本单位。此出票人就是收款人，故取得的进账单除第一联回单联外，还有第三联收款通知联。

5－2、5－3 可知单位将原存入工行的借款转入建行。

填制的记账凭证

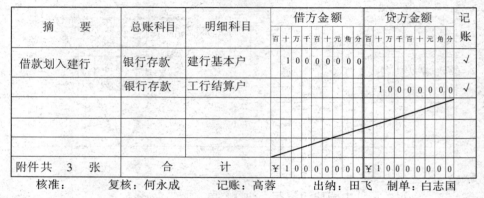

记 账 凭 证

2012 年 03 月 03 日   第 05 号

摘　　要	总账科目	明细科目	借方金额 百 十 万 千 百 十 元 角 分	贷方金额 百 十 万 千 百 十 元 角 分	记账
借款划入建行	银行存款	建行基本户	1 0 0 0 0 0 0 0		√
	银行存款	工行结算户		1 0 0 0 0 0 0 0	√
附件共　3　张	合　　　计		￥1 0 0 0 0 0 0 0	￥1 0 0 0 0 0 0 0	

核准：　　　复核：何永成　　　记账：高蓉　　　出纳：田飞　　制单：白志国

【业务 6】（共 1 张原始凭证）

6－1

收 料 单

供货单位：方兴公司　　　　2012 年 03 月 03 日　　　　　　编号：4468

材料名称	单位	数　量 应收	数　量 实收	实 际 成 本 单价	实 际 成 本 发票价格	实 际 成 本 运杂费	实 际 成 本 合计	第二联
B 材料	千克	2 000	2 000				6 000	记账联
					附单			

验收人：丁丽　　　　　　　　　　　　　　　　　交料人：李明

原始凭证解读

6－1 为收料单记账依据联，说明向方兴公司所购 B 材料已收到入库，本月无向该公司购料业务，此为前期业务，见期初余额有"在途物资——方兴公司（B 材料）"

填制的记账凭证

记 账 凭 证

2012 年 03 月 03 日 第 06 号

摘 要	总账科目	明细科目	借方金额									贷方金额									记账
			百	十	万	千	百	十	元	角	分	百	十	万	千	百	十	元	角	分	
B材料入库	原材料	B材料			6	0	0	0	0	0											√
	在途物资	方兴公司(B材料)												6	0	0	0	0	0		√
附件共 1 张	合	计		¥	6	0	0	0	0	0			¥	6	0	0	0	0	0		

核准: 复核:何永成 记账:高蓉 出纳: 制单:白志国

【业务7】（共1张原始凭证）

　　7—1

中国建设银行　电子汇划收款 （受理回单）

委托日期 2012 年 03 月 04 日

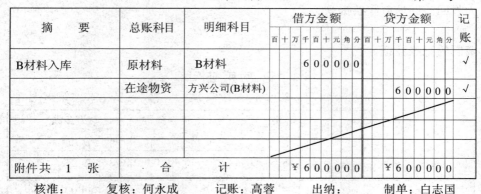

业务类型		委托收款（□邮划 ✓电划）		托收承付（□邮划 □电划）							

付款人
全称	常州德普公司
账号	23017665541
地址	江苏省常州市	开户行	工行常州分行

收款人
全称	常州星海有限公司
账号	897020121
地址	江苏省常州市	开户行	建行常州新北区支行

金额 人民币（大写）伍万肆仟元整

亿	千	百	十	万	千	百	十	元	角	分
			¥	5	4	0	0	0	0	0

款项内容 商业承兑江票到期　托收凭据名称 商业承兑汇票

附寄单子张数 一张

中国建设银行常州新北区支行
2012.03.04
办讫章

商品发运情况　合同名称号码

备注：　款项收妥日期

复核 记账 年 月 日

收款人开户银行签章
2012 年 03 月 04 日

此联做收款开户银行给收款人的受理回单

原始凭证解读

　　7－1是企业所持有的常州德普公司签发的商业承兑汇票到期向开户行办理托收的业务，由期初余额"应收票据——常州德普公司"54000元，可知此为收回前期的应收票据款。

填制的记账凭证

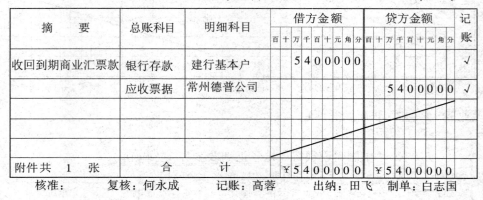

记 账 凭 证

2012 年 03 月 04 日　　　　　　　　第 07 号

摘　　要	总账科目	明细科目	借方金额 百十万千百十元角分	贷方金额 百十万千百十元角分	记账
收回到期商业汇票款	银行存款	建行基本户	5 4 0 0 0 0 0		√
	应收票据	常州德普公司		5 4 0 0 0 0 0	√
附件共 1 张	合　　　计		￥5 4 0 0 0 0 0	￥5 4 0 0 0 0 0	

核准：　　　复核：何永成　　　记账：高蓉　　　出纳：田飞　　　制单：白志国

【业务 8】（共 3 张原始凭证）

8—1

江苏省增值税专用发票

抵扣联

国家税务总局监制

发票代码132041017768

发票号码01887582

开票日期：2012年03月05日

购货单位	名　　称：常州星海有限公司							密码区	略
	纳税人识别号：320411010194491								
	地址、电话：常州市汉江西路99号								
	开户行及账号：建行新北区支行 897020121								

货物及应税劳务的名称	规格型号	单位	数量	单价	金额	税率	税额
T设备		台	1	50 000.00	50 000.00	17%	8 500.00
合　计					￥50 000.00		￥8 500.00

价税合计（大写）	⊗ 伍万捌仟伍佰元整	（小写）￥58 500.00

销售单位	名　　称：常州昌盛公司	备注	
	纳税人识别号：320411585575378		
	地址、电话：常州市新市路80号		
	开户银行及账号：工行常州分行 87555435896423332345		

常州昌盛公司
32041158 557537
发票专用章

收款人：洪兴　　复核：方丁昌　　开票人：季小妹　　销货单位（章）

8—2

江苏省增值税专用发票

发票联

发票代码132041017768

发票号码01887582

开票日期：2012年03月05日

购货单位	名　　　称：常州星海有限公司 纳税人识别号：320411010194491 地址、电话：常州市汉江西路99号 开户行及账号：建行新北区支行 897020121					密码区	略
货物及应税 劳务的名称	规格 型号	单位	数量	单价	金额	税率	税额
T设备		台	1	50 000.00	50 000.00	17%	8 500.00
合　计					￥50 000.00		￥8 500.00

价税合计（大写）	⊗ 伍万捌仟伍佰元整	（小写）￥58 500.00

销售单位	名　　　称：常州昌盛公司 纳税人识别号：32041158557537 地址、电话：常州市新路80号 开户银行及账号：工行常州分行 　　　　　　　87555435896423 32345	备注	

收款人：洪兴　　　复核：方丁昌　　　开票人：季小妹　　　销货单位（章）

第三联　发票联　购货方记账

8—3

固定资产交接单

No006525

2012 年 03 月 05 日

资产编号	资产名称	型号规格	计量单位	数量	设备价值	安装费用		附加费用	合计
20351	T设备		台	1	50 000				50 000
资金来源	自筹		耐用年限		8.3	附		1.	
制造厂名	常州昌盛公司		估计残值		2 000	属		2.	
制造日期	2011 年 12 月		月基本折旧率		1‰	设		3.	
使用部门	基本生产车间		复杂系数			备		4.	

交验部门： 点交人：汪洋 接管部门：基本生产车间 接管人：王海

原始凭证解读

8—1 为购买 T 设备的增值税专用发票的抵扣联，应单独存放，在规定期限内到税务机关办理认证。不作原始凭证。

8—2 向常州昌盛公司购入 T 设备，价款 50 000 元，税款 8 500 元。

8—3 固定资产交接单，说明已验收，增加公司的固定资产，注意交接单上的相关信息是填写固定资产明细账的重要依据。

据 2010 年 1 月 1 日起修订实施的《增值税暂行条例》、《增值税暂行条例实施细则》等相关规定，允许全国范围内的所有增值税一般纳税人抵扣其新购进设备所含的进项税额，未抵扣完的进项税额结转下期继续抵扣。

此业务无付款依据，且期初也无常州昌盛公司相关余额，故作应付账款处理。

填制的记账凭证

记 账 凭 证

2012 年 03 月 05 日 第 08 号

摘　　要	总账科目	明细科目	借方金额 百十万千百十元角分	贷方金额 百十万千百十元角分	记账
赊购T设备	固定资产	设备(T设备)	5 0 0 0 0 0 0		√
	应交税费	应交增值税	8 5 0 0 0 0		√
	应付账款	常州昌盛公司		5 8 5 0 0 0 0	√
附件共 2 张	合　　　　计		￥5 8 5 0 0 0 0	￥5 8 5 0 0 0 0	

核准： 复核：何永成 记账：高蓉 出纳： 制单：白志国

【业务 9】（共 3 张原始凭证）

9－1

发票代码132061015543

开票日期：2012年03月06日　　　　　　　　　　发票号码07665478

购货单位	名　　称：常州星海有限公司 纳税人识别号：320411010194491 地址、电话：常州市汉江西路99号 开户行及账号：建行新北区支行 897020121					密码区		略	
货物及应税 劳务的名称	规格 型号	单位	数量	单价	金额		税率	税额	
B材料		千克	10 000	2.50	25 000.00		17%	4 250.00	
合　　计					￥25 000.00			￥4 250.00	

价税合计（大写）	⊗ 贰万玖仟贰佰伍拾元整	（小写）￥29 250.00

销售单位	名　　称：泰州双亚公司 纳税人识别号：321100716866344 地址、电话：泰州万花路18号 开户银行及账号：工行泰州分行 　　　　　　　　1104055209000012520	备注	泰州昌盛公司 321100716866344 发票专用章

收款人：古月红　　　复核：丁吉利　　　开票人：张林全　　　　销货单位（章）

9—2

江苏省增值税专用发票

发票联

发票代码132061015543

发票号码07665478

开票日期：2012年03月06日

购货单位	名　　称：常州星海有限公司						密码区		略	
	纳税人识别号：320411010194491									
	地址、电话：常州市汉江西路99号									
	开户行及账号：建行新北区支行 897020121									

货物及应税劳务的名称	规格型号	单位	数量	单价	金额	税率	税额
B材料		千克	10 000	2.50	25 000.00	17%	4 250.00
合　计					￥25 000.00		￥4 250.00

价税合计（大写）	⊗ 贰万玖仟贰佰伍拾元整　　　　　（小写）￥29 250.00

销售单位	名　　称：泰州双亚公司	备注	
	纳税人识别号：321100716866344		
	地址、电话：泰州万花路18号		
	开户银行及账号：工行泰州分行 1104055209000012520		

收款人：古月红　　复核：丁吉利　　开票人：张林全　　销货单位（章）

第三联　发票联　购货方记账凭证

9—3

收 料 单

供货单位：泰州双亚公司　　2012 年 03 月 06 日　　　　　　编号：4469

材料名称	单位	数　　量		实　际　成　本				第
		应收	实收	单价	发票价格	运杂费	合计	二联
B 材料	千克	10 000	10 000	2.50	25 000		25 000	记
								账
								联
					附单			

验收人：丁丽　　　　　　　　　　　　　　　　　交料人：李明

原始凭证解读

9—1 是公司从泰州双亚公司购入 B 材料的增值税专用发票的抵扣联，以备税务认证用，不用做原始凭证。

9—2 是购入 B 材料的增值税专用发票的发票联，做原始凭证。

9—3 说明 B 材料已验收入库。

此业务无付款依据，期初有"应付账款——泰州双亚公司"的贷方余额，与本业务不能相抵。

填制的记账凭证

记 账 凭 证

2012 年 03 月 06 日　　　　　　　　　　　　第 09 号

摘　　要	总账科目	明细科目	借方金额									贷方金额									记账
			百	十	万	千	百	十	元	角	分	百	十	万	千	百	十	元	角	分	
购入B材料	原材料	B材料			2	5	0	0	0	0	0										√
	应交税费	应交增值税（进项）				4	2	5	0	0	0										√
	应付账款	泰州双亚公司												2	9	2	5	0	0	0	√
附件共 2 张	合　　　计		¥	2	9	2	5	0	0	0		¥	2	9	2	5	0	0	0		

核准：　　　复核：何永成　　记账：高蓉　　出纳：　　　制单：白志国

【业务 10】（共 3 张原始凭证）

10－1

江苏省增值税专用发票

抵扣联

发票代码132061015543

发票号码07665998

开票日期：2012年03月07日

购货单位	名　　　称：常州星海有限公司						密码区	略	
	纳税人识别号：320411010194491								
	地址、电话：常州市汉江西路99号								
	开户行及账号：建行新北区支行 897020121								
货物及应税劳务的名称	规格型号	单位	数量	单价	金额	税率	税额		
笔记本		本	200	5.00	1 000.00	17%	170.00		
				现金付讫					
合　　计					￥1 000.00		￥170.00		
价税合计（大写）	⊗ 壹仟壹佰柒拾元整				（小写）￥1 170.00				
销售单位	名　　　称：常州湖塘欧迪办公公司						备注		
	纳税人识别号：321100716866344								
	地址、电话：常州湖塘广电路40号								
	开户银行及账号：工行常州支行湖塘办事处 3344055209000015642								

常州湖塘欧迪办公公司
321100716866344
发票专用章

收款人：王丽　　　复核：洪鑫　　　开票人：胡立群　　　销货单位（章）

第三联　抵扣联　购货方记账凭证

10—2

江苏省增值税专用发票

抵扣联

发票代码132061015543

发票号码07665998

开票日期：2012年03月07日

购货单位	名　称：常州星海有限公司					密码区	略		
	纳税人识别号：320411010194491								
	地址、电话：常州市汉江西路99号								
	开户行及账号：建行新北区支行 897020121								
货物及应税劳务的名称	规格型号	单位	数量	单价	金额		税率	税额	
笔记本		本	200	5.00	1 000.00		17%	170.00	
				现金付讫					
合　计					￥1 000.00			￥170.00	
价税合计（大写）	⊗ 壹仟壹佰柒拾元整				（小写）￥1 170.00				
销售单位	名　称：常州湖塘欧迪办公公司					备注			
	纳税人识别号：321100716866344								
	地址、电话：常州湖塘广电路40号								
	开户银行及账号：工行常州支行湖塘办事处 3344055209000015642								

常州湖塘欧迪办公公司
321100716866344
发票专用章

收款人：王丽　　复核：洪鑫　　开票人：胡立群　　销货单位（章）

第三联　抵扣联　购货方记账凭证

10—3

办公用品领用单

2012 年 03 月 07 日

领用部门	物品名称	数量	单价	金额	领用人
办公室	笔记本	120	5	600	方红
基本生产车间	笔记本	80	5	400	李丽
合计				1 000	

第三联　记账凭据

发放人：昌吉　　　　　　　　　　　　　　　　　　　审批：袁凯

原始凭证解读

10—1 是购笔记本的抵扣联，以备税务认证用，不用做原始凭证。

10—2 说明用现金从欧迪办公公司购 200 本笔记本，单价 5 元。

10—3 办公用品领用单，说明该笔记本未入库直接领用，故不反映周转材料——低值易耗品的增减，直接将其记入相关的成本费用，具体是办公室用的计入管理费用、基本生产车间用的计入制造费用。

填制的记账凭证

记 账 凭 证

2012 年 03 月 07 日　　　　　　　　　　　　　　　第 10 号

摘　　要	总账科目	明细科目	借方金额 百十万千百十元角分	贷方金额 百十万千百十元角分	记账
购办公用品直接领用	管理费用	办公费	6 0 0 0 0		√
	制造费用	办公费	4 0 0 0 0		√
	应交税费	应交增值税	1 7 0 0 0		√
	库存现金			1 1 7 0 0 0	
附件共 2 张	合　　　计		￥1 1 7 0 0 0	￥1 1 7 0 0 0	

核准：　　复核：何永成　　记账：高蓉　　出纳：田飞　　制单：白志国

【业务 11】（共 2 张原始凭证）

11-1

中国建设银行转账支票存根

支票号码 №435358

科目：

对方科目：

之
印

签发日期： 2012 年 3 月 8 日

| 收款人： 常州星海有限公司 |
| 金额： ￥108 503.00 |
| 用途： 支付工资 |
| 备注： 897020121 |

单位主管：何永成   会计：高蓉

11-2

工资总额及个人承担的三险一金
2012 年 2 月 29 日

部门人员	应付工资	代扣款项						实发工资
		基本养老保险 8%	基本医疗保险 2%	大病医疗救助 5元/人	失业保险 1%	住房公积金 10%	个人所得税	
生产工人	114 000	9 120	2 280	450	1 140	11 400	850	88 760
车间管理人员	8 800	704	176	50	88	880		6 902
行政管理人员	16 900	1 352	338	100	169	1 690	410	12 841
合　计	139 700	11 176	2 794	600	1 397	13 970	1 260	108 503

记账：白志国   审核：何永成   制表：李显

原始凭证解读

11-1 转账支票存根说明是直接由银行支付，将工资打在工资卡上的。

11-2 是上月的应付工资为 139 700 元，实发工资为 108 503 元，且期初已有"其他应付款——社会保险费"、"应交税费——应交个人所得税"等，说明个人的"三险一金"及个人所得税扣款上月已扣除，此处不用再扣。直接作发放工资的处理。

填制的记账凭证

记 账 凭 证

2012 年 03 月 08 日　　　　　　　　　　第 11 号

摘　要	总账科目	明细科目	借方金额										贷方金额										记账 √
			百	十	万	千	百	十	元	角	分	百	十	万	千	百	十	元	角	分	
支付上月工资	应付职工薪酬	工资		1	0	8	5	0	3	0	0										√
	银行存款	建行基本户											1	0	8	5	0	3	0	0	√
附件共　2　张	合　　计		¥	1	0	8	5	0	3	0	0	¥	1	0	8	5	0	3	0	0	

核准：　　　复核：何永成　　　记账：高蓉　　　出纳：田飞　　　制单：白志国

【业务 12】（共 2 张原始凭证）

12－1

验 资 报 告

经过我所检查验证后确认，常州金旺公司实际投入资金状况如下：

投资者	实际投入资本额			投资方式	实际投资比例	
	外币	汇率	人民币（元）		占应投资本比例	占注册资本比例
常州金旺公司			1 000 000	银行存款	100％	4.76％

验证结果：

　　经检查验证

中国注册会计师：濮红梅

助 理 人 员：吉 利

2012 年 03 月 09 日

12—2

中国建设银行进账单　（收账通知）第　48596　号

2012 年 03 月 09 日

收款人	全称	常州星海有限公司	付款人	全称	常州金旺公司
	账号	897020121		账号	231452055676520
	开户银行	建行新北区支行		开户银行	工行武进支行

人民币	亿	千	百	十	万	千	百	十	元	角	分
(大写)壹佰捌拾万元正			￥	1	8	0	0	0	0	0	0

中国建设银行常州
新北区支行
2012.03.09
办讫章

收款人开户行盖章

票据种类	银行汇票
票据张数	1

单位主管:丁正伟　会计:何永成

复核: 黄兰　　　记账:何永成

原始凭证解读

　　12—2 进账单说明实际收到常州金旺公司 180 万元的银行汇票投资款。

　　12—1 验资报告说明常州金旺公司投资是一次性出资，投资作为实收资本的金额为 100 万元，占注册资本的比例为 4.76%

　　验证：模拟公司原有资本为 2 000 万元，新增资本 100 万元，则有投资点注册资本的比例＝100÷（100＋2000）×100%＝4.76% ，故多出的金额 80 万元（180 万元—100 万元）为资本溢价。

填制的记账凭证

记 账 凭 证

2012 年 03 月 09 日 　　　　　　　　第 12 号

摘　　要	总账科目	明细科目	借方金额										贷方金额										记账
			百	十	万	千	百	十	元	角	分	百	十	万	千	百	十	元	角	分	
收到投资款	银行存款	建行基本户	1	8	0	0	0	0	0	0	0										√
	实收资本	常州金旺公司										1	0	0	0	0	0	0	0	0	√
	资本公积	资本溢价											8	0	0	0	0	0	0	0	√
附件共 2 张	合　　计		1	8	0	0	0	0	0	0	0	1	8	0	0	0	0	0	0	0	

核准：　　　　复核：何永成　　　记账：高蓉　　　出纳：田飞　　　制单：白志国

【业务 13】（共 1 张原始凭证）

13—1

中国建设银行　　　　　**电子汇划收款**　　　回单

币别：人民币　　　　　2012 年 03 月 09 日　　　　　流水号 0278358

付款人	全　　称	无锡星光公司	收款人	全　　称	常州星海有限公司
	账　　号	4433849001		账　　号	897020121
	开户银行	建行无锡支行惠山路分理处		开户银行	建行新北区支行

金额	人民币 （大写）肆万元整	千 百 十 万 千 百 十 元 角 分 　　　　　￥4 0 0 0 0 0 0

汇款用途： 　　　　预付甲产品款	中国建设银行常州 新北区支行 银行盖章 2012.03.09 办讫章　　　　　2012 年 03 月 09 日

原始凭证解读

　　13—1 说明模拟公司收到无锡星光公司预付甲产品款。

填制的记账凭证

记 账 凭 证

2012 年 03 月 09 日　　　　　　　　　　　　第 13 号

摘　要	总账科目	明细科目	借方金额 百 十 万 千 百 十 元 角 分	贷方金额 百 十 万 千 百 十 元 角 分	记账
预付甲产品款	银行存款	建行基本户	4 0 0 0 0 0 0		√
	预收账款	无锡星光公司		4 0 0 0 0 0 0	√
附件共 1 张	合　计		￥4 0 0 0 0 0 0	￥4 0 0 0 0 0 0	

核准：　　　复核：何永成　　　记账：高蓉　　　出纳：田飞　　　制单：白志国

【业务 14】（共 1 张原始凭证）

14—1

领 料 单

2012 年 03 月 09 日　　　　　　　　　　　No 99832

领用部门	基本生产车间	发料仓库	3 号库	用途		生产甲产品
材料编号	材料名称	单位	请领数	实发数	单价	金　额
	A 材料	千克	40 000	40 000		
合　计						
备注		核准人	孙保国	发料人	丁丽	领料 赵卫忠

第三联　记账联

原始凭证解读

14—1 领料单仅说明领料的数量，无单价，无法确定其金额。材料发出业务在实务中比较频繁，本业务的存货按实际成本核算，采用仓库与财会部门账卡合一形式，出库单位成本按月末一次加权平均法计算，所以平时是由仓库保管员及时登记数量金额式明细账中的数量，月末由财会部门的负责存货核算会计按一次加权平均法算其出单位成本，在领料单上进行标注，并据领料单编制发料凭证汇总表进行发出材料的汇总处理，故此处不作账务处理。

【业务 15】（共 4 张原始凭证）

15—1

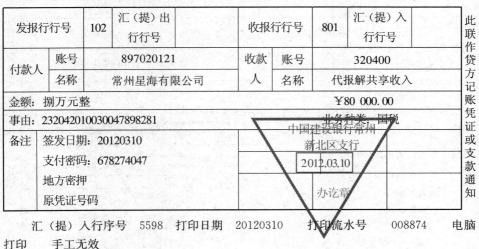

常州市同城票据（借）方补充凭证   29140936

发报行名称：国库常州支库   2012 年 03 月 10 日   提交号 5598

发报行行号	102	汇（提）出行行号		收报行行号	801	汇（提）入行行号		此联作贷方记账凭证或支款通知
付款人	账号	897020121		收款人	账号	320400		
	名称	常州星海有限公司			名称	代报解共享收入		
金额：壹万元整					￥10 000.00			
事由：23204201003004789 8281								
备注	签发日期：20120310							
	支付密码：678274047							
	地方密押							
	原凭证号码							

汇（提）入行序号 5598　打印日期 20120310　打印流水号 008874　电脑打印　手工无效

15—2

常州市同城票据（借）方补充凭证   29140937

发报行名称：国库常州支库   2012 年 03 月 10 日   提交号 5598

发报行行号	102	汇（提）出行行号		收报行行号	801	汇（提）入行行号		此联作贷方记账凭证或支款通知
付款人	账号	897020121		收款人	账号	320400		
	名称	常州星海有限公司			名称	代报解共享收入		
金额：捌万元整					￥80 000.00			
事由：23204201003004789 8281								
备注	签发日期：20120310							
	支付密码：678274047							
	地方密押							
	原凭证号码							

汇（提）入行序号　5598　打印日期　20120310　打印流水号　008874　电脑打印　手工无效

15－3

常州市同城票据（借）方补充凭证　29140938

发报行名称：国库常州支库　2012 年 03 月 10 日　　　　提交号 5598

发报行行号	102	汇（提）出 行行号		收报行行号	801	汇（提）入 行行号	
付款人	账号	897020121		收款人	账号	320400	
	名称	常州星海有限公司			名称	代报解共享收入	
金额：壹仟贰佰元整						￥1 200.00	
事由：11204201003004789828l							
备注	签发日期：20120310 支付密码：678274047 地方密押 原凭证号码						

汇（提）入行序号　5598　打印日期　20120310　打印流水号　008874　电脑
打印　手工无效

此联作贷方记账凭证或支款通知

15－4

常州市同城票据（借）方补充凭证　29140939

发报行名称：国库常州支库　2012 年 03 月 10 日　　　　提交号 5598

发报行行号	102	汇（提）出 行行号		收报行行号	801	汇（提）入 行行号	
付款人	账号	897020121		收款人	账号	320400	
	名称	常州星海有限公司			名称	代报解共享收入	
金额：壹仟贰佰陆拾元整						￥1 260.00	
事由：11204201003004789828l							
备注	签发日期：20120310 支付密码：678274047 地方密押 原凭证号码						

汇（提）入行序号　5598　打印日期　20120310　打印流水号　008874　电脑
打印　手工无效

此联作贷方记账凭证或支款通知

原始凭证解读

15—1 是常州市同城票据（借）方补充凭证，此联作为付款方支付款项的记账依据。该原始凭证说明本公司已通过账号为 897020121 的建行基本户支付，收款人为代报解共享收入，业务种类为国税，而"应交税费——未交增值税"账户的期初余额为贷方 10 000 元，这表明本公司向国税征收机关上交了上月未交的增值税。

15—2 原始凭证说明本公司已通过账号为 897020121 的建行基本户支付了相关国税，而"应交税费——应交企业所得税"账户的期初余额为贷方 80 000 元，这表明本公司向国税征收机关上交了上月未交的企业所得税。

15—3 原始凭证说明本公司已通过账号为 897020121 的建行基本户支付了相关地税，而"应交税费——应交城市维护建设税"的期初余额为贷方 700 元，"应交税费——应交教育费附加"的期初余额为贷方 300 元，"应交税费——应交地方教育费附加"的期初余额为贷方 200 元，合计为 1 200 元，这表明本公司向地税征收机关上交了上月未交的城市维护建设税、教育费附加和地方教育费附加。

15—4 原始凭证说明本公司已通过账号为 897020121 的建行基本户支付了相关地税，而"应交税费——应交个人所得税"的期初余额为贷方 1 260 元，这表明本公司向地税征收机关上交了上月未交的个人所得税。

另外，虽然是同一开户行同一账号支付的相关税费，但为能更清楚地表明该银行存款所支付的具体的税费，贷方银行存款要分开填写。

填制的记账凭证

记 账 凭 证

2012 年 03 月 10 日　　　　　　　第 14 1/2 号

摘　　要	总账科目	明细科目	借方金额										贷方金额										记账
			百	十	万	千	百	十	元	角	分	百	十	万	千	百	十	元	角	分	
上交上月税费	应交税费	未交增值税		1	0	0	0	0	0	0											√
		应交企业所得税		8	0	0	0	0	0	0											√
		应交城市维护建				7	0	0	0	0											√
		应交教育费附加				3	0	0	0	0											√
		应交地方教育费				2	0	0	0	0											√
附件共见14 2/2 张	合　　计																				

核准：　　复核：何永成　　记账：高蓉　　出纳：田飞　　制单：白志国

记 账 凭 证

2012 年 03 月 10 日 　　　　　　　　　　　 第 14 2/2 号

摘　　要	总账科目	明细科目	借方金额									贷方金额									记账
			百	十	万	千	百	十	元	角	分	百	十	万	千	百	十	元	角	分	
上交上月税费	应交税费	应交个人所得税			1	2	6	0	0	0											√
	银行存款	建行基本户											1	0	0	0	0	0	0		√
	银行存款	建行基本户											8	0	0	0	0	0	0		√
	银行存款	建行基本户													1	2	0	0	0	0	√
	银行存款	建行基本户													1	2	6	0	0	0	√
附件共 4 张	合　　计		￥	9	2	4	6	0	0	0		￥	9	2	4	6	0	0	0		

核准：　　复核：何永成　　记账：高蓉　　出纳：田飞　　制单：白志国

【业务 16】（共 3 张原始凭证）

16—1

常州市同城票据（借）方补充凭证　　　　　　29140940

发报行名称：国库常州支库　2012 年 03 月 10 日　　　　　　　提交号 5598

发报行行号	102	汇（提）出行行号		收报行行号	801	汇（提）入行行号	
付款人	账号	897020121		收款人	账号	276000	
	名称	常州星海有限公司			名称	代收社保费	

金额：陆万贰仟伍佰零陆元陆角整	￥62 506.60

事由：11204201003004789828 1	业务种类 同城
备注　签发日期：20120310 　　　支付密码：678274047 　　　地方密押 　　　原凭证号码	中国建设银行常州 新北区支行 **2012.03.10** 办讫章

汇（提）入行序号　5598　打印日期 20120310　打印流水号 008874　电脑打印　手工无效

16—2

中国建设银行转账支票存根

支票号码 №435359

科目:

对方科目:

签发日期: 2012年3月10日

之印

| 收款人:常州住房公积金管理中心 |
| 金额:￥27 940.00 |
| 用途:上交住房公积金 |
| 备注:897020121 |

单位主管:何永成　　会计:高蓉

16—3

中国建设银行　　进　账　单（回单）1

2012 年 03 月 10 日

出票人	全称	常州星海有限公司	收款人	全称	常州住房公积金管理中心
	账号	810535466		账号	5777556388820055
	开户银行	工行常州新北区支行		开户银行	建行常州新北区支行

金额	人名币 （大写）贰万柒仟玖佰肆拾元整	亿	千	百	十	万	千	百	十	元	角	分
						￥	2	7	9	4	0	0	0

中国工商银行常州
新北区支行
2012.03.10
办讫章

票据种类	转账支票	票据张数	一张
票据号码	435359		
复核		记账	

开户银行签章

原始凭证解读

16—1 是常州市同城票据（借）方补充凭证,此联作为付款方支付款项的记账依据。该原始凭证说明本公司已通过账号为 897020121 的建行基本户支付，收款人为代收社保费，业务种类为同城，而"应付职工薪酬——社会保险"账户的期初余额为贷方 46 539.60 元，"其他应付款——社会保险费"账户的期初贷方余额为 5 907 元，合计为 62 506.60 元，这表明本公司向社保机构上交了上月未交的社保费。

16-2 原始凭证注明"收款人"为常州住房公积金管理中心，"用途"为上交住房公积金，说明本公司已通过账号为 897020121 的建行基本户划出了住房公积金。

16-3 是建行进账单的回单联，该原始凭证注明，"出票人"是本公司，表明本公司已将款项从账号为 897020121 的建行基本户划出，"收款人"为常州住房公积金管理中心，而"应付职工薪酬——住房公积金"账户的期初余额为贷方 13 970 元，"其他应付款——住房公积金"账户的期初贷方余额为 13 970 元，合计为 27 940 元，这表明本公司向常州住房公积金管理中心上交了上月未交的住房公积金。

同时，虽然是同一开户行同一账号支付的社保费和住房公积金，但为能更清楚地表明该银行存款所支付的具体的税费，贷方银行存款要分开填写。

填制的记账凭证

记 账 凭 证

2012 年 03 月 10 日   第 15 1/3 号

摘　　要	总账科目	明细科目	借方金额										贷方金额										记账
			百	十	万	千	百	十	元	角	分	百	十	万	千	百	十	元	角	分	
上交上月社保费与住房	应付职工薪	社会保险费(养老)			2	9	3	3	7	0	0										√
		社会保险费(医疗)			1	1	8	9	6	0	0										√
		社会保险费(失业)				2	7	9	2	0	0										√
		社会保险费(生育)				1	1	1	7	6	0										√
		社会保险费(工伤)				1	3	9	7	0	0										√
附件共见15 3/3 张	合　　计																				

核准：　　　复核：何永成　　　记账：高蓉　　　出纳：田飞　　　制单：白志国

记 账 凭 证

2012 年 03 月 10 日　　　　　　　　　　第 15 2/3 号

摘　要	总账科目	明细科目	借方金额 百 十 万 千 百 十 元 角 分	贷方金额 百 十 万 千 百 十 元 角 分	记账
上交上月社保费与住房	应付职工薪	住房公积金	1 3 9 7 0 0 0		√
	其他应付款	社会保险费(养老)	1 1 1 7 6 0 0		√
		社会保险费(医疗)	3 3 9 4 0 0		√
		社会保险费(失业)	1 3 9 7 0 0		√
		住房公积金	1 3 9 7 0 0 0		√
附件共见15 3/3 张	合　计				

核准：　　　　复核：何永成　　记账：高蓉　　出纳：田飞　　制单：白志国

记 账 凭 证

2012 年 03 月 10 日　　　　　　　　　　第 15 3/3 号

摘　要	总账科目	明细科目	借方金额 百 十 万 千 百 十 元 角 分	贷方金额 百 十 万 千 百 十 元 角 分	记账
上交上月社保费与住房	银行存款	建行基本户		6 2 5 0 6 6 0	√
	银行存款	建行基本户		2 7 9 4 0 0 0	√
附件共 3 张	合　计		￥9 0 4 4 6 6 0	￥9 0 4 4 6 6 0	

核准：　　　　复核：何永成　　记账：高蓉　　出纳：田飞　　制单：白志国

【业务 17】（共 1 张原始凭证）

17－1

中国建设银行转账支票存根

支票号码 №435360

科目:

对方科目:

签发日期: 2012 年 03 月 10 日

之印

收款人: 泰州双亚公司	
金额: ￥167 275.00	
用途: 支付货款	
备注: 897020121	

单位主管: 何永成　　会计: 高蓉

原始凭证解读

17－1 转账支票支付原欠泰州双亚公司货款 167 275 元，而"应付账款——泰州双亚公司"期初余额为 167 275 元，故此为支付前欠的货款。

填制的记账凭证

记 账 凭 证

2012 年 03 月 10 日　　　　　　　　　　　第 16 号

摘　　要	总账科目	明细科目	借方金额											贷方金额											记账
			百	十	万	千	百	十	元	角	分		百	十	万	千	百	十	元	角	分		
付原欠货款	应付账款	泰州双亚公司		1	6	7	2	7	5	0	0												√
	银行存款	建行基本户												1	6	7	2	7	5	0	0		√
附件共　1　张	合　　计		￥	1	6	7	2	7	5	0	0	￥	1	6	7	2	7	5	0	0			

核准:　　　复核: 何永成　　记账: 高蓉　　出纳: 田飞　　制单: 白志国

【业务 18】（共 6 张原始凭证）

18—1

江苏省增值税专用发票

江苏省
抵扣联
国家税务总局监制

发票代码132071013308

发票号码 07668890

开票日期：2012 年 03 月 11 日

购货单位	名　　　称：常州星海有限公司					密码区		略	
	纳税人识别号：320411010194491								
	地址、电话：常州市汉江西路99号								
	开户行及账号：建行新北区支行 897020121								

货物及应税劳务的名称	规格型号	单位	数量	单价	金额	税率	税额
A材料		千克	10000	4.80	48000.00	17%	8 160.00
合　　计					￥48 000.00		￥8 160.00

价税合计（大写）	伍万陆仟壹佰陆拾元整	（小写）￥56 160.00

销售单位	名　　　称：徐州兴阳公司	备注
	纳税人识别号：321100716866344	
	地址、电话：徐州三环西路10号	
	开户银行及账号：工行徐州支行山泉办事处 3344055209000015642	

徐州兴阳公司
321100716866344
发票专用章

收款人：赵云雪　　复核：胡金波　　开票人：陈孟雪　　销货单位（章）

第二联 抵扣联 购货方扣税凭证

18－2

江苏省增值税专用发票

发票联

国家税务总局监制

发票代码 132071013308

发票号码 07668890

开票日期：2012 年 03 月 11 日

购货单位	名　　称：常州星海有限公司 纳税人识别号：320411010194491 地址、电话：常州市汉江西路99号 开户行及账号：建行新北区支行 　　　　　897020121	密码区	略

货物及应税劳务的名称	规格型号	单位	数量	单价	金额	税率	税额
A材料		千克	10 000	4.80	48 000.00	17%	8 160.00
合　　计					￥48 000.00		￥8 160.00

价税合计（大写）	伍万陆仟壹佰陆拾元整	（小写）￥56 160.00

销售单位	名　　称：徐州兴阳公司 纳税人识别号：321100716866344 地址、电话：徐州三环西路10号 开户银行及账号：工行徐州支行山泉办事处 　　　　　3344055209000015642	备注	徐州兴阳公司 321100716866344 发票专用章

收款人：赵云雪　　复核：胡金波　　开票人：陈孟雪　　销货单位（章）

第二联 发票联 购货方记账凭证

18—3

公路、内河货物运输业统一发票(代开)

发票代码 219867611101
发票号码 00786112

开票日期2012 年 03 月 11 日

机打代码 机打号码 机器编号	219867611101 00786112 0886755652	税 控 码	略
收货人及 纳税人识别号	常州星海有限公司 320411010194491	承运人及 纳税人识别号	徐州功成物流有限公司 320100764544115
发货人及 纳税人识别号	徐州兴阳公司 3211007168663442	主管税务机关 及代码	常州地税局二分局

运 输 项 目 及 金 额	货物名称 数量 (重量) 单位运价 计费里程 金额 A材料 10 000千克　　　　　　　　　1 600.00	其 他 项 目 及 金 额	费用 金额 保险 800	备注:
运费小计	1 600.00	其他费用小计	800. 00	
合计(大写)	贰仟肆佰元整			
代开单位 及代码	常州地税局二分局 代开发票专用章	扣缴税额、税率 完税凭证号码		

代开单位盖章:　　　　　　　　　　开票人:刘小波

18—4

公路、内河货物运输业统一发票(代开)

全国统一发票监制章
抵扣联
江苏省徐州市
地方税务局监制

发票代码 219867611101

开票日期2012年03月11日　　　　发票号码00786112

机打代码 机打号码 机器编号	219867611101 00786112 0886755652	税控码	略
收货人及 纳税人识别号	常州星海有限公司 320411010194491	承运人及 纳税人识别号	徐州功成物流有限公司 320100764544115
发货人及 纳税人识别号	徐州兴阳公司 3211007168663442	主管税务机关 及代码	常州地税局二分局

运输项目及金额	货物名称	数量（重量）	单位运价	计费里程	金额	其他项目及金额	费用	金额	备注：
	A材料	10 000千克			1 600.00		保险	800	

运费小计	1 600.00	其他费用小计	800．00
合计(大写)	贰仟肆佰元整		
代开单位及代码	常州地税局二分局 代开发票专用章	扣缴税额、税率完税凭证号码	

代开单位盖章：　　　　开票人：刘小波

第一联 抵扣联 付款方抵扣凭证

18—5

中国建设银行转账支票存根

支票号码：№435361

科目：

对方科目：

签发日期：2012年03月11日

之印

| 收款人：徐州兴阳公司 |
| 金额：￥18 560.00 |
| 用途：补付货款 |
| 备注：897020121 |

单位主管：何永成　　会计：高蓉

18—6

收　料　单

供货单位：徐州兴阳公司　　2012年03月11日　　　　　　编号：4471

材料名称	单位	数　量		实　际　成　本			
		应收	实收	单价	发票价格	运杂费	合计
A材料	千克	10 000	10 000	4.80	48 000	2 288	50 288
						附单	

第二联　记账联

验收人：丁丽　　　　　交料人：李明

原始凭证解读

18—1是江苏省增值税专用发票的第二联抵扣联，此联应作为购货方抵扣进项税额的依据。该抵扣联不能作为记账凭证的附件，应单独存放，专门用于在规定期限（180天）内到税务机关办理认证，并在认证通过的次月申报期内，向主管税务机关申报抵扣进项税额。

18—2是江苏省增值税专用发票的第三联发票联，此联应作为购货方的记账依据。从此原始凭证可知，本公司向徐州兴阳公司购入A材料。

18—3是公路、内河货物运输业统一发票的第一联发票联，此联应作为付款方的记账依据。该原始凭证注明，"收货人"是本公司，"运输项目及金额"栏是A材料运输费1 600元，"其他费用及金额"为保险费800元，表明本公司发生了为采购A材料的运杂费。

18—4 是公路、内河货物运输业统一发票的第二联抵扣联，此联应作为付款方的抵扣进项税额的依据。该抵扣联不作为原始凭证，应单独存放，用于到税务机关办理抵扣认证。

根据《增值税暂行条例》第八条第四项规定，购进或者销售货物以及在生产经营过程中支付运输费用的，按照运输费用结算单据上注明的运输费用金额和 7% 的扣除率计算进项税额，此处可抵扣进项税额为 1 600×7%＝112 元，计入成本的运杂费为 2 400—112＝2 288 元。

18—5 转账支票存根，可知由建行基本户补付货款为 18 560 元，本业务购 A 材料价税款合计为 56 160 元，运杂费为 2 400 元，总计为 58 560 元，而"预付账款——徐州兴阳公司"有期初借方余额 40 000 元，表明原已预付 40 000 元，故需要补付 18 560 元。

18—6 收料单中相关内容根据其他相关原始凭证由仓库保管员自行填写，第二联记账联给财会部门用于记录原材料增加。

另外，为了反映预付账款的来龙去脉，用预付款购料与补付购料款一般不合并处理。

填制的记账凭证

记 账 凭 证

2012 年 03 月 11 日　　　　　　　　第 17 1/2 号

摘　　要	总账科目	明细科目	借方金额									贷方金额									记账
			百	十	万	千	百	十	元	角	分	百	十	万	千	百	十	元	角	分	
用预付款购料	原材料	A材料			5	0	2	8	8	0	0										√
	应交税费	应交增值税(进项)				8	2	7	2	0	0										√
	预付账款	徐州兴阳公司											5	8	5	6	0	0	0	0	√
附件共见 17 2/2 张	合　　计		¥	5	8	5	6	0	0	0	0	¥	5	8	5	6	0	0	0	0	

核准：　　　复核：何永成　　记账：高蓉　　出纳：　　　制单：白志国

记 账 凭 证

2012 年 03 月 11 日　　　　　　　　　　　第 17 2/2 号

摘　要	总账科目	明细科目	借方金额 百 十 万 千 百 十 元 角 分	贷方金额 百 十 万 千 百 十 元 角 分	记账
补付货款	预付账款	徐州兴阳公司	1 8 5 6 0 0 0		√
	银行存款	建行基本户		1 8 5 6 0 0 0	√
附件共　4　张	合　　计		¥ 1 8 5 6 0 0 0	¥ 1 8 5 6 0 0 0	

核准：　　　　复核：何永成　　记账：高蓉　　出纳：田飞　　制单：白志国

【业务 19】（共 1 张原始凭证）

19－1

领 料 单

2012 年 03 月 11 日　　　　　　　　　　　No 99833

领用部门	基本生产车间	发料仓库	3 号库	用途		一般性消耗
材料编号	材料名称	单位	请领数	实发数	单价	金　额
	A 材料	千克	5 000	5 000		
合　　计						
备注		核准人	孙保国	发料人	丁丽	领料 赵卫忠

第三联　记账联

原始凭证解读

19－1 领料单仅说明领料的数量，具体处理同业务 14。

【业务 20】（共 3 张原始凭证）

20—1

江苏省增值税专用发票

江苏省
国家税务总局监制
抵扣联

发票代码132101015345

发票号码013334876

开票日期：2012年03月12日

购货单位	名　　称：常州星海有限公司 纳税人识别号：320411010194491 地址、电话：常州市汉江西路99号 开户行及账号：建行新北区支行 　　　　　　897020121	密码区	略

货物及应税劳务的名称	规格型号	单位	数量	单价	金额	税率	税额
包装箱		只	500	15.00	7 500.00	17%	1 275.00
合　　计					￥7 500.00		￥1 275.00

价税合计（大写）	⊗ 捌仟柒佰柒拾伍元整	（小写）￥8 775.00	

销售单位	名　　称：常州振兴木器厂 纳税人识别号：320488479483 地址、电话：常州广陵路78号 开户银行及账号：建行常州分行 　　　　　　　489499847	备注	常州振兴木器厂 320488479483 发票专用章

收款人：刘长山　　复核：郭梦　　开票人：赵阳　　销货单位（章）

第二联　抵扣联　购货方扣税凭证

20－2

江苏省增值税专用发票

江苏省
国家税务总局监制
发票联

发票代码132101015345

发票号码013334876

开票日期：2012年03月12日

购货单位	名　称：常州星海有限公司							
	纳税人识别号：320411010194491					密码区		略
	地址、电话：常州市汉江西路99号							
	开户行及账号：建行新北区支行 897020121							

货物及应税劳务的名称	规格型号	单位	数量	单价	金额	税率	税额
包装箱		只	500	15.00	7 500.00	17%	1 275.00
合　计					￥7 500.00		￥1 275.00

价税合计（大写）	⊗ 捌仟柒佰柒拾伍元整	（小写）￥8 775.00

销售单位	名　称：常州振兴木器厂		
	纳税人识别号：320488479483	备注	常州振兴木器厂 320488479483 发票专用章
	地址、电话：常州广陵路78号		
	开户银行及账号：建行常州分行 489499847		

收款人：刘长山　　复核：郭梦　　开票人：赵阳　　销货单位（章）

第二联　发票联　购货方记账凭证

20—3

收　料　单

供货单位：常州振兴木器厂　　2012 年 03 月 12 日　　　　　　　编号：4471

材料名称	单位	数　量		实　际　成　本				第二联 记账联
		应收	实收	单价	发票价格	运杂费	合计	
包装箱	千克	500	500	15	7 500		7 500	
						附单		

验收人：丁丽　　　　　　　　交料人：李明

原始凭证解读

20—1 是江苏省增值税专用发票的第二联抵扣联，此联应作为购货方抵扣进项税额的依据。该抵扣联不能作为记账凭证的附件，应单独存放，专门用于在规定期限（180 天）内到税务机关办理认证，并在认证通过的次月申报期内，向主管税务机关申报抵扣进项税额。

20—2 是江苏省增值税专用发票的第三联发票联，此联应作为购货方的记账依据。从此原始凭证可知，本公司向常州振兴木器厂购入包装箱。

20—3 收料单中相关内容根据其他相关原始凭证由仓库保管员自行填写，第二联记账联给财会部门用于记录包装物增加。

此业务无付款的依据，属于赊购包装物。

填制的记账凭证

记　账　凭　证

2012 年 03 月 12 日　　　　　　　　　第 18 号

摘　要	总账科目	明细科目	借方金额 百十万千百十元角分	贷方金额 百十万千百十元角分	记账
赊购包装物	周转材料	包装物(包装箱)	7 5 0 0 0 0		√
	应交税费	应交增值税(进项)	1 2 7 5 0 0		√
	应付账款	常州振兴木器厂		8 7 7 5 0 0	√
附件共 2 张	合　　计		¥ 8 7 7 5 0 0	¥ 8 7 7 5 0 0	

核准：　　　　复核：何永成　　记账：高蓉　　出纳：　　制单：白志国

【业务 21】（共 4 张原始凭证）

21－1

江苏省增值税专用发票

发票代码132041565387

发票号码99847635

开票日期：2012年03月13日

购货单位	名　　称：启东新源厂								
	纳税人识别号：3211884937927384750010					密码区		略	
	地址、电话：启东市西方路87号								
	开户行及账号：工行启东支行 9987374758								

货物及应税劳务的名称	规格型号	单位	数量	单价	金额	税率	税额
甲产品		件	800	600.00	480 000.00	17%	81 600.00
包装箱		只	800	25.00	20 000.00		3 400.00
合　　计					￥500 000.00		￥85 000.00

价税合计（大写）	⊗ 伍拾捌万伍仟元整	（小写）￥585 000.00

销售单位	名　　称：常州星海有限公司		
	纳税人识别号：320411010194491	备注	
	地址、电话：常州市汉江西路99号		
	开户行及账号：建行新北区支行 897020121		

收款人：黄语蝶　　复核：山梅　　开票人：安寒　　销货单位（章）

第二联　抵扣联　购货方扣税凭证

21－2

中国建设银行进账单 （收账通知）第 48595 号

2012 年 03 月 13 日

<table>
<tr><td rowspan="3">收款人</td><td>全称</td><td>常州星海有限公司</td><td rowspan="3">付款人</td><td>全称</td><td>启东新源厂</td></tr>
<tr><td>账号</td><td>897020121</td><td>账号</td><td>9987374758</td></tr>
<tr><td>开户银行</td><td>建行新北区支行</td><td>开户银行</td><td>工行启东支行</td></tr>
<tr><td rowspan="2" colspan="3">人民币
(大写)伍拾捌万伍仟元整</td><td>亿 千 百 十 万 千 百 十 元 角 分</td></tr>
<tr><td>￥ 5 8 5 0 0 0 0 0</td></tr>
<tr><td>票据种类</td><td colspan="2">支票</td><td rowspan="4">中国建设银行
常州新北区支行
2012.03.13
办讫章

收款人开户行盖章</td></tr>
<tr><td>票据张数</td><td colspan="2">1</td></tr>
<tr><td colspan="3"></td></tr>
<tr><td colspan="3">复核：　　　　记账：</td></tr>
</table>

21－3

出 库 单

2012 年 03 月 13 日　　　　　　No 7764

产品名称	单位	数量	单价	金额	备注
甲产品	件	800			一般销售
合计					

负责人：马艳　　　　　　经手人：丁丽

第三联　记账联

21—4

领　料　单

2012 年 03 月 13 日 　　　　　　　　No 99834

领用部门	销售科	发料仓库	3 号库	用途		包装产品
材料编号	材料名称	单位	请领数	实发数	单价	金　额
	包装箱	只	800	800		
合　　计						
备注	单独计价	核准人	孙保国	发料人	丁丽	领料 顾雨灵

第三联 记账联

原始凭证解读

21—1 是江苏省增值税专用发票的第一联记账联，此联应作为销货单位的记账依据。该原始凭证注明"销货单位"是本公司，"购货单位"是启东新源厂，"货物及应税劳务"分别是甲产品与包装箱，表明本公司销售了甲产品与包装箱给启东新源厂。而产品销售业务是企业的主营业务，包装箱销售业务是公司的其他业务，因而进行会计核算时，相关收入应分别记入"主营业务收入"与"其他业务收入"账户。增值税不用分别核算。

21—2 是建行的进账单第三联收账通知联，此联应作为收款人收到款项的记账依据。

21—3 出库单，销售产品时减少库存商品，是作为结转已售产品成本的原始凭证，而该业务实际工作中一般是月末汇总处理的。此处只要根据其由仓库保管员登记库存商品明细账的数量，月末再由财会人员用全月一次加权平均法计算出单位成本汇总处理。

21—4 领料单，是领用的随同产品一起出售单独计价的包装箱，同样此处也不作处理，而是在月末汇总处理。

填制的记账凭证

记 账 凭 证

2012 年 03 月 13 日　　　　　　　　　　　第 19 号

摘　要	总账科目	明细科目	借方金额 百 十 万 千 百 十 元 角 分	贷方金额 百 十 万 千 百 十 元 角 分	记账
销售甲产品与包装箱	银行存款	建行基本户(897020121)	5 8 5 0 0 0 0 0		√
	主营业务收入	甲产品		4 8 0 0 0 0 0 0	√
	其他业务收入	包装物销售		2 0 0 0 0 0 0	√
	应交税费	应交增值税(销项)		8 5 0 0 0 0 0	
附件共　2　张	合　　计		￥5 8 5 0 0 0 0 0	￥5 8 5 0 0 0 0 0	

核准：　　　复核：何永成　　　记账：高蓉　　　出纳：田飞　　　制单：白志国

【业务 22】（共 1 张原始凭证）

22—1

中国建设银行　　　银行汇（本）票申请书

币别：人民币　　　　　2012 年 03 月 13 日　　　　　流水号：0030777

业务类型	☑银行汇票 □银行本票	付款方式	☑转账　　□现金
申 请 人	常州星海有限公司	收 款 人	上海达瑞公司
账　　号	897020121	账　　号	4478933211
用　　途	货款	代理付款行	

金额（大写)伍万元整	亿 千 百 十 万 千 百 十 元 角 分
	￥ 5 0 0 0 0 0 0

付出行签章

中国建设银行常州
新北区支行
2012.03.13
办讫章

常州星海有限公司
★
财务专用章

伟丁
印正

客户签章

会计主管：　　　授权：　　　复核：　　　录入：

第三联　客户回单

原始凭证解读

22—1是建行银行汇（本）票申请书的第三联客户回单联，此联应作为申请人的记账依据。该原始凭证注明，"业务类型"是银行汇票，"申请人"是本公司，"收款人"是上海达瑞公司，表明本公司向银行申请取得了一张金额为50 000元、收款人为上海达瑞公司的银行汇票。

填制的记账凭证

记账凭证

2012 年 03 月 13 日   第 20 号

摘 要	总账科目	明细科目	借方金额									贷方金额									记账
			百	十	万	千	百	十	元	角	分	百	十	万	千	百	十	元	角	分	
申请银行汇票	其他货币资金	银行汇票存款			5	0	0	0	0	0	0										√
	银行存款	建行基本户												5	0	0	0	0	0	0	√
																					√
附件共 1 张	合 计		￥	5	0	0	0	0	0	0		￥	5	0	0	0	0	0	0		

核准：   复核：何永成   记账：高蓉   出纳：田飞   制单：白志国

【业务 23】（共 6 张原始凭证）

23－1

上海市增值税专用发票

上海省
国家税务总局监制
抵扣联

发票代码3100074140

发票号码07748839

开票日期：2012年03月15日

购货单位	名　称：常州星海有限公司　纳税人识别号：320411010194491　地址、电话：常州市汉江西路99号　开户行及账号：建行新北区支行　　　　　　　897020121	密码区	略

货物及应税劳务的名称	规格型号	单位	数量	单价	金额	税率	税额
A材料		千克	8 000	5.00	40 000.00	17%	6 800.00
合　计					￥40 000.00		￥6 800.00

价税合计（大写）	⊗ 肆万陆仟捌佰元整	（小写）￥46 800.00

销售单位	名　称：上海达瑞公司　纳税人识别号：320323136920834　地址、电话：上海复兴路1109号　开户银行及账号：建行上海分行复兴路办事处　　　　　　　　4478933211	备注	上海达瑞公司320323136920834发票专用章

收款人：蒋海南　　　复核：王庆花　　　开票人：丁义平　　　销货单位（章）

23—2

上海市增值税专用发票

上海省
发票联

发票代码3100074140

发票号码07748839

开票日期：2012年03月15日

购货单位	名　　称：常州星海有限公司 纳税人识别号：320411010194491 地址、电话：常州市汉江西路99号 开户行及账号：建行新北区支行 　　　　　　　897020121					密码区		略
货物及应税 劳务的名称	规格 型号	单位	数量	单价	金额	税率	税额	
A材料		千克	8 000	5.00	40 000.00	17%	6 800.00	
合　计					￥40 000.00		￥6 800.00	

价税合计（大写）	⊗ 肆万陆仟捌佰元整	（小写）￥46 800.00

销售单位	名　　称：上海达瑞公司 纳税人识别号：320323136920834 地址、电话：上海复兴路1109号 开户银行及账号：建行上海分行复兴路办事处 　　　　　　　4478933211	备注	

上海达瑞公司
320323136920834
发票专用章

收款人：蒋海南　　复核：王庆花　　开票人：丁义平　　销货单位（章）

第二联　发票联　购货方记账凭证

23—3

公路、内河货物运输业统一发票(代开)

全国统一发票监制章
发票联
上海市
地方税务局监制

发票代码 3100074140

发票号码 667432221

开票日期 2012 年 03 月 15 日

机打代码	3100074140	税控码	略
机打号码	667432221		
机器编号	557632		
收货人及纳税人识别号	常州星海有限公司 320411010194491	承运人及纳税人识别号	上海快达物流公司 340202666222603
发货人及纳税人识别号	上海达瑞公司 320323136920834	主管税务机关及代码	上海市地税局二分局

运输项目及金额	货物名称	数量（重量）	单位运价	计费里程	金额	其他项目及金额	费用	金额	备注
	A材料	8 000千克			800.00				

运费小计	800.00	其他费用小计	
合计(大写)	捌佰圆整		
代开单位及代码	上海市地税局二分局 代开发票专用章	扣缴税额、税率 完税凭证号码	

代开单位盖章：　　　　　　　　开票人：吴荣生

第一联　发票联　付款方记账凭证

23－4

公路、内河货物运输业统一发票(代开)

发票代码 3100074140
发票号码 667432221

开票日期 2012 年 03 月 15 日

机打代码	3100074140	税控码	略	
机打号码	667432221			
机器编号	557632			
收货人及纳税人识别号	常州星海有限公司 320411010194491	承运人及纳税人识别号	上海快达物流公司 340202666222603	
发货人及纳税人识别号	上海达瑞公司 320323136920834	主管税务机关及代码	上海市地税局二分局	

运输项目及金额	货物名称 数量 （重量） 单位运价 计费里程 金额	其他项目及金额	费用 金额	备注：
	A材料　8 000千克　　　　　800.00			

运费小计	800.00	其他费用小计	
合计(大写)	捌佰元整		
代开单位及代码	上海市地税局二分局 代开发票专用章	扣缴税额、税率 完税凭证号码	

代开单位盖章：　　　　　　　　　　开票人：吴荣生

第二联　抵扣联　付款方抵扣凭证

23—5

中国建设银行转账支票存根

支票号码: №435362

科目:

对方科目:

之印

签发日期:　　2012 年 03 月 15 日

| 收款人: 上海快达物流公司 |
| 金额: ￥800.00 |
| 用途: 付运费 |
| 备注: 897020121 |

单位主管: 何永成　　会计: 高蓉

23—6

中 国 建 设 银 行
银 行 汇 票

多余款收
账通知 4

汇票号码
第 4 号

付款期
壹个月

签发日期　　　　　　　　　兑付地点: 中国建设银行常州新北区支行
（大写）贰零壹贰年叁月壹拾肆日

收款人: 上海达瑞公司				账号: 4478933211						
汇款金额: 人民币（大写）伍万元整										
实际结算金额	人民币（大写）肆万陆仟捌佰元整	千	百	十	万	千	百	十	元	角	分
					￥4	6	8	0	0	0	0

汇款人: 常州星海有限公司　　中国建设银行　　账号或住址: 897020121

签发行: 建设银行　行号 2051　常州新北区　下列退回多余金额已收入你账户内。

汇款用途: 购A材料　　2012.03.14

签发行盖章　2012年03月14日　　转讫

多余金额								
百	十	万	千	百	十	元	角	分
			￥3	2	0	0	0	0

财务主管: 王节流　　复核:　　经办:

此联签发行结算后交汇款人

原始凭证解读

23—1 是上海市增值税专用发票的第二联抵扣联，此联应作为购货方抵扣进项税额的依据。该抵扣联不能作为记账凭证的附件，应单独存放，专门用于在规定期限（180 天）内到税务机关办理认证，并在认证通过的次月申报期内，向主管税务机关申报抵扣进项税额。

23—2 是上海市增值税专用发票的第三联发票联，此联应作为购货方的记账依据。从此原始凭证可知，本公司向上海达瑞公司购入 A 材料。

23—3 是公路、内河货物运输业统一发票的第一联发票联，此联应作为付款方的记账依据。该原始凭证注明，"收货人"是本公司，"运输项目及金额"栏是 A 材料运输费 800 元，表明本公司发生了为采购 A 材料的运输费。

23—4 是公路、内河货物运输业统一发票的第二联抵扣联，此联应作为付款方的抵扣进项税额的依据。该抵扣联不作为原始凭证，应单独存放，用于到税务机关办理抵扣认证。

根据《增值税暂行条例》第八条第四项规定，购进或者销售货物以及在生产经营过程中支付运输费用的，按照运输费用结算单据上注明的运输费用金额和 7% 的扣除率计算进项税额，此处可抵扣进项税额为 $800 \times 7\% = 56$ 元，计入成本的运杂费为 $800 \times 93\% = 744$ 元。

23—5 转账支票存根，可知由建行基本户付运费 800 元，此笔款项是支付给上海快达物流公司的运输费。

23—6 建行的银行汇票第 4 联多余款收账通知联，本公司签发的银行汇票金额为 50 000 元，购 A 材料的价税合计款为 46 800 元，故有多余款 3 200 元，银行汇票中的实际结算金额与多余金额是由销货方，即上海达瑞公司据实填写的，多余金额通过银行退还给本公司。

本业务无收料单，说明所购 A 材料尚未收到入库。

填制的记账凭证

记 账 凭 证

2012 年 03 月 15 日　　　　　　　　　　　第 21 1/2 号

摘　要	总账科目	明细科目	借方金额 百 十 万 千 百 十 元 角 分	贷方金额 百 十 万 千 百 十 元 角 分	记账
购A材料	在途物资	上海达瑞公司（A）	4 0 7 4 4 0 0		√
	应交税费	应交增值税（进项）	6 8 5 6 0 0		√
	其他货币资金	银行汇票存款		4 6 8 0 0 0 0	√
	银行存款	建行基本户		8 0 0 0 0	√
附件共　3　张	合　　　　计		￥4 7 6 0 0 0 0	￥4 7 6 0 0 0 0	

核准：　　　复核：何永成　　　记账：高蓉　　　出纳：田飞　　　制单：白志国

记 账 凭 证

2012 年 03 月 15 日　　　　　　　　　　　第 21 2/2 号

摘　要	总账科目	明细科目	借方金额 百 十 万 千 百 十 元 角 分	贷方金额 百 十 万 千 百 十 元 角 分	记账
退回银行汇票余款	银行存款	建行基本户	3 2 0 0 0 0		√
	其他货币资金	银行汇票存款		3 2 0 0 0 0	√
					√
					√
附件共　1　张	合　　　　计		￥3 2 0 0 0 0	￥3 2 0 0 0 0	

核准：　　　复核：何永成　　　记账：高蓉　　　出纳：田飞　　　制单：白志国

【业务 24】（共 2 张原始凭证）

24－1

领　料　单

2012 年 03 月 15 日　　　　　　　　　No 99835

领用部门	基本生产车间	发料仓库	3 号库	用途		生产乙产品
材料编号	材料名称	单位	请领数	实发数	单价	金　额
	B 材料	千克	38 000	38 000		
合　　计						
备注		核准人	孙保国	发料人	丁丽	领料　钱忠

第三联　记账联

24－2

领　料　单

2012 年 03 月 15 日　　　　　　　　　No 99836

领用部门	行政部门	发料仓库	3 号库	用途		一般用
材料编号	材料名称	单位	请领数	实发数	单价	金　额
	B 材料	千克	500	500		
合　　计						
备注		核准人	孙保国	发料人	丁丽	领料　孙国光

第三联　记账联

原始凭证解读

　　24－1、24－2 领料单仅说明领料的数量，具体处理同业务 14。

【业务 25】（共 2 张原始凭证）

25－1

借　款　单

2012 年 03 月 16 日

借款单位：销售部门	借款人：王强
借款原因：出差借款	
借款金额：人民币（大写）贰仟元整　　小写 ￥2 000.00	
付款方式：现金　　支票（号）√　　电汇　　其他	
单位负责人意见：丁正伟	借款人领款签字：王强
财务主管核批：何永成	出纳：田飞

第一联　付款联

25—2

中国建设银行现金支票存根

支票号码: №884732

科目:

对方科目:

签发日期: 2012年03月16日

> 之
> 印

收款人: 王强
金额: ￥2 000.00
用途: 差旅费
备注: 897020121

单位主管: 何永成　　　　会计: 高蓉

原始凭证解读

　　25—1是借款单的第一联付款联,此联应作为付款方支付款项的记账依据。该原始凭证注明"借款人"王强,"所属单位"销售部门,"用途"为差旅费,表明本公司销售部门职工王强预支差旅费。

　　25—2现金支票存根说明王强预借差旅费,财会部门不是直接支付现金,而是签发的现金支票由其提现的,故对于本公司而言,属于银行存款的减少。

填制的记账凭证

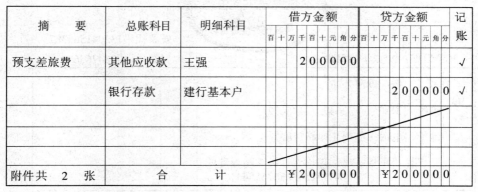

记 账 凭 证

2012 年 03 月 16 日　　　　　　　　第 22 号

摘　　要	总账科目	明细科目	借方金额 百十万千百十元角分	贷方金额 百十万千百十元角分	记账
预支差旅费	其他应收款	王强	2 0 0 0 0 0		√
	银行存款	建行基本户		2 0 0 0 0 0	√
附件共　2　张	合　　　计		￥2 0 0 0 0 0	￥2 0 0 0 0 0	

核准：　　　　复核：何永成　　　记账：高蓉　　　出纳：田飞　　　制单：白志国

【业务 26】（共 4 张原始凭证）

26－1

固定资产处置申请单

2012 年 03 月 17 日

固定资产名称	LH 设备	单　位	台	型　号		数　量	1
资产编号	500－98	停用时间	2012.03	购建时间	2009.01.11	存放地点	车间
已提折旧月数	37 个月	原　值	100 000.00	累计折旧	30 000.00		
有效使用年限	10	月折旧额	810.81	净　值	70 000.00		

处置原因：出售多余设备

财务部门意见： 　同意出售 　　　　　何永成 　　　　　2012 年 3 月 17 日	公司领导意见： 　同意出售 　　　　　丁正伟 　　　　　2012 年 3 月 17 日

编制人：高蓉　　　　　　　使用部门负责人：黄洪清

26－2

江苏省增值税专用发票

江苏省
记账联

发票代码132041565387

开票日期：2012年03月17日

发票号码99847636

购货单位	名　称：黄河公司							
	纳税人识别号：326498521456321					密码区	略	
	地址、电话：苏州花园路118号							
	开户行及账号：建行郑州支行杨洪路分理处 11443325678567 65544							

货物及应税劳务的名称	规格型号	单位	数量	单价	金额	税率	税额
LH设备		台	1	60 000.00	60 000.00	17%	10 200.00
合　计					￥60 000.00		￥10 200.00

价税合计（大写）	⊗ 柒万零贰佰元整	（小写）￥70 200.00

销售单位	名　称：常州星海有限公司		
	纳税人识别号：320411010194491	备注	
	地址、电话：常州市汉江西路99号		
	开户银行及账号：建行常州新北区支行 897020121		

收款人：黄语蝶　　复核：山梅　　开票人：安寒　　销货单位（章）

第一联　记账联　销货方记账凭证

26—3

中国建设银行进账单　（收账通知）第 48595 号

2012 年 03 年 17 日

收款人	全称	常州星海有限公司	付款人	全称	黄河公司
	账号	897020121		账号	1144332567856765544
	开户银行	中国建设银行常州新北区支行		开户银行	建行郑州支行杨洪路分理处

人民币		亿	千	百	十	万	千	百	十	元	角	分
(大写)柒万零贰佰元整					￥	7	0	2	0	0	0	0

票据种类	转账支票
票据张数	1

中国建设银行
常州新北区支行
2012.03.17
办讫章

复核：　　　　记账：　　　　　　　收款人开户行盖章

收款人开户银行给收款人的收账通知

26—4

固定资产清理损益计算表

2012 年 03 月 17 日

固定资产清理项目	LH 设备	清理原因	多余不用
原值	100 000.00	已提折旧	30 810.81
固定资产清理借方发生额		固定资产清理贷方发生额	
清理支出内容	金额	清理收入内容	金额
固定资产净值	69 189.19	固定资产报废残值	
清理费用		出售收入	60 000.00
借方合计	69 189.19	贷方合计	60 000.00
清理净收益		清理净损失	9 189.19

记账：白志国　　审核：何永成　　制表：高蓉

原始凭证解读

26－1 固定资产处置申请单表明公司 2009 年 1 月 11 日购入的原值为 10 万元的 LH 设备已于当月停用，已提折旧 37 个月，月折旧额为 810.81 元。

固定资产折旧时间为当月增加当月不提折旧，从次月开始提折旧，当月减少当月照提折旧，故 2009 年 1 月该设备不计提折旧，而 2012 年 3 月该项设备应计提折旧，而固定资产折旧一般于月末计提，初步判断已提折旧 30 000 元不包括当月的折旧数。另外从 2009 年 2 月到 2012 年 3 月提折旧的月数应该为 11＋12＋12＋3＝38，而原始凭证中注明已提折旧月数为 37 个月，故可知 3 月份未提折旧，因而出售时需要补提当月的折旧 810.81 元。到出售的 3 月份累计折旧数应该为 30 000＋810.81＝30 810.81 元。

26－2 是江苏省增值税专用发票的第一联记账联，此联应作为销货单位的记账依据。该原始凭证注明"销货单位"是本公司，"购货单位"是黄河公司，"货物及应税劳务"是 LH 设备，表明本公司销售了 LH 设备给黄河公司。

根据财政部、国家税务总局《关于全国实施增值税转型改革若干问题的通知》，2008 年 12 月 31 日以前未纳入扩大增值税抵扣范围试点的纳税人，销售自己使用过的 2008 年 12 月 31 日以前购进或者自制的固定资产，按照 4% 征收率减半征收增值税；此业务所售的 LH 设备为 2008 年 12 月 31 日以后所购入的，故应按 17% 计算增值税。

26－3 为建行进账单的收账通知，表明收到向黄河公司所售 LH 设备的价款，存入建行账号为 897020121 的基本户。

26－4 固定资产清理损益计算表为自制原始凭证，此处是用来计算出售 LH 设备的损益的，该设备的净值为 69 189.19 元，出售收入为 60 000 元，故为清理损失 9 189.19 元。

填制的记账凭证

记 账 凭 证

2012 年 03 月 17 日 第 23 1/4 号

摘 要	总账科目	明细科目	借方金额										贷方金额										记账
			百	十	万	千	百	十	元	角	分	百	十	万	千	百	十	元	角	分	
补提出售LH设备折旧	制造费用	折旧费				8	1	0	8	1												√
		累计折旧													8	1	0	8	1		√
附件共见23 2/4张	合 计				¥	8	1	0	8	1				¥	8	1	0	8	1		

核准: 复核:何永成 记账:高蓉 出纳: 制单:白志国

记 账 凭 证

2012 年 03 月 17 日 第 23 2/4 号

摘 要	总账科目	明细科目	借方金额										贷方金额										记账
			百	十	万	千	百	十	元	角	分	百	十	万	千	百	十	元	角	分	
LH设备转入清理	固定资产清理	LH设备			6	9	1	8	9	1	9											√
	累计折旧				3	0	8	1	0	8	1											√
	固定资产	设备(LH设备)											1	0	0	0	0	0	0	0	0	√
附件共 1 张	合 计		¥	1	0	0	0	0	0	0	0	0	¥	1	0	0	0	0	0	0	0	0

核准: 复核:何永成 记账:高蓉 出纳: 制单:白志国

记 账 凭 证

2012 年 03 月 17 日 第 23 3/4 号

摘 要	总账科目	明细科目	借方金额									贷方金额									记账
			百	十	万	千	百	十	元	角	分	百	十	万	千	百	十	元	角	分	
出售LH设备	银行存款	建行基本户		7	0	2	0	0	0	0	0										√
	固定资产清理	LH设备				6	0	0	0	0	0			6	0	0	0	0	0	0	√
	应交税费	应交增值税（销项）												1	0	2	0	0	0	0	√
附件共 1 张	合 计		￥	7	0	2	0	0	0	0	0	￥	7	0	2	0	0	0	0	0	

核准： 复核：何永成 记账：高蓉 出纳：田飞 制单：白志国

记 账 凭 证

2012 年 03 月 17 日 第 23 4/4 号

摘 要	总账科目	明细科目	借方金额									贷方金额									记账
			百	十	万	千	百	十	元	角	分	百	十	万	千	百	十	元	角	分	
给转清理LH设备净损	营业外支出	处置非流动资产				9	1	8	9	1	9										√
	固定资产清	LH设备													9	1	8	9	1	9	√
附件共 1 张	合 计		￥			9	1	8	9	1	9	￥			9	1	8	9	1	9	

核准： 复核：何永成 记账：高蓉 出纳： 制单：白志国

【业务 27】（共 2 张原始凭证）

27－1

江苏省常州市通用发票

发　票　联

江苏省常州市
地方税务局监制

付款单位（个人）：常州星海有限公司　　　　　发票代码23204005943

收款单位：常州正浩律师事务所　　　　　　　　发票号码91309712

纳税人识别号：320400086981611　　　　　　　机打票号91309712

项目及金额	项目	单位	数量	单价	金额	附注
	法律咨询费				2 500.00	
合计（大写）贰仟伍佰元整					￥2 500.00	

第二联发票联

常州正浩律师事务所
320400086981611
财务专用章

机器编号

税控号　　　　　　　　　　　　开票人：李钰　开票日期：2012年03月18日

收款单位（盖章有效）　　　　　　电话　　0519-88784432

机打发票　手写无效

27－2

中国建设银行转账支票存根

支票号码：№435363

科目：

对方科目：

之
印

签发日期：2012年03月18日

收款人：常州正浩律师事务所	
金额：￥2 500.00	
用途：法律咨询费	
备注：897020121	

单位主管：何永成　　　　会计：高蓉

原始凭证解读

27－1是服务业发票，是常州星海有限公司开给常州正浩律师事务所的法律咨询费发票。

27－2是建行转账支票存根，应作为付款方支付款项的记账依据。该原始凭证的"收款人"是常州正浩律师事务所，"用途"是支付法律咨询费，账号为897020121，表明公司已将法律咨询费从建行账号为897020121的基本户中转出。

填制的记账凭证

记 账 凭 证

2012 年 03 月 18 日   第 24 号

摘　　要	总账科目	明细科目	借方金额 百十万千百十元角分	贷方金额 百十万千百十元角分	记账
付法律咨询费	管理费用	法律咨询费	2 5 0 0 0 0		√
	银行存款	建行基本户		2 5 0 0 0 0	√
附件共 2 张	合　　　计		￥2 5 0 0 0 0	￥2 5 0 0 0 0	

核准：　　　复核：何永成　　　记账：高蓉　　　出纳：田飞　　　制单：白志国

【业务 28】（共 5 张原始凭证）

28－1

江苏省增值税专用发票

发票代码132041565387

发票号码99847637

开票日期：2012年03月18日

购货单位	名　　称：徐州益友公司 纳税人识别号：320200755861706 地址、电话：徐州煤电路56号 开户行及账号：工行徐州分行 　　　　　　787766630090					密码区	略	

货物及应税 劳务的名称	规格型号	单位	数量	单价	金额	税率	税额
甲产品		件	1 700	800.00	1 360 000.00	17%	231 200.00
合　计					￥1 360 000.00		￥231 200.00

价税合计（大写）	⊗ 壹佰伍拾玖万壹仟贰佰元整	（小写）￥1 591 200.00

销售单位	名　　称：常州星海有限公司 纳税人识别号：320411010194491 地址、电话：常州市汉江西路99号 开户银行及账号：建行常州新北区支行 　　　　　　897020121		备注	

收款人：黄语蝶　　复核：山梅　　开票人：安寒　　销货单位（章）

28—2

全国联运行业统一发票　　（第二联　发票联）

江苏省常州市
地方税务局监制

工商企业登记证编号　　公司:常州速达汽车运输公司　电话:88457652　NO.011009
税务登记证编号　　　地址:　　　　　　邮编:2120452　2012年3月18日

付款单位	常州星海有限公司	发站（港）	代垫费用		联运费用	
地址	常州市汉江西路99号	到站（港）	项目	金额	项目	金额
收货单位	徐州益友公司	经由				
结算编号银行账号	787766630090	付款方式				
货物名称	件数	包装	重量			
甲产品	1700件				运输费	6 000
此为复印件			小计			
			全程包干费		小计	￥6 000
合计人民币（大写）陆仟元整						

银行账号　　　　　　开户行　　　　　　制单员:李品

28—3

中国建设银行转账支票存根

支票号码: №435364
科目:
对方科目:
签发日期: 2012年03月18日

之
印

收款人: 常州速达汽车运输公司
金额: ￥6 000.00
用途: 甲产品运费
备注: 897020121

单位主管: 何永成　　　　会计: 高蓉

28—4

托收凭证　（受理回单）

委托日期　2012 年 03 月 18 日

业务类型		委托收款（□邮划　□电划）		托收承付（□邮划　☑电划）		
付款人	全称	徐州益友公司	收款人	全称	常州星海有限公司	
	账号	787766630090		账号	897020121	
	开户行	工行徐州分行		开户行	建行常州新北区支行	

金额（大写）	人民币 壹佰伍拾玖万柒仟贰佰元整	亿	千	百	十	万	千	百	十	元	角	分
			¥	1	5	9	7	2	0	0	0	0

款项内容	货款	托收凭据名称	发票、运单	附寄单张数	四张
商品发运情况	已发运	合同名称号码		201203886	

备注：		款项收妥日期	中国建设银行 常州新北区支行 2012.3.18 收款人开户银行签章 办讫章 2012 年 3 月 18 日
复核　　记账		年　月　日	

此联作收款开户银行给收款人的受理回单

28—5

出　库　单

2012 年 03 月 18 日　　　　　　　　　　№ 7765

产品名称	单位	数　量	单价	金额	备注
乙产品	件	1 700			一般销售
合计					

负责人：马艳　　　　　　　　　　　经手人：丁丽

第三联　记账联

原始凭证解读

28—1 是江苏省增值税专用发票的第一联记账联，此联应作为销货单位的记账依据。该原始凭证注明"销货单位"是本公司，"购货单位"是徐州益友公司，"货物及应税劳务"是甲产品，表明本公司销售了甲产品给徐州益友公司。而产品销售业务是企业的主营业务，相关收入应记入"主营业务收入"。

28—2 是全国联运业统一发票，此处为复印件，原件应随同本运输发票的抵扣联及增值税专用发票的发票联与抵扣联向徐州光明厂办理货款的托收。

28—3 是建行转账支票存根，应作为付款方支付款项的记账依据。该原始凭证的"收款人"是常州速达汽车运输公司，"用途"是支付甲产品运输费，账号为 897020121，表明公司已将甲产品的运输费从建行账号为 897020121 的基本户中转出，属于代为购货方徐州益友公司垫付的款项，应与产品销售款一并向购货方托收。

28—4 托收凭证受理回单，本公司凭销售发票与销售产品的运单向徐州益友公司办理货款的托收，收到的开户行转来的回单联，证明销售业务已实现，要确认产品销售收入。

28—5 出库单，销售产品时减少库存商品，是作为结转已售产品成本的原始凭证，而该业务实际工作中一般是月末汇总处理的。此处只要据其由仓库保管员登记库存商品明细账的数量，月末再由财会人员用全月一次加权平均法计算出单位成本汇总处理。

填制的记账凭证

记 账 凭 证

2012 年 03 月 18 日   第 25 号

摘　　　要	总账科目	明细科目	借方金额										贷方金额										记账
			百	十	万	千	百	十	元	角	分	百	十	万	千	百	十	元	角	分	
销售甲产品	应收账款	徐州益友公司		1	5	9	7	2	0	0	0	0										√
	主营业务收入	甲产品												1	3	6	0	0	0	0	0	0	√
	应交税费	应交增值税（销项）													2	3	1	2	0	0	0	0	√
	银行存款	建行基本户															6	0	0	0	0	0	√
附件共　4　张	合　　　计			1	5	9	7	2	0	0	0	0		1	5	9	7	2	0	0	0	0	

核准：　　　复核：何永成　　　记账：高蓉　　　出纳：田飞　　　制单：白志国

【业务 29】（共 3 张原始凭证）

29－1

江苏省增值税专用发票

发票代码 132041565387

发票号码 99847638

开票日期：2012年03月20日

购货单位	名　　称：无锡星光公司 纳税人识别号：320511778855903 地址、电话：无锡梅园路118号 开户行及账号：建行无锡支行梅园路分理处 9873356				密码区		略	
货物及应税 劳务的名称	规格型号	单位	数量	单价	金额	税率	税额	
甲产品		件	100	450.00	45 000.00	17%	7 650.00	
合　计					￥45 000.00		￥7 650.00	
价税合计（大写）		⊗ 伍万贰仟陆佰伍拾元整				（小写）￥52 650.00		
销售单位	名　　称：常州星海有限公司 纳税人识别号：320411375583635 地址、电话：常州市汉江西路99号 开户银行及账号：工行常州和平公理处				备注			

收款人：黄语蝶　　复核：山梅　　开票人：安寒　　销货单位（章）

29—2

<u>中国建设银行进账单</u>　（收账通知）第 48595 号

2012 年 03 月 20 日

收款人	全　称	常州星海有限公司	付款人	全　称	无锡星光公司	收款人开户银行给收款人的账通知
	账　号	897020121		账　号	9873356	
	开户银行	中国建设银行 新北区支行		开户银行	建行无锡支行 梅园路分理处	

人民币 （大写）壹万贰仟陆佰伍拾元整	亿	千	百	十	万	千	百	十	元	角	分
				¥	1	2	6	5	0	0	0

票据种类	转账支票	
票据张数	1	中国建设银行 常州新北区支行 2012.03.20 收款人开户行盖章

单位主管：丁正伟　　会计：何永成
复核：黄兰

29—3

出　库　单

2012 年 03 月 20 日　　　　　　　　　　　No 7766

产 品 名 称	单　位	数　量	单　价	金　额	备　注	第三联 记账联
甲产品	件	100			一般销售	
合　　计						

负责人：马艳　　　　　　　　　　　　　　经手人：丁丽

原始凭证解读

29—1 是江苏省增值税专用发票的第一联记账联，此联应作为销货单位的记账依据。该原始凭证注明"销货单位"是本公司，"购货单位"是无锡星光公司，"货物及应税劳务"是甲产品，表明本公司销售了甲产品给无锡星光公司。而产品销售业务是企业的主营业务，相关收入应记入"主营业务收入"。价税款总价为 52 650 元。

29—2 是建行进账单回单联，说明已收到货款 12 650 元，由于业务 13 已预收了无锡星光公司购货款 40 000 元，故只需要补付 12 650 元。

29—3 出库单，销售产品时减少库存商品，是作为结转已售产品成本的原始凭证，而该业务实际工作中一般是月末汇总处理的。此处只要据其由仓库保管员登记库存商品明细账的数量，月末再由财会人员用全月一次加权平均法计算出单位成本汇总处理。

另外，为了反映预收账款的来龙去脉，采用预收款销售的，销售与补收货款一般不合并处理。

填制的记账凭证

记 账 凭 证

2012 年 03 月 20 日　　　　　　　　第 26 1/2 号

摘　　要	总账科目	明细科目	借方金额 百 十 万 千 百 十 元 角 分	贷方金额 百 十 万 千 百 十 元 角 分	记账
销售甲产品	预收账款	无锡星光公司	5 2 6 5 0 0 0		✓
	主营业务收入	甲产品		4 5 0 0 0 0 0	✓
	应交税费	应交增值税 （销项）		7 6 5 0 0 0	✓
附件共　1　张	合　　　计		¥5 2 6 5 0 0 0	¥5 2 6 5 0 0 0	

核准：　　　复核：何永成　　　记账：高蓉　　　出纳：　　　制单：　白志国

记 账 凭 证

2012 年 3 月 20 日　　　　　　　　第 26 2/2 号

摘　　要	总账科目	明细科目	借方金额 百 十 万 千 百 十 元 角 分	贷方金额 百 十 万 千 百 十 元 角 分	记账
销售甲产品	银行存款	建行基本户	1 2 6 5 0 0 0		✓
	预收账款	无锡星光公司		1 2 6 5 0 0 0	✓
附件共　1　张	合　　　计		¥1 2 6 5 0 0 0	¥1 2 6 5 0 0 0	

核准：　　　复核：何永成　　　记账：高蓉　　　出纳：田飞　　　制单：　白志国

【业务30】（共3张原始凭证）

30－1

中国建设银行　（存款）利息清单

币别：人民币　　　　　　　2012 年 03 月 20 日

户名：常州星海有限公司			账号：897020121		
计息项目	起息日	结息日	积数	利率（%）	利息金额
活期存款	2011年12月21日	2012年3月20日			7 876.45
合计（大写）柒仟捌佰柒拾陆元肆角伍分			中国建设银行 常州新北区支行 2012.03.20 办讫章 银行签章		

第二联　客户回单

30－2

中国建设银行　（存款）利息清单

币别：人民币　　　　　　　2012 年 03 月 20 日

户名：常州星海有限公司			账号：896453657		
计息项目	起息日	结息日	积数	利率（%）	利息金额
活期存款	2011年12月21日	2012年3月20日			347.21
合计（大写）叁佰肆拾柒元贰角壹分			中国建设银行 常州新北区支行 2012.03.20 办讫章 银行签章		

第二联　客户回单

30—3

中国建设银行　　（存款）利息清单

币别：人民币　　　　　　　2012 年 03 月 20 日

户名：常州星海有限公司		账号：810535466			
计息项目	起息日	结息日	积数	利率（%）	利息金额
活期存款	2011年12月21日	2012年3月20日			1 776.34
合计（大写）壹仟柒佰柒拾陆元叁角肆分					

第二联　客户回单

中国建设银行
常州新北区支行
2012.03.20
银行签章

原始凭证解读

30—1 是建行存款利息清单的第二联客户回单联，此联应作为收款方收到款项的依据。该原始凭证注明"户名"是本公司，"账号"为 897020121，"计息项目"为活期存款，表明本公司收到账号为 897020121 的存款利息，应记入"银行存款——建行基本户（897020121）"账户。

30—2 是建行存款利息清单的第二联客户回单联，此联应作为收款方收到款项的依据。该原始凭证注明"户名"是本公司，"账号"为 896453657，"计息项目"为活期存款，表明本公司收到账号为 897020121 的存款利息，应记入"其他货币资金——存出投资款（建行证券托管户（896453657）"账户。

30—3 是建行存款利息清单的第二联客户回单联，此联应作为收款方收到款项的依据。该原始凭证注明"户名"是本公司，"账号"为 810535466，"计息项目"为活期存款，表明本公司收到账号为 810535466 的存款利息，应记入"银行存款——工行结算户（810535466）"账户。

填制的记账凭证

记 账 凭 证

2012 年 03 月 20 日　　　　　　　　　　　　　　第 27 号

摘　　要	总账科目	明细科目	借方金额 百十万千百十元角分	贷方金额 百十万千百十元角分	记账
收到存款利息	银行存款	建行基本户	7 8 7 6 4 5		√
	银行存款	工行结算户	1 7 7 6 3 4		√
	其他货币资金	存出投资款	3 4 7 2 1		√
	财务费用	利息收入		1 0 0 0 0 0 0	√
附件共 3 张	合　　　计		¥ 1 0 0 0 0 0 0	¥ 1 0 0 0 0 0 0	

核准：　　　复核：何永成　　　记账：高蓉　　出纳：田飞　　　制单：白志国

【业务 31】（共 3 张原始凭证）

31－1

中国工商银行常州分行贷款还息凭证

打印日期 2012 年 03 月 20 日

客户号：1098893		机构代码	
借款单位：常州星海有限公司			
产生利息账号	还息金额	Osp 现有金额	备注
545623-58	200.00	中国建设银行 常州新北区支行 2012. 3. 20 办讫章	合同号 20120303012
（短期借款）			
金额合计（大写）人民币贰佰元整 （小写）CNY200.00			
付款账号：810535466 合同编号：20120303012 交易业务号：			

开票：洪亮　　　　　记账　　　　　复核　　　　盖章

31—2

中国工商银行常州分行贷款还息凭证

打印日期 2012 年 03 月 20 日

客户号：1098893		机构代码	
借款单位：常州星海有限公司			
产生利息账号	还息金额	Osp 现有余额	备注
545533-61 （短期借款）	2 013.89		合同号 2012012018
金额合计（大写）人民币贰仟零壹拾叁元捌角玖分 　　　　（小写）CNY2 013.89			
付款账号：810535466 合同编号：2012012018 交易业务号：			

开票：洪亮　　　　　　记账　　　　　　复核　　　　　　盖章

31—3

中国工商银行常州分行贷款还息凭证

打印日期 2012 年 03 月 20 日

客户号：1098893		机构代码	
借款单位：常州星海有限公司			
产生利息账号	还息金额	Osp 现有余额	备注
230476-90 （短期借款）	19 333.33	中国建设银行 常州新北区支行 2012. 3. 20 办讫章	合同号 2012120778
金额合计（大写）人民币壹万玖仟叁佰叁拾叁元叁角叁分 　　　　（小写）CNY19 333.33			
付款账号：810535466 合同编号：2012120778 交易业务号：			

开票：洪亮　　　　　　记账　　　　　　复核　　　　　　盖章

原始凭证解读

31—1 是工行贷款还息凭证，此凭证应作为付款方支付利息的记账依据。该原始凭证注明付款账号 810535466，表明本公司已从账号为 810535466 的工行结算户支付了款项，同时"产生利息账号"为 545623—58，"合同号"20120303012 且注明为短期借款，与业务 4 中的"贷款账号"及"合同号"一致，表明此利息为前述业务 4 所发生的 3 日借入流动资金借款 100 000 元的利息。

根据题目要求：公司每月按实际天数计算提取贷款的利息支出；银行于每月 20 日收取共发放贷款的利息，本月 3 日借入的借款，利息算头算尾共 18 天，故短期借款利息为 $100\ 000 \times 4\% \div 360 \times 18 = 200$ 元。进行会计核算时，应记入"应付利息"账户的借方，一是因为"应付利息"账户有余额，另外利息在期末仍要计提的。

31—2 是工行贷款还息凭证，此凭证应作为付款方支付利息的记账依据。该原始凭证注明付款账号 810535466，表明本公司已从账号为 810535466 的工行结算户支付了款项，同时"产生利息账号"为 545533—61，"合同号"为2012012018 且注明为短期借款，故此处应为期初的短期借款余额 500 000 元，年利率为 5%，从 2012 年 2 月 21 日到 3 月 20 日共 29 天，应付该笔借款的利息为 $500\ 000 \times 5\% \div 360 \times 29 = 2\ 013.89$ 元。

31—3 是工行贷款还息凭证，此凭证应作为付款方支付利息的记账依据。该原始凭证注明付款账号 810535466，表明本公司已从账号为 810535466 的工行结算户支付了款项，同时"产生利息账号"为 230476—90 且注明为长期借款，本期未发生长期借款业务，应该是期初余额 4 000 000 元，年利率为 6%，从 2012 年 2 月 21 日到 3 月 20 日共 29 天，故长期借款应付利息为 $4\ 000\ 000 \times 6\% \div 360 \times 29 = 19\ 333.33$ 元。同样，进行会计核算时，应记入"应付利息"账户的借方。

填制的记账凭证

记 账 凭 证

2012 年 03 月 20 日   第 28 号

摘　要	总账科目	明细科目	借方金额 百十万千百十元角分	贷方金额 百十万千百十元角分	记账
支付利息	应付利息	短期借款（工商银行）	2 2 1 3 8 9		√
		长期借款（工商银行）	1 9 3 3 3 3 3		√
	银行存款	工行结算户		2 1 5 4 7 2 2	√
附件共 2 张	合　计		￥2 1 5 4 7 2 2	￥2 1 5 4 7 2 2	

核准：   复核：何永成   记账：高蓉   出纳：田飞   制单：白志国

【业务 32】（共 1 张原始凭证）

32—1

领 料 单

2012 年 03 月 20 日   No 99837

领用部门	基本生产车间	发料仓库	3 号库	用途		一般用	第
材料编号	材料名称	单位	请领数	实发数	单价	金　额	三联
	工作服	套	6	6			记账
							凭
合　计							据
备注		核准人	孙保国	发料人	丁丽	领料 孙国光	

原始凭证解读

32—1 领料单仅说明领料的数量，具体处理同业务 14。

【业务 33】（共 2 张原始凭证）

33－1

江苏省常州市通用发票

付款单位（个人）：常州星海有限公司　　　　　发票代码 23204774638

收款单位：常州电视台　　　　　　　　　　　发票号码 884738293

纳税人识别号：320404938333484　　　　　机打票号 884738293

项目及金额	项目	单位	数量	单价	金额	附注
	广告费				5 000.00	
合计（大写）伍仟元整					￥5 000.00	

第二联　发票联

机器编号　　　　开票人：张刚　　　　　开票日期：2012年03月21日

税控号　　　　　　　　　　　　　　　　电话　　0519-88467388

收款单位（盖章有效）　　　　　　　　　机打发票　手写无效

33－2

<u>中国建设银行转账支票存根</u>

支票号码：№435365

科目：

对方科目：

之印

签发日期：2012年03月21日

收款人：常州电视台
金额：￥5 000.00
用途：广告费
备注：897020121

单位主管：何永成　　　　会计：高蓉

原始凭证解读

33—1 是服务业发票，是由常州电视台开给本公司的广告费发票。

33—2 是建行转账支票存根，应作为付款方支付款项的记账依据。该原始凭证的"收款人"是常州电视台，"用途"是支付广告费，账号为897020121，表明公司已将广告费从建行账号为897020121的基本户中转出。

填制的记账凭证

记 账 凭 证

2012 年 03 月 21 日　　　　　　　　第 29 号

摘　　要	总账科目	明细科目	借方金额										贷方金额										记账
			百	十	万	千	百	十	元	角	分	百	十	万	千	百	十	元	角	分	
付广告费	销售费用	广告费			5	0	0	0	0	0											√
	银行存款	建行基本户												5	0	0	0	0	0		√
附件共　2　张	合　　　计		¥	5	0	0	0	0	0			¥	5	0	0	0	0	0			

核准：　　　复核：何永成　　　记账：高蓉　　　出纳：田飞　　　制单：白志国

【业务 34】（共 1 张原始凭证）

34—1

常州星海有限公司 2011 年度利润分配公告

常州星海有限公司 2011 年度利润分配方案已获 2012 年 3 月 18 日召开的 2011 年股东大会审议通过，现将利润分配方案的有关具体事宜公布如下：

一、2011 年度利润分配方案：经江苏达瑞会计事务有限公司审计，公司 2011 年度实现净利润 1 400 000 元，提取 10％法定公积金 140 000 元，提取任意盈余公积 60 000 元，年末可供股东分配的利润 1 200 000 元。公司以 2011 年年末总实收资本 20 000 000 股为基数，向全体股东每股派现金 0.01 元（含税），派现金股利 200 000 元。

二、派发红利对象本次利润分配对象为：截至 2012 年 4 月 10 日下午 3 点深圳证券交易所收盘后，在深圳证券登记有限公司登记在册的本公司全体股东。

三、股权登记日即除权、除息日：股权登记日为 2012 年 4 月 10 日，除权、除息日为 2012 年 4 月 11 日。

特此公告

常州星海有限公司董事会
二〇一二年三月二十二日

原始凭证解读

34-1 是本公司上年度（2011）利润分配的公告，从该原始凭证中可知，公司准备分配现金股利 200 000 元。进行会计核算时，应记入"利润分配——应付现金股利"借方。由于除权、除息日为 2012 年 4 月 11 日，并且没有支付现金股利的原始凭证，故尚未支付，应记入"应付股利"贷方。进行会计核算时应按出资比例进行分配，"实收资本"账户的期初余额中盟友公司为 500 万元，晨曦公司为 1 500 万元，而本月业务 12 又有常州金额旺公司投资入资本 100 万元，则按出资比例分配的应付股利分别为盟友公司 200 000×5 000 000÷21 000 000＝47 619.05 元，晨曦公司为 200 000×15 000 000÷21 000 000＝142857.14 元，常州金额旺公司为 200 000×1 000 000÷21 000 000＝9 523.81 元。

填制的记账凭证

记 账 凭 证

2012 年 03 月 22 日   第 30 号

摘　　要	总账科目	明细科目	借方金额 百十万千百十元角分	贷方金额 百十万千百十元角分	记账
宣告现金股利的分配	利润分配	应付现金股利	2 0 0 0 0 0 0 0		√
	应付股利	盟友公司		4 7 6 1 9 0 5	√
		晨曦公司		1 4 2 8 5 7 1 4	
		常州金额旺公司		9 5 2 3 8 1	
附件共　1　张	合　　计		￥2 0 0 0 0 0 0 0	￥2 0 0 0 0 0 0 0	

核准：　　　复核：何永成　　　记账：高蓉　　　出纳：　　　制单：白志国

【业务 35】（共 3 张原始凭证）

35－1

差 旅 费 报 销 单

2012 年 03 月 24 日

部门	销售科	出差人		王强		事由		采购材料			
出发时间			到达时间			火车票	飞机票	市内车费	住宿费	其他	住勤费			合计

出发时间			到达时间			火车票	飞机票	市内车费	住宿费	其他	天数	标准	金额	合计
月	日	地点	月	日	地点									
3	16	常州	3	16	徐州	80		120	500	1 000				1 700
3	20	徐州	3	20	常州	80		20						100
人民币（大写）壹仟捌佰元整														1 800
预支金额		2 000.00		实报金额			1 800.00		结余或超支			200.00		
单位领导		丁正伟		部门负责人			杨刚		备　注					

会计主管：何永成　　记账：何永成　　审核：黄兰　　出纳：田飞　　附单据15张

35－2

收　据

2012 年 03 月 24 日

兹收到　**王强交来差旅费余款**	
人民币（大写）**贰佰元整**　　　　　　　　￥200.00	
上款系：**报销差旅费退回多余现金**	
收款单位：**财务科**　　会计主管：**何永成**　　审核：**黄兰**　　出纳：**田飞**	

第二联　记账联

35－3

借　款　单

2012 年 03 月 16 日

借款单位：**销售部门**	借款人：**王强**
借款原因：**出差借款**	
借款金额：人民币（大写）**贰仟元整**　　　小写￥2 000.00	
付款方式：　现金　　　支票（号）√　　　电汇　　　其他	
单位负责人意见：**丁正伟**	借款人领款签字：**王强**
财务主管核批：**何永成**	出纳：**田飞**
核销记录：**已于 3 月 24 日报销差旅费，退回余款 200 元，已结清。**	

第二联　结算联

原始凭证解读

　　35-1 是差旅费报销单，此单应作为本公司确认费用的记账凭据。该原始凭证注明，"姓名"是王强，工作部门是销售部门，报销金额 1 800 元，表明销售部门职工王强出差回来报销了差旅费。进行会计核算时，"报销金额"应计入"管理费用——差旅费"科目的借方。

　　35-2 是收款收据的第二联记账联，此联应作为收款方收到款项的记账依据。该原始凭证注明"交款单位"是王强，"收款事由"是报销差旅费多余现金退回，表明本公司已收到销售部门职工王强报销差旅费时退回的现金。进行会计核算时，退回金额应计入"库存现金"科目的借方。

　　35-3 是借款单的第二联结算单，此联应作为本公司结算借款时的记账依据。该原始凭证注明的内容表明，王强已经于 3 月 24 日结清其预借的差旅费。进行会计核算时应结平"其他应收款——王强"账户。

填制的记账凭证

记 账 凭 证

2012 年 03 月 24 日　　　　　　　第 31 号

摘　　要	总账科目	明细科目	借方金额 百十万千百十元角分	贷方金额 百十万千百十元角分	记账
报销差旅费	管理费用	差旅费	1 8 0 0 0 0		√
	库存现金		2 0 0 0 0		√
	其他应收款	王强		2 0 0 0 0 0	√
附件共 3 张	合　　计		￥2 0 0 0 0 0	￥2 0 0 0 0 0	

核准：　　　复核：何永成　　　记账：高蓉　　　出纳：田飞　　　制单：白志国

【业务 36】（共 2 张原始凭证）

36-1

中国人民邮政报刊收据

单位：**常州星海有限公司**　　　2012 年 03 月 25 日　　　　No265893

报刊种类	附件（订阅单）		金　　额							第三联 付款方记账
	起止日期	份数	万	千	百	十	元	角	分	
《常州日报》、《光明日报》	2012 年二季度	各一份			8	0	0	0	0	
《企业界》、《基金世界》	2012 年二季度	各一份			4	0	0	0	0	
合计	壹仟贰佰元整		￥1 200.00							

收款：尹海洋　　　经手：武清林

36—2

中国建设银行转账支票存根

支票号码: №435366

科目:

对方科目:

签发日期: 2012年03月25日

之印

| 收款人: 常州新北区泰山邮政支局 |
| 金额: ￥1 200.00 |
| 用途: 2012年二季度报刊费 |
| 备注: 897020121 |

单位主管: 何永成　　　会计: 高蓉

原始凭证解读

36—1 是邮政报刊收据第三联付款方记账联, 为本公司付款的依据, 表明预订本年二季度的报刊费共计 1 200 元。进行会计核算时, 应记入"预付账款——报刊费"的借方。

36—2 是建行转账支票存根, 应作为付款方支付款项的记账依据。该原始凭证的"收款人"是常州新北区泰山邮政支局,"用途"是支付 2012 年二季度报刊费, 账号为 897020121, 表明公司已将 2012 年二季度报刊费从建行账号为 897020121 的基本户中转出。

填制的记账凭证

记 账 凭 证

2012 年 03 月 21 日　　　　　　　　　　　第 32 号

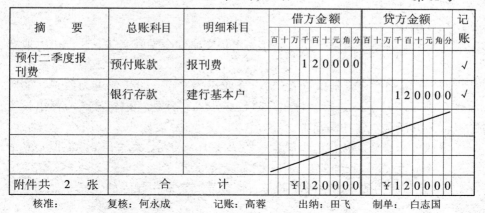

| 摘　　要 | 总账科目 | 明细科目 | 借方金额 |||||||| 贷方金额 |||||||| 记账 |
			百	十	万	千	百	十	元	角	分	百	十	万	千	百	十	元	角	分	
预付二季度报刊费	预付账款	报刊费			1	2	0	0	0	0												√
	银行存款	建行基本户												1	2	0	0	0	0			√
附件共 2 张	合　　计		￥	1	2	0	0	0	0			￥	1	2	0	0	0	0			

核准:　　　　复核: 何永成　　　记账: 高蓉　　　出纳: 田飞　　　制单: 白志国

【业务 37】（共 2 张原始凭证）

37－1

经理办公会议纪要

企业拟以不低于每股 18 元售出长江电力股票 2 000 股。

参加人员：王林　何永成　顾红艳　江放

2012 年 03 月 26 日

37－2

成交过户交割单　卖

02/03/26/

股东编号		成交证券	长江电力
电脑编号		成交数量	2 000
公司名称	常州星海有限公司	成交价格	18.00
申报编号		成交金额	
申报时间	2012年3月26日	佣金	36 000.00
成交时间	2012年3月26日	过户费	400.00
上次余额	5 000股	印花税	36
本次成交	2 000股	应收金额	
本次余额	3 000股	到期日期	35 564.00
本次库存	3 000股	到期金额	

经办单位：　　　　　　　　　　　客户签章

原始凭证解读

37－1 经理办公会议纪要，应作为出售交易性金融资产——长江电力股票的依据。

37－2 成交过户交割单（卖出），表明出售 2 000 股长江电力股票，实际收到金额 35 564 元，进行会计核算时，应记入"其他货币资金——存出投资款（896453657）"账户的借方。

由业务 3 可知，长江电力股票每股成本 16.55 元，现售出 2 000 股，总成本为 33 100 元。实际收到的金额与成本的差额为投资收益，即 35 564－33 100 ＝2 464 元。出售股票的手续费等是直接在成交金额中扣除的，而非如购入时另作"投资收益——手续费"。

填制的记账凭证

记 账 凭 证

2012 年 03 月 26 日　　　　　　　第 33 号

摘 要	总账科目	明细科目	借方金额										贷方金额										记账
			百	十	万	千	百	十	元	角	分	百	十	万	千	百	十	元	角	分			
出售长江电力股票	其他货币资金	存出投资款			3	5	5	6	4	0	0										✓
	交易性金融	长江电力（成本）												3	3	1	0	0	0	0	✓
	投资收益	股票投资收益													2	4	6	4	0	0	✓
附件共 2 张	合 计		¥	3	5	5	6	4	0	0		¥	3	5	5	6	4	0	0		

核准：　　　　复核：何永成　　　记账：高蓉　　　出纳：　　　制单：白志国

【业务 38】（共 3 张原始凭证）

38－1

江苏省增值税专用发票

抵扣联

江苏省
国家税务总局监制

发票代码132101018865
发票号码013377654

开票日期：2012年03月28日

购货单位	名　　称：常州星海有限公司 纳税人识别号：320411010194491 地址、电话：常州市汉江西路99号 开户行及账号：建行新北医支行 　　　　　　　897020121				密码区		略	
货物及应税劳务的名称	规格型号	单位	数量	单价	金额	税率	税额
修理费		台	5	1 000.00	5 000.00	17%	850.00
合 计					¥5 000.00		¥850.00
价税合计（大写）　⊗ 伍仟捌佰伍拾元整					（小写）￥5 850.00		
销售单位	名　　称：常州机床修理厂 纳税人识别号：32044493088448 地址、电话：常州湖南路178号 开户银行及账号：建行常州分行新北区支行 　　　　　　　489499847				备注	常州机床修理厂 32044493088448 发票专用章	

收款人：曹志云　　复核：许梅　　开票人：戴玉梅　　销货单位(章)

第二联 抵扣联 购货方扣税凭证

38－2

江苏省增值税专用发票

抵扣联

国家税务总局监制

发票代码132101018865

发票号码013377654

开票日期：2012年03月28日

购货单位	名　　称：常州星海有限公司 纳税人识别号：320411010194491 地址、电话：常州市汉江西路99号 开户行及账号：建行新北医支行 897020121	密码区	略

货物及应税劳务的名称	规格型号	单位	数量	单价	金额	税率	税额
修理费		台	5	1 000.00	5 000.00	17%	850.00
合　计					￥5 000.00		￥850.00

价税合计（大写）　⊗ 伍仟捌佰伍拾元整	（小写）￥ 5 850.00

销售单位	名　　称：常州机床修理厂 纳税人识别号：32044493088448 地址、电话：常州湖南路178号 开户银行及账号：建行常州分行新北区支行 489499847	备注	常州机床修理厂 32044493088448 发票专用章

收款人：曹志云　　复核：许梅　　开票人：戴玉梅　　销货单位(章)

第二联　抵扣联　购货方记账凭证

38—3

中国建设银行转账支票存根

支票号码：№435367

科目：

对方科目：

签发日期：2012年03月28日

之印

| 收款人：常州机床修理厂 |
| 金额：￥5 850.00 |
| 用途：设备维修费 |
| 备注：897020121 |

单位主管：何永成　　　　会计：高蓉

原始凭证解读

38—1为江苏省增值税专用发票的第二联抵扣联，用于在规定时间内到税务机关认证用，应单独存放。

38—2为江苏省增值税专用发票的第三联发票联，为常州机床修理厂开给本公司的修理费。

38—3是建行转账支票存根，收款人为常州机床修理厂，用途为设备修理费，表明本公司已通过建行的897020121账号将款项划出。

填制的记账凭证

记 账 凭 证

2012 年 03 月 28 日　　　　　　　　　　　　第 34 号

摘　　要	总账科目	明细科目	借方金额									贷方金额									记账
			百	十	万	千	百	十	元	角	分	百	十	万	千	百	十	元	角	分	
付修理费	管理费用	修理费				5	0	0	0	0	0										√
	应交税费	应交增值税（进项）					8	5	0	0	0										√
	银行存款	建行基本户													5	8	5	0	0	0	
附件共　1　张	合　　　计		￥			5	8	5	0	0	0	￥			5	8	5	0	0	0	

核准：　　　复核：何永成　　　记账：高蓉　　　出纳：田飞　　　制单：白志国

【业务 39】（共 1 张原始凭证）

39—1

预付账款摊销表

2012 年 03 月 30 日

应借账户　　费用项目	保险费	报刊费	合　计
管理费用——办公费		350.00	350.00
合　　计		350.00	350.00

记账：白志国　　　　审核：何永成　　　　　　制表：高蓉

原始凭证解读

39—1 预付账款摊销表，属于自制原始凭证，此处为摊销的报刊费 350 元，此金额为"预付账款——报刊费"账户的期初余额，而业务 36 的报刊费的摊销，因为业务 36 是预付的第二季度的报刊费，3 月份不用摊销。

填制的记账凭证

记 账 凭 证

2012 年 03 月 30 日　　　　　　　　　　第 35 号

摘　　要	总账科目	明细科目	借方金额 百十万千百十元角分	贷方金额 百十万千百十元角分	记账
摊销报刊费	管理费用	办公费	3 5 0 0 0		√
	预付账款	报刊费		3 5 0 0 0	√
					√
附件共　2　张	合　　　计		¥ 3 5 0 0 0	¥ 3 5 0 0 0	

核准：　　　复核：何永成　　　记账：高蓉　　　出纳：　　　制单：白志国

【业务 40】（共 5 张原始凭证）

40—1

江苏省增值税专用发票

抵扣联

发票代码132101018865

发票号码013377654

开票日期：2012年03月30日

购货单位	名　　称：常州星海有限公司 纳税人识别号：320411010194491 地址、电话：常州市汉江西路99号 开户行及账号：建行新北医支行 　　　　　　897020121				密码区		略	
货物及应税 劳务的名称	规格 型号	单位	数量	单价	金额		税率	税额
自来水		吨	2 500	2.00	5 000.00		6%	300.00
合　计					￥5 000.00			￥300.00

价税合计（大写）　⊗ 伍仟叁佰元整　　　　（小写）￥ 5 300.00

销售单位	名　　称：常州通用自来水有限公司新北区 　　　　　　服务中心 纳税人识别号：32044493598403 地址、电话：常州黄河中路115号 开户银行及账号：工行常州分行新北区支行 　　　　　　　　99983722	备注	常州通用自来水有限公司新北区服务中心 32044493598403 发票专用章

注收款人：汪晶　　　复核：单莹　　　开票人：陈璐霏　　　销货单位（章）

第二联　抵扣联　购货方扣税凭证

40—2

江苏省增值税专用发票

发票联
国家税务总局监制

发票代码132101018865

发票号码013377654

开票日期：2012年03月30日

购货单位	名　　称：常州星海有限公司 纳税人识别号：320411010194491 地址、电话：常州市汉江西路99号 开户行及账号：建行新北医支行 　　　　　　　897020121		密码区		略

货物及应税 劳务的名称	规格 型号	单位	数量	单价	金额	税率	税额
自来水		吨	2 500	2.00	5 000.00	6%	300.00
合　　计					￥5 000.00		￥300.00

价税合计（大写）　　⊗ 伍仟叁佰元整	（小写）￥ 5 300.00

销售单位	名　　称：常州通用自来水有限公司新北区 　　　　　　服务中心 纳税人识别号：32044493598403 地址、电话：常州黄河中路115号 开户银行及账号：工行常州分行新北区支行 　　　　　　　　99983722	备注	常州通用自来水有限公司新北区服务中心 32044493598403 发票专用章

注收款人：汪晶　　复核：单莹　　开票人：陈璐霏　　销货单位（章）

第二联　发票联　购货方扣税凭证

40—3

常州通用自来水有限公司水电气销售发票

发　票　联

132041051223
No.98655220

总户号1010032098　　　　段户号

2012年3月

户名	常州星海有限公司				
地址	常州市汉江西路99号				
本月示数	上月示数	消耗量	单价		金额
8 716	6 216	2 500	基本水价	1.91	0
			污水处理费	1.50	3 750.00
			省专项费	0	0
			水资源费	0.2	0
			附加费	0.04	0
合计（大写）	实收金额：叁仟柒佰伍拾元整				¥3 750.00
销售单位章	计算机开具；手填无效。开具金额合计限拾万元（不含）以下有效				

开票地址　　23　　抄表人　　开票人　张　洁　　开票日期2012—03—30

第三联　发票联　购货方记账凭证

水费分配表

2012 年 03 月 30 日

40—4

部门	吨	自来水单价	自来水分配金额	污水处理费单价	污水处理费分配金额	分配金额
基本生产车间	2 000					7 000
行政管理部门	500					1 750
合　计	2 500		5 000		3 750	8 750

记账：白志国　　　审核：何永成　　　制表：高蓉

40—5

中国建设银行转账支票存根

支票号码: №435368

科目:

对方科目:

之印

签发日期: 2012年03月30日

| 收款人: 市自来水公司新北服务中心 |
| 金额: ￥9 050.00 |
| 用途: 水费 |
| 备注: 897020121 |

单位主管: 何永成   会计: 高蓉

原始凭证解读

　　40—1是江苏省增值税专用发票的第二联抵扣联, 此联应作为购货方抵扣进项税额的依据。该抵扣联不能作为记账凭证的附件, 应单独存放, 专门用于在规定期限内到税务机关办理认证。

　　40—2是江苏省增值税专用发票第三联发票联, 此联应作为购货方的记账依据。该原始凭证表明公司在生产经营过程中使用了自来水公司2 500吨水, 注意自来水的增值税税率6%, 而不是基本税率17%。

　　40—3是常州通用自来水公司水电气销售发票的第二联发票联, 此联应作为购货方的记账依据。该原始凭证反映的是污水处理费3 750元, 它连同基本水价均在分配记入相关的成本费用。

　　40—4水费分配表, 此表应作为分配水费的记账依据。该原始凭证是自制原始凭证, 填制时不用自来水、污水处理费分别分配, 可以将两者合计数一次性分配。

　　40—5建行转账支票存根说明本公司已通过基本户897020121将水费(含污水处理费) 9 050=5 300+3 750划到市自来水公司新北服务中心。

填制的记账凭证

记 账 凭 证

2012 年 03 月 30 日   第 36 号

摘 要	总账科目	明细科目	借方金额											贷方金额											记账
			百	十万	千	百	十	元	角	分				百	十万	千	百	十	元	角	分				
付水费	制造费用	水电费			7	0	0	0	0	0															√
	管理费用	水电费			1	7	5	0	0	0															√
	应交税费	应交增值税（进项）				3	0	0	0	0															√
	银行存款	建行基本户														9	0	5	0	0	0				√
附件共 4 张	合 计			¥	9	0	5	0	0	0					¥	9	0	5	0	0	0				

核准：   复核：何永成   记账：高蓉   出纳：田飞   制单：白志国

【业务 41】（共 3 张原始凭证）

41－1

江苏省增值税专用发票

抵扣联

发票代码132101018293

开票日期：2012年03月30日   发票号码10201162

购货单位	名 称：常州星海有限公司 纳税人识别号：320411010194491 地址、电话：常州市汉江西路99号 开户行及账号：建行新北医支行 897020121	密码区	略

货物及应税劳务的名称	规格型号	单位	数量	单价	金额	税率	税额
电					15 000.00	17%	2 550.00
合 计					¥15 000.00		¥2 550.00

价税合计（大写）	⊗ 壹万柒仟伍佰伍拾元整	（小写）¥17 550.00

销售单位	名 称：江苏电力常州新区供电营业厅 纳税人识别号：32040018765355 地址、电话：常州衡山路54号 开户银行及账号：工行常州分行新北区支行 88372193	备注	

第二联 抵扣联 购货方扣税凭证

注收款人：钱小飞   复核：黄腾达   开票人：何珊   销货单位（章）

41－2

江苏省增值税专用发票

发票联
国家税务总局监制

发票代码132101018293

发票号码10201162

开票日期：2012年03月30日

购货单位	名　　称：常州星海有限公司							
	纳税人识别号：320411010194491					密码区	略	
	地址、电话：常州市汉江西路99号							
	开户行及账号：建行新北医支行 897020121							

货物及应税劳务的名称	规格型号	单位	数量	单价	金额	税率	税额
电					15 000.00	17%	2 550.00
合　计					￥15 000.00		￥2 550.00

价税合计（大写）	⊗ 壹万柒仟伍佰伍拾元整	（小写）￥17 550.00

销售单位	名　　称：江苏电力常州新区供电营业厅	备注	
	纳税人识别号：32040018765355		
	地址、电话：常州衡山路54号		
	开户银行及账号：工行常州分行新北区支行 88372193		

收款人：钱小飞　　　复核：黄腾达　　　开票人：何册　　　销货单位（章）

41—3

电费分配表

2012 年 03 月 30 日

部门	度数	分配率	分配金额
基本生产车间	9 000		11 250
行政管理部门	3 000		3 750
合　计	12 000	1.25	15 000

记账：白志国　　　审核：何永成　　　制表：高蓉

原始凭证解读

41—1 是江苏省增值税专用发票的第二联抵扣联，此联应作为购货方抵扣进项税额的依据。该抵扣联不能作为记账凭证的附件，应单独存放，专门用于在规定期限内到税务机关办理认证。

41—2 是江苏省增值税专用发票第三联发票联，此联应作为购货方的记账依据。该原始凭证表明公司在生产经营过程中使用了供电部门的电费，注意电的增值税税率是基本税率17％。

41—3 电费分配表，此表应作为分配电费的记账依据。该原始凭证是自制原始凭证，分配时以车间、部门实际使用的电数（为已知数据）为标准进行。

此处无付款依据，但是期初有"预付账款——供电公司"的借方余额5 000 元，故进行会计核算时，应贷记"预付账款——供电公司"。而非"应付账款"账户。

填制的记账凭证

记 账 凭 证

2012 年 03 月 30 日　　　　　　　　　　第 37 号

摘　　要	总账科目	明细科目	借方金额										贷方金额										记账
			百	十	万	千	百	十	元	角	分	百	十	万	千	百	十	元	角	分	
摊电费	制造费用	水电费			1	1	2	5	0	0	0										√
	管理费用	水电费				3	7	5	0	0	0										√
	应交税费	应交增值税（进项）				2	5	5	0	0	0										√
	预付账款	供电公司											1	7	5	5	0	0	0		√
附件共 2 张	合　　计		¥	1	7	5	5	0	0	0		¥	1	7	5	5	0	0	0		

核准：　　　复核：何永成　　　记账：高蓉　　　出纳：　　　制单：白志国

【业务 42】（共 1 张原始凭证）

42-1

银行借款利息计算单

2012 年 03 月 31 日   第 010 号

借款种类	借款本金	年利率	本月应提利息	备 注
生产周转借款	500 000	5%	2 152.78	
生产周转借款	100 000	4%	322.22	本月 3 日借入
长期借款	4 000 000	6%	20 666.67	分期付息
合　计			23 141 67	

记账：白志国   审核：何永成   制表：高蓉

原始凭证解读

42-1 银行借款利息计算单，此为自制原始凭证，应作为借款方期末计算利息支出的记账依据。公司每月按实际天数计算提取贷款的利息支出，故利息是按天计算。

生产周转借款包括期初年利率为 5% 的借款 500 000 元，其利息＝500 000×5%÷360×31＝2152.78 元；业务 4，3 日借入的年利率为 4% 的借款 100 000 元，其利息＝100 000×4%÷360×29＝322.22 元。

长期借款为期初年利率为 6% 的借款 4 000 000 元，其利息＝4 000 000×6%÷360×31＝20 666.67 元。

本套业务中长期借款与资本化支出无关，故其利息支出与短期借款一致，进行会计核算时，应借记"财务费用——利息支出"账户。

银行于每月 20 日收取共发放贷款的利息，公司利息支付见前业务 31。故进行会计核算时，应贷记"应付利息"账户。

填制的记账凭证

记 账 凭 证

2012 年 03 月 31 日   第 38 号

摘　要	总账科目	明细科目	借方金额 百十万千百十元角分	贷方金额 百十万千百十元角分	记账
付工本及手续费	财务费用	利息支出	2 3 1 4 1 6 7		√
	应付利息	短期借款(工行)		2 4 7 5 0 0	√
		长期借款(工行)		2 0 6 6 6 6 7	√
附件共 1 张	合　　计		￥2 3 1 4 1 6 7	￥2 3 1 4 1 6 7	

核准：   复核：何永成   记账：高蓉   出纳：   制单：白志国

【业务 43】（共 1 张原始凭证）

43—1

固定资产分类折旧计算类

2012 年 03 月 31 日 单位：元

固定资产类别	使用部门	固定资产原值	平均月折旧率	月折旧额
房屋建筑物	基本生产车间	8 000 000	0.25%	20 000
	行政管理部门	1 000 000		2 500
	小 计	9 000 000		22 500
设 备	基本生产车间	9 960 000	1%	99 600
办公用品	行政管理部门	500 000		5 000
合 计		19 560 000		127 100

记账：白志国 审核：何永成 制表：高蓉

原始凭证解读

43—1 是固定资产分类折旧计算表，属于自制原始凭证，此表应作为期末计提折旧的记账凭证。

本公司固定资产采用直线法计提折旧，折旧率采用分类折旧率计算。实际工作中折旧的计算公式为：月折旧额＝月初应计折旧的固定资产原值×月分类折旧率。本公司月分类折旧率分别为房屋建筑物 0.25%，机器设备和办公用品均为 1%。

表中固定资产原值除设备外其他均为固定资产月初分类余额，设备的原值已扣除业务 26 出售不需用的 100 000 元，因为前面已补提过折旧，故此不用再对其提折旧。

进行会计核算时基本生产车间的折旧计入"制造费用——折旧费"的借方，行政管理部门的折旧计入"管理费用——折旧费"的借方。

填制的记账凭证

记 账 凭 证

2012 年 03 月 31 日　　　　　　　　　　　　　　第 39 号

摘　要	总账科目	明细科目	借方金额	贷方金额	记账
			百十万千百十元角分	百十万千百十元角分	
计提折旧	制造费用	折旧费	1 1 9 6 0 0 0 0		√
	管理费用	折旧费	7 5 0 0 0 0		√
		累计折旧		1 2 7 1 0 0 0 0	√
附件共　1　张		合　　　计	￥1 2 7 1 0 0 0 0	￥1 2 7 1 0 0 0 0	

核准：　　　　复核：何永成　　　记账：高蓉　　　出纳：　　　制单：白志国

【业务 44】（共 2 张原始凭证）

44－1

工资总额及个人承担的三险一金

2012 年 03 月 31 日

部门人员	应付工资	代扣款项						实发工资
		基本养老保险 8%	基本医疗保险 2%	大病医疗救助 5 元/ 人	失业保险 1%	住房公积金 10%	个人所得税	
生产工人	120 000	9 600	2 400	450	1 200	12 000	1000	93 350
车间管理人员	10 000	800	200	50	100	1 000		7 850
行政管理人员	20 000	1 600	400	100	200	2 000	400	15 300
合　计	150 000	12 000	3 000	600	1 500	15 000	1400	116 500

记账：白志国　　　　　　　审核：何永成　　　　　　　制表：李显

44-2

工资费用分配表

2012 年 03 月 31 日 第 39 号

应借账户		直接计入	分配计入			合计
			生产工时	分配率	分配金额	
生产成本	甲产品		3 600		69 677.28	69 677.28
	乙产品		2 600		50 322.72	50 322.72
小 计			6 200	19.3548	120 000	120 000
制造费用	车间管理人员	10 000				10 000
管理费用	行政管理人员	20 000				20 000
合 计		30 000			120 000	150 000

记账：白志国 审核：何永成 制表：高蓉

原始凭证解读

44-1 工资总额及个人负担的三险一金，该表是根据职工的工作情况及相关政策计算的，一般由劳资科处理的。根据期初余额有"其他应付款——社会保险费"、"应交税费——应交个人所得税"与业务 11 的处理说明可知，本公司应在每月底代扣三险一金的。其中大病医疗救助属于医疗保险，会计核算时，记入"应付职工薪酬——工资"的借方，"其他应付款——社会保险费"的贷方。

44-2 工资费用分配表，属于自制原始凭证，此表应作为期末计算分配工资费用的记账依据。由于生产工人生产甲、乙两种产品，故其工资属于分配计入的，按生产工时进行分配，生产工时属于已知数据，分配时要注意分配率按题目要求保留四位小数，且乙产品金额要倒算。

2011 年 7 月 1 日至 2012 年 6 月 30 日期间，常州市参加企业社会保险的用人单位及其职工社会保险缴费基数为：用人单位以全部职工工资总额为缴费基数，但人均月缴费基数不得低于 1 794 元（常州的平均水平）。职工以本人工资总额为缴费基数，常州社会保险缴费比例为：基本养老保险 28%，其中单位 20%，个人 8%；基本医疗保险 10%+5 元/人/月，其中单位 8%，个人 2%＋5 元/人/月；失业保险 3%，其中单位 2%，个人 1%；生育保险由单位缴纳 0.8%；工伤保险由单位缴纳，实施行业差别费率，分别为 0.5%、1%、2%。

填制的记账凭证

记 账 凭 证

2012 年 03 月 31 日　　　　　　　　　　第 40　1/3 号

摘　　要	总账科目	明细科目	借方金额 百	十	万	千	百	十	元	角	分	贷方金额 百	十	万	千	百	十	元	角	分	记账
代扣职工个人三险一金	应付职工薪	工资			3	3	5	0	0	0	0										√
	其他应付款	社会保险												1	2	0	0	0	0	0	√
		（医疗保险）													3	6	0	0	0	0	√
		（失业保险）													1	5	0	0	0	0	√
		住房公积金												1	5	0	0	0	0	0	√
附件共40 2/3张	合　　计																				

核准：　　　复核：何永成　　记账：高蓉　　出纳：　　　制单：白志国

记 账 凭 证

2012 年 03 月 31 日　　　　　　　　　　第 40　2/3 号

摘　　要	总账科目	明细科目	借方金额 百	十	万	千	百	十	元	角	分	贷方金额 百	十	万	千	百	十	元	角	分	记账
代扣个人所得税	应交税费	应交个人所得税													1	4	0	0	0	0	√
附件共　1　张	合　　计		¥3	3	5	0	0	0	0			¥3	3	5	0	0	0	0			

核准：　　　复核：何永成　　记账：高蓉　　出纳：　　　制单：白志国

记 账 凭 证

2012 年 03 月 31 日　　　　　　　第 40　3/3 号

摘　要	总账科目	明细科目	借方金额 百 十 万 千 百 十 元 角 分	贷方金额 百 十 万 千 百 十 元 角 分	记账
分配工资	生产成本	甲产品	6 9 6 7 7 2 8		√
		乙产品	5 0 3 2 2 7 2		√
	制造费用	工资	1 0 0 0 0 0 0		√
	管理费用	工资	2 0 0 0 0 0 0		
	应付职工薪酬	工资		1 5 0 0 0 0 0 0	
附件共 1 张	合　　　　计		¥1 5 0 0 0 0 0 0	¥1 5 0 0 0 0 0 0	

核准：　　　复核：何永成　　记账：高蓉　　出纳：　　制单：白志国

【业务 45】（共 1 张凭证）

45－1

五险一金计算表

2012 年 03 月 31 日

应借账户		工资总额	养老保险 21%	基本医疗保险8%	大病医疗救助	失业保险 2%	生育保险 0.80%	工伤保险 1%	公积金 10%	合计
生产成本	甲	69 677.28	14 632.23	5 574.18	313.56	1 393.55	557.42	696.77	6 967.73	30 135.44
	乙	50 322.72	10 567.77	4 025.82	226.44	1 006.45	402.58	503.23	5 032.27	21 764.56
小计		120 000	25 200	9 600	540	2 400	960	1 200	12 000	51 900
制造费用		10 000	2 100	800	60	200	80	100	1 000	4 340
管理费用		20 000	4 200	1 600	120	400	160	200	2 000	8 680
合　计		150 000	31 500	12 000	720	3 000	1 200	1 500	15 000	64 920

记账：白志国　　　审核：何永成　　　制表：高蓉

原始凭证解读

45－1是五险一金计算表，属于自制原始凭证，此表应作为期末计算分配五险一金的记账依据。其中"工资总额"一栏是据工资分配表填写的，基本医疗保险是按工资总额的8％分别计算的，大病医疗救助是按职工人数计算的，每人6元，均属于医疗保险范畴。其他如养老保险等均分别按工资总额计算，"合计"数为五险一金的合计，不包括工资总额。

五险一金的分配去向与工资分配去向一致，即生产工人的工资分配进"生产成本"账户，则对应提的五险一金也计入"生产成本"账户。

填制的记账凭证

记 账 凭 证

2012 年 03 月 31 日　　　　　　　　　　第 41　1/2 号

摘　　要	总账科目	明细科目	借方金额 百 十 万 千 百 十 元 角 分	贷方金额 百 十 万 千 百 十 元 角 分	记账
计提五险一金	生产成本	甲产品	3 0 1 3 5 4 4		√
		乙产品	2 1 7 6 4 5 6		√
	制造费用	五险一金	4 3 4 0 0 0		√
	管理费用	五险一金	8 6 8 0 0 0		
	应付职工薪酬	社会保险费（养老）		3 1 5 0 0 0 0	
附件共见41 2/2张	合　　计				

核准：　　　复核：何永成　　记账：高蓉　　出纳：　　　制单：　　白志国

记 账 凭 证

2012 年 03 月 31 日　　　　　　　　　　第 41　2/2 号

摘　　要	总账科目	明细科目	借方金额 百 十 万 千 百 十 元 角 分	贷方金额 百 十 万 千 百 十 元 角 分	记账
计提五险一金	应付职工薪	社会保险费（医疗）		1 2 7 2 0 0 0	√
		社会保险费（失业）		3 0 0 0 0 0	√
		社会保险费（生育）		1 2 0 0 0 0	√
		社会保险费（工伤）		1 5 0 0 0 0	√
		住房公积金		1 5 0 0 0 0	√
附件共 1 张	合　　计		¥6 4 9 2 0 0 0	¥6 4 9 2 0 0 0	

核准：　　　复核：何永成　　记账：高蓉　　出纳：　　　制单：白志国

【业务46】（共2张凭证）

46－1

<u>专用收款收据</u>

收款日期：2012年03月31日　　　　　　　No0036598

付款单位（交款人）	常州星海有限公司	收款单位（领款人）	常州希望工程基金会	收款项目							
人民币（大写）	伍仟元整			万	千	百	十	元	角	分	结算方式
				¥	5	0	0	0	0	0	支票
收款事由	捐　款		部门								
			人员		刘　军						
上述款项照数收讫无误。收款单位盖章		会计主管 何永成	稽核 刘路	出纳 田飞		交款人 田飞					

46－2

中国建设银行转账支票存根

支票号码：No435369
科目：
对方科目：
签发日期：2012年03月31日

之印

收款人：常州希望工程基金会
金额：¥5 000.00
用途：捐款
备注：897020121

单位主管：何永成　　会计：高蓉

原始凭证解读

46－1专用收款收据，"付款单位"为本公司，表明向常州希望工程基金会捐款5 000元。

46－2建行转账支票存根，表明本公司已向常州希望工程基金会的捐款已划出。

填制的记账凭证

记 账 凭 证

2012 年 03 月 31 日　　　　　　　　　　　　第 42 号

摘　　要	总账科目	明细科目	借方金额 百十万千百十元角分	贷方金额 百十万千百十元角分	记账
向希望工程捐款	营业外支出	公益性捐赠支出	5 0 0 0 0 0		✓
	银行存款	建行基本户		5 0 0 0 0 0	✓
附件共　1　张		合　　　计	￥5 0 0 0 0 0	￥5 0 0 0 0 0	

核准：　　复核：何永成　　记账：高蓉　　出纳：田飞　　制单：白志国

【月末汇总结转材料费用】

发 料 凭 证 汇 总 表

2012 年 03 月份

应贷账户 ＼ 应借账户		生产成本 甲产品	生产成本 乙产品	制造费用	管理费用	其他 业务成本	合计
原材料	A 材料	200 400		25 050			225 450
	B 材料		107 578		1 415.50		108 993.50
周转材料	包装箱					12 000	12 000
	工作服			600			600
合　计		200 400	107 578	25 650	1 415.50	12 000	347 043.50

记账：白志国　　　　　审核：何永成　　　　　　　制表：高蓉

14－1

领 料 单

2012 年 03 月 09 日　　　　　　　　　　No 99832

领用部门	基本生产 车间	发料仓库	3 号库	用途		生产甲产品
材料编号	材料名称	单位	请领数	实发数	单价	金　额
	A 材料	千克	40 000	40 000	5.0100	200 400
合　　计						200 400
备注		核准人	孙保国	发料人	丁丽	领料 赵卫忠

第三联　记账联

19－1

领 料 单

2012 年 03 月 11 日　　　　No 99833

领用部门	基本生产车间	发料仓库	3 号库	用途		一般性消耗
材料编号	材料名称	单位	请领数	实发数	单价	金　额
	A 材料	千克	5 000	5 000	5.0100	25 050
合　计						25，050
备注		核准人	孙保国	发料人	丁丽	领料 赵卫忠

第三联 记账联

24－1

领 料 单

2012 年 03 月 15 日　　　　No 99835

领用部门	基本生产车间	发料仓库	3 号库	用途		生产乙产品
材料编号	材料名称	单位	请领数	实发数	单价	金　额
	B 材料	千克	38 000	38 000	2.8310	107 578
合　计						107 578
备注		核准人	孙保国	发料人	丁丽	领料 钱忠

第三联 记账联

24－2

领 料 单

2012 年 03 月 15 日　　　　No 99836

领用部门	行政部门	发料仓库	3 号库	用途		一般用
材料编号	材料名称	单位	请领数	实发数	单价	金　额
	B 材料	千克	500	500	2.8310	1 415.50
合　计						1 415.50
备注		核准人	孙保国	发料人	丁丽	领料 孙国光

第三联 记账联

21—4

领 料 单

2012 年 03 月 13 日　　　　　　　　No 99834

领用部门	销售科	发料仓库	3 号库	用途		包装产品
材料编号	材料名称	单位	请领数	实发数	单价	金　额
	包装箱	只	800	800	15	12 000
合　计						12 000
备注	单独计价	核准人	孙保国	发料人	丁丽	领料　顾雨灵

第三联　记账联

32—1

领 料 单

2012 年 03 月 20 日　　　　　　　　No 99837

领用部门	基本生产车间	发料仓库	3 号库	用途		一般用
材料编号	材料名称	单位	请领数	实发数	单价	金　额
	工作服	套	6	6	100	600
合　计						600
备注		核准人	孙保国	发料人	丁丽	领料　孙国光

第三联　记账联

原始凭证解读

　　根据资料可知：本公司存货采用仓库与财会部门账卡合一形式核算，平时仓库保管员根据领料单及时登记存货收发数量，月末由财会部门负责材料核算的会计进行标价。财会部门负责材料核算的会计按月末一次加权平均法计算出发出存货的单位成本，然后标注在上述领料单上。

　　发料凭证汇总表属于自制原始凭证，编制的方法是按领料单上注明的类别分成大类（以确定贷方是"原材料"还是"周转材料"），然后按领用部门及用途（确定借方科目）再进行分类汇总，最后按发料凭证汇总表填列项目的先后顺序整理领料单。

　　本公司周转材料采用领用时一次摊销法进行核算，领用的包装箱是随同产品一起出售单独计价的，故进行会计核算时应记入"其他业务成本"账户的借方。而工作服是由基本生产车间一般性消耗领用，故进行会计核算时，应记入"制造费用"账户的借方。

填制的记账凭证

记 账 凭 证

2012 年 03 月 31 日 第 43 1/2 号

摘 要	总账科目	明细科目	借方金额 百十万千百十元角分	贷方金额 百十万千百十元角分	记账
分配材料费用	生产成本	甲产品	2 0 0 4 0 0 0 0		√
		乙产品	1 0 7 5 7 8 0 0		√
	制造费用	机物料消耗	2 5 6 5 0 0 0		√
	管理费用	机物料消耗	1 4 1 5 5 0		√
	其他业务成本	包装物销售	1 2 0 0 0 0 0		√
附件共 见43 2/2 张	合 计				

核准: 复核:何永成 记账:高蓉 出纳: 制单:白志国

记 账 凭 证

2012 年 03 月 31 日 第 43 2/2 号

摘 要	总账科目	明细科目	借方金额 百十万千百十元角分	贷方金额 百十万千百十元角分	记账
分配材料费用	原材料	A材料		2 2 5 4 5 0 0 0	√
		B材料		1 0 8 9 9 3 5 0	√
		包装物(包装箱)		1 2 0 0 0 0 0	√
		低值易耗品(工作)		6 0 0 0 0	√
附件共 7 张	合 计		¥ 3 4 7 0 4 3 5 0	¥ 3 4 7 0 4 3 5 0	

核准: 复核:何永成 记账:高蓉 出纳: 制单:白志国

【业务 47】（共 1 张凭证）

47-1

制 造 费 用 分 配 表

2012 年 03 月 31 日

分配对象	分配标准（工时）	分配率	分配金额
甲产品	3 600		103 965.12
乙产品	2 600		75 085.69
合　计	6 200	28.8792	179 050.81

记账：白志国　　　　　　审核：何永成　　　　　　制表：高蓉

原始凭证解读

47-1 是制造费用分配表，此表应作为期末计算分配制造费用的记账依据。该原始凭证属于自制原始凭证，本月所发生的制造费用按产品的生产工时进行分配，分配时按题目要求分配率要保留四位小数，分配时按约定俗成，先分配甲产品所负担的制造费用 3 600×28.8792＝103 965.12 元，然后倒算乙产品所负担的制造费用 179 050.81－103 965.12＝75 085.69 元。

填制的记账凭证

记 账 凭 证

2012 年 03 月 31 日　　　　　　　　　第 44 号

摘　　要	总账科目	明细科目	借方金额 百十万千百十元角分	贷方金额 百十万千百十元角分	记账
分配制造费用	生产成本	甲产品	1 0 3 9 6 5 1 2		√
		乙产品	7 5 0 8 5 6 9		√
		制造费用		1 7 9 0 5 0 8 1	√
附件共　1　张	合　　　计		￥1 7 9 0 5 0 8 1	￥1 7 9 0 5 0 8 1	

核准：　　　复核：何永成　　　记账：高蓉　　　出纳：　　　制单：白志国

【业务 48】（共 4 张凭证）

48-1

产 品 成 本 计 算 单

2012 年 03 月 31 日　　　　　　　　完工产品：1350 件

产品名称：甲产品　　　　　　　　　　在 产 品：80 件

成 本 项 目	直接材料	直接人工	制造费用	合　计
月初在产品成本	10 000	2 000	2 500	14 500
本月发生的生产费用	200 400	99 812.72	103 965.12	404 177.84
生产费用合计	210 400	101 812.72	106 465.12	418 677.84
完工产品成本	202 400	100 212.72	104 465.12	407 077.84
完工产品单位成本	149.9259	74.2316	77.3816	301.5391
月末在产品成本	8 000	1 600	2 000	11 600

记账：白志国　　　　　　审核：何永成　　　　　　　　制表：高蓉

48-2

产 品 成 本 计 算 单

2012 年 03 月 31 日　　　　　　　　完工产品：480 件

产品名称：乙产品　　　　　　　　　　在 产 品：50 件

成 本 项 目	直接材料	直接人工	制造费用	合　计
月初在产品成本	0	0	0	0
本月发生的生产费用	107 578	72 087.28	75 085.69	254 751
生产费用合计	107 578	72 087.28	75 085.69	254 750.97
完工产品成本	101 578	69 837.28	72 685.69	244 100.97
完工产品单位成本	211.6208	145.4943	151.4285	508.5437
月末在产品成本	6 000	2 250	2 400	10 650

记账：白志国　　　　　　审核：何永成　　　　　　　　制表：高蓉

48-3

完工产品成本计算汇总表

2012 年 03 月 31 日

成本项目　　　产品名称	直接材料	直接人工	制造费用	合　计	单位成本
甲产品	202 400	100 212.72	104 465.12	407 077.84	301.5391
乙产品	101 578	69 837.28	72 685.69	244 100.97	508.5437
合　计				651 178.81	

记账：白志国　　　　　　审核：何永成　　　　　　　　制表：高蓉

48-4

产 成 品 入 库 单

2012 年 03 月 31 日   No338

产品名称	单 位	数 量	单 价	金 额	备注
甲产品	件	1 350	301.5391	407 077.84	
乙产品	件	480	508.5437	244 100.97	
合 计				651 178.81	

负责人：马艳   经手人：丁丽

（第二联 记账联）

原始凭证解读

48-1甲产品成本计算单，48-2乙产品成本计算单，属于自制原始凭证，此单是用来计算产品成本的。由其相关数据与基本生产明细账的一致，故有些公司会用其代替基本生产明细账。此单应作为期末结转完工产品成本的记账依据。

48-3完工产品成本计算汇总表，此表的数据来源于各产品成本计算单，也属于自制原始凭证，也是期末结转完工产品成本的记账依据。进行会计核算时，应贷记"生产成本"账户。

48-4产成品入库单的第二联记账联，此联应作为完工产品入库的记账依据。进行会计核算时，应借记"库存商品"账户。

填制的记账凭证

记 账 凭 证

2012 年 03 月 31 日   第 45 号

摘 要	总账科目	明细科目	借方金额 百十万千百十元角分	贷方金额 百十万千百十元角分	记账
结转完工产品成本	库存商品	甲产品	4 0 7 0 7 7 8 4		√
		乙产品	2 4 4 1 0 0 9 7		√
	生产成本	甲产品		4 0 7 0 7 7 8 4	√
		乙产品		2 4 4 1 0 0 9 7	√
附件共 4 张	合 计		¥6 5 1 1 7 8 81	¥6 5 1 1 7 8 81	

核准：   复核：何永成   记账：高蓉   出纳：   制单：白志国

【业务 49】（共 2 张凭证）

49-1

单位产品成本计算表

2012 年 03 月 31 日

产品名称	期初产成品		本月完工产品		加权平均价
	数　量	金　额	数　量	金　额	
甲产品	1 000	300 000	1 350	407 077.84	300.8842
乙产品	2 000	1000 000	480	244 100.97	501.6536

记账：白志国　　　　　审核：何永成　　　　　制表：高蓉

49-2

产成品出库成本计算表

2012 年 03 月 31 日

项目	甲产品			乙产品		
	数量（件）	单位成本	总成本	数量（件）	单位成本	总成本
销售	900	300.8842	270 795.77	1 700	501.6536	852 811.15
合计			270 795.77			852811.15

记账：白志国　　　　　审核：何永成　　　　　制表：高蓉

21-3

出 库 单

2012 年 03 月 13 日　　　　　　　　No 7764

产品名称	单　位	数　量	单　价	金　额	备注	
甲产品	件	800	300.8842	240 707.36	一般销售	第三联
						记账联
合　计				240 707.36		

负责人：马艳　　　　　　　　　　经手人：丁丽

28-5

出 库 单

2012 年 03 月 18 日　　　　　　　　No 7765

产品名称	单　位	数　量	单　价	金　额	备注	
乙产品	件	1 700	501.6536	852 811.15	一般销售	第三联
						记账联
合　计				852 811.15		

负责人：马艳　　　　　　　　　　经手人：丁丽

29—3

出 库 单

2012 年 03 月 20 日　　　　　　　　　No 7766

产品名称	单　位	数　量	单　价	金　额	备　注
甲产品	件	100	300.8842	30 088.42	一般销售
合　计				30 088.42	

第三联 记账联

负责人：马艳　　　　　　　　　　　　　　　　　经手人：丁丽

原始凭证解读

　　49—1 单位产品计算表，属于自制原始凭证，此表是根据题目要求用来计算出库产成品的加权平均单位成本的，应作为期末结转产品销售成本的记账依据。

　　49—2 产品出库成本计算表，属于自制原始凭证，此表是用来计算销售等方式减少产品的成本的，也应作为期末结转产品销售成本的记账依据。其中"项目"样是用于说明产成品减少的原因，如销售、用于样品展览等，具体可见各出库单的"备注"栏说明。出库的数量应根据各出库单汇总填写，也可以根据产成品明细账中减少数量来填写。

　　21—3、28—5、29—3 为出库单的第三联记账联，此类单据也应作为期末结转产品销售成本的记账依据。此单中的单价及金额栏应由财会部门负责存货核算的会计在完成产成品明细账的基础上，根据产成品明细账进行标价。然后将其汇总填入产品出库成本计算表中。

填制的记账凭证

记 账 凭 证

2012 年 03 月 31 日　　　　　　　　　第 46 号

摘　　要	总账科目	明细科目	借方金额 百十万千百十元角分	贷方金额 百十万千百十元角分	记账
结转已售产品成本	主营业务成本	甲产品	2 7 0 7 9 5 7 8		√
		乙产品	8 5 2 8 1 1 1 2		√
	库存商品	甲产品		2 7 0 7 9 5 7 8	√
		乙产品		8 5 2 8 1 1 1 2	√
附件共 5 张	合　　计		1 1 2 3 6 0 6 9 0	1 1 2 3 6 0 6 9 0	

核准：　　　复核：何永成　　　记账：高蓉　　　出纳：　　　制单：白志国

【业务 50】（共 1 张凭证）

50—1

存货盘点盈亏报告表

2012 年 03 月 31 日

部门：仓库

编号	品名规格	计量单位	账面数量	实存数量	盘盈		盘亏		原因
					数量	金额	数量	金额	
	A 材料	千克	10 000	9 950			50	250.49	定额内损耗
	甲产品	件	1 450	1 440			10	3008.84	自然灾害所致
处理意见	保管部门		清查小组			审批部门			

部门负责人：马艳　　　　　　保管：丁丽　　　　　　　　清点人：程洪

原始凭证解读

50—1 是存货盘点盈亏报告表，该原始凭证中注明：盘亏 A 材料 50 千克，金额 250.49 元，为定额内损耗；盘亏甲产品 10 件，金额 3 008.84 元，为自然灾害所致。

新《增值税暂行条例实施细则》第二十四条对《增值税暂行条例》第十条第二项所称非正常损失的解释是指因管理不善造成被盗、丢失、霉烂变质的损失。此类情况进项税额不得从销项税额中抵扣，需要进项税额转出；而由于火灾等自然灾害所致，其进项税额允许抵扣，则不用转出进项税额。定额内损耗同样不需要进项税额转出。故在进行会计核算时，直接借记"待处理财产损溢——待处理流动资产损溢"账户，贷记"原材料——A 材料"及"库存商品——甲产品"账户。

填制的记账凭证

记 账 凭 证

2012 年 03 月 31 日　　　　　　　　　　第 47 号

摘　　要	总账科目	明细科目	借方金额									贷方金额									记账
			百	十	万	千	百	十	元	角	分	百	十	万	千	百	十	元	角	分	
盘亏材料与产品	待处理财产	待处理流动资产				3	2	5	9	3	3										√
	原材料	A材料														2	5	0	4	9	√
	库存商品	甲产品													3	0	0	8	8	4	√
附件共　1　张	合　　　计		¥	3	2	5	9	3	3			¥	3	2	5	9	3	3			

核准：　　　复核：何永成　　　记账：高蓉　　　出纳：　　　制单：白志国

【业务 51】（共 1 张凭证）

51—1

存货盘点盈亏核销报告表

2012 年 03 月 31 日

部门：仓库

编号	品名规格	计量单位	账面数量	实存数量	盘　盈		盘　亏		原　因
					数量	金额	数量	金额	
	A材料	千克	10 000	9 950			50	250.49	定额内损耗
	甲产品	件	1 450	1 440			10	3 008.84	自然灾害所致
处理意见	保管部门		清查小组		审批部门				
	材料损失计入费用，产品损失计入营业外支出		材料损失计入管理费用，产品损失计入营业外支出		材料损失计入管理费用，产品损失由保险公司赔偿 60%，其余计入营业外支出				

部门负责人：马艳　　　保管：丁丽　　　清点人：程洪

（第三联　记账联）

原始凭证解读

　　51—1 存货盘点盈亏核销报告表，是处理存货盘亏的原始凭证，根据处理意见可知，材料损失 250.49 元全部计入"管理费用"账户，甲产品盘亏 3 008.84 元由保险公司赔偿 60%，即 1 805.30 元计入"其他应收款——保险公司"账户，其余的 1 203.54 元计入"营业外支出——非常损失"账户。

填制的记账凭证

记 账 凭 证

2012 年 03 月 31 日   第 48 号

摘 要	总账科目	明细科目	借方金额 百 十 万 千 百 十 元 角 分	贷方金额 百 十 万 千 百 十 元 角 分	记账
处理盘亏材料与产品	管理费用	材料盘亏	2 5 0 4 9		√
	其他应收款	保险公司	1 8 0 5 3 0		√
	营业外支出	非常损失	1 2 0 3 5 4		√
	待处理账产	待处理流动资产		3 2 5 9 3 3	√
附件共 1 张	合	计	￥3 2 5 9 3 3	￥3 2 5 9 3 3	

核准：   复核：何永成   记账：高蓉   出纳：   制单：白志国

【业务 52】（共 2 张凭证）

52—1

江苏省扬州市中级人民法院

通知书

（2012）扬经破字第 220 号

<u>常州星海有限公司</u>

    本院根据债权人（或债务人）的申请，已于 2012 年 3 月 25 日作出裁定，已宣告扬州光明厂破产。你单位作为该破产的债权人，应在收到本通知之日起一个月内向本院申报债权，说明债权的数额和有无担保情况，并提交有关证明材料。逾期未申报的，视为放弃债权。望认真填报本通知所附的法定代表人身份证明书、委托代理人授权书和债权申报书。

    本院定于二〇一〇年二月一日上午九时在扬州市财政局二楼会议室召开第一次债权人会议，望准时参加。

    本院通讯地址：扬州市前进路 46 号

    联系人：吴国平

    联系电话：0520—2145687

    特此通知

2012年3月31日

52—2

坏账损失审批表

债务单位（债务人）	应收账款总额	坏账损失金额	发生时间
扬州光明厂	10 000 元	10 000 元	2012 年 3 月
合　计		10 000	
损失原因	法院宣告破产		
财务部门意见		管理部门意见	
同意注销 何永成 2012 年 03 月 31 日		无法收回 丁正伟 2012 年 03 月 31 日	

原始凭证解读

　　52—1 是江苏省扬州市中级人民法院通知书，说明扬州光明厂已进入破产清算程序，通知债权人（本公司也是其中之一）参加债权人会议。

　　52—2 是坏账损失审批表，本公司单位领导根据债务人扬州光明厂的实际情况作出注销应收账款的决定。此表应作为本公司全额转销其应收账款的记账依据。进行会计核算时，应记入"应收账款——扬州光明厂"账户的贷方；同时，应收账款无法收回，表明实际发生了坏账损失，应冲减坏账准备，进行会计核算时，应记入"坏账准备——应收账款坏账准备"账户的借方。

填制的记账凭证

记 账 凭 证

2012 年 03 月 31 日　　　　　　　　　第 49 号

摘　要	总账科目	明细科目	借方金额 百十万千百十元角分	贷方金额 百十万千百十元角分	记账
确认坏账	坏账准备	应收账款坏账准备	1 0 0 0 0 0 0		√
	应收账款	扬州光明厂		1 0 0 0 0 0 0	√
					√
附件共 2 张	合　　计		￥1 0 0 0 0 0 0	￥1 0 0 0 0 0 0	

核准：　　　复核：何永成　　　记账：高蓉　　　出纳：　　　制单：白志国

【业务53】（共1张凭证）

53-1

坏账准备计算表

2012 年 03 月 31 日

应收款项	账面余额	计提比例	计提后坏账准备余额	计提前坏账准备余额	应补提或冲减金额
应收账款	1 717 200	5%	85 860	−9 350	95 210
其他应收款	1 805.30	5%	90.27	0	90.27
合　计					95 300.27

记账：白志国　　　　　　审核：何永成　　　　　　制表：高蓉

原始凭证解读

53-1 是坏账准备计算表，此表属于自制原始凭证，应作为期末计提坏账准备的记账依据。"坏账准备——应收账款坏账准备"账户期初余额为贷方余额 650 元，而业务 52 发生坏账 10 000 元，故计提坏账准备有借方余额为 9 350 元，而期末该账户应有余额为 85 860＝1 717 200×5%，故应补提坏账准备 95 210＝85 860−（−9 350）；而期初"其他应收款"账户及"坏账准备——其他应收款坏账准备"账户均无余额，本期发生的与其他应收款账户相关的为预借差旅费（已结平）与业务 51 应收保险公司赔款（未结平）有余额 1 805.30 元，故应补提坏账准备 1 805.30×5%＝90.27 元。

进行会计核算时，应记入"坏账准备——应收账款（或其他应收款）坏账准备"账户的贷方；同时，公司计提的坏账准备应作为资产减值损失，记入"资产减值损失——坏账损失"账户的借方。

填制的记账凭证

记 账 凭 证

2012 年 03 月 31 日　　　　　　　　　　　　　第 50 号

摘　要	总账科目	明细科目	借方金额 百十万千百十元角分	贷方金额 百十万千百十元角分	记账
计提坏账准备	资产减值损失	坏账损失	9 5 3 0 0 2 7		√
	坏账准备	应收账款坏账准备		9 5 2 1 0 0 0	√
		其他应收款坏账准备		9 0 2 7	√
附件共 1 张	合　　计		￥9 5 3 0 0 2 7	￥9 5 3 0 0 2 7	

核准：　　　复核：何永成　　　记账：高蓉　　　出纳：　　　制单：白志国

【业务 54】（共 1 张凭证）

54—1

应交增值税计算表

2012 年 03 月 31 日

增值税	金 额
（一）销项税额	334 050
（二）进项税额	47 494
（三）进项税额转出	0
（四）应交增值税	286 556

记账：白志国　　　　　　　审核：何永成　　　　　　　制表：高蓉

认证结果通知书

常州星海有限公司：

你单位于 2012 年 03 月网上认证的防伪税控系统开具的专用发票抵扣联共 12 份，铁路运单 1 份。经过认证，认证相符的专用发票 12 份，铁路运单 1 份，税额 47 494 元。现将认证相符的专用发票抵扣联退还给你单位，请查收。

请将认证相符专用发票抵扣联与本通知书一起装订成册，作为纳税检查的备查资料。

认证详细情况请见本通知所附清单。

操作员：001

网上认证结果清单（认证相符）

认证时间：2012 年 3 月 1 日至 2012 年 03 月 31 日

纳税人名称（盖章）：常州星海有限公司

纳税人识别号：320411010194491

序号	发票代码	发票号码	开票日期	销方税号	金额	税率	税额	认证结果	发票类型
1	132011018001	10193490	2012—03—01	3201237 87133819	85 000	17%	14 450	认证相符	专用发票
2		235083	2012—03—01		300	7%	21	认证相符	铁路运单
3	132041017768	01887582	2012—03—05	32041158 5575378	50 000	17%	8 500	认证相符	专用发票
4	132061015543	07665478	2012—03—06	32110071 6866344	25 000	17%	4 250	认证相符	专用发票

续　表

序号	发票代码	发票号码	开票日期	销方税号	金额	税率	税额	认证结果	发票类型
5	132061015543	07665998	2012—03—07	321100716866344	1 000	17%	170	认证相符	专用发票
6	132071013308	07668890	2012—03—11	321100716866344	48 000	17%	8 160	认证相符	专用发票
7	219867611101	00786112	2012—03—11	320100764544115	1 600	7%	112	认证相符	公路运单
8	132101015345	013334876	2012—03—12	320488479483	7 500	17%	1 275	认证相符	专用发票
9	3100074140	07748839	2012—03—15	320323136920834	40 000	17%	6 800	认证相符	专用发票
10	3100074140	667432221		340202666222603	800	7%	56	认证相符	公路运单
11	132101018865	013377654	2012—03—28	320444930088448	5 000	17%	850	认证相符	专用发票
12	132101018865	013377654	2012—03—30	320444943598403	5 000	6%	300	认证相符	专用发票
13	132101018293	10201162	2012—03—30	320400187655355	15 000	17%	2 550	认证相符	专用发票

操作员：001

原始凭证解读

54—1 应交增值税计算表，此表为自制原始凭证，是用来计算公司本期应向税务机关交纳增值税金额的，也可以用增值税纳税申报表来替代。此表应作为期末结转未交（或多交）增值税的记账依据。

应交增值税基本的计算公式：应交增值税＝销项税额—（进项税额—进项税额转出）。在实际工作中，应纳增值税的计算是较复杂的，应纳税额＝销项税额—（进项税额＋上期留抵税额—进项税额转出—免抵退货物应退税额＋按适用税率计算的纳税检查应补缴税额）—应纳税额减征额。本套业务较简单，故可采用简化公式计算。

表中"销项税额"栏数据，填写纳税人本期按适用税率计征的销项税额。该数据应与"应交税金—应交增值税"明细科目贷方"销项税额"专栏本期发生数一致。本项一般等于"按适用税率征税货物及劳务销售额"与相应税率计算出的销项税额。可以汇总企业所开出发票记账联上的"税额"数据。

表中"进项税额"栏数据，填写纳税人本期申报抵扣的进项税额。该数据应与"应交税金 — 应交增值税"明细科目借方"进项税额"专栏本期发生数一致。

　　表中"进项税额转出"栏数据，填写纳税人已经抵扣但按税法规定应作进项税转出的进项税额总数，但不包括销售折扣、折让，进货退出等应负数冲减当期进项税额的数额。该数据应与"应交税金—应交增值税"明细科目贷方"进项税额转出"专栏本期发生数一致。本套业务无该项目数据。

　　"纳税人本期申报抵扣的进项税额"即增值税纳税人所收到的增值税专用发票的抵扣联网上认证通过并确认的数据。

　　增值税专用发票网上认证是指纳税人增值税专用发票抵扣联及货运发票税控系统开具的货运发票抵扣联在规定的时间内通过扫描仪或键盘，将专用发票抵扣联上主要信息（包括发票代码、发票号码、购货方纳税人识别号、销货方纳税人识别号、开票日期、金额、税额）和发票上的 84 位密文进行采集并转换为电子信息，将电子信息通过互联网传输给国税机关，经国税机关的防伪税控认证子系统进行 84 位密文解密还原，再与发票明文上的相应内容进行自动比对，产生认证结果，并将认证结果回传给纳税人的一种认证方法。认证的各种相关情况的处理：（1）纳税人丢失未认证的增值税专用发票抵扣联，不得使用网上认证方式认证，应采用上门认证。（2）对无法通过网上认证的或"重复认证"的抵扣联发票，企业应在收到国税机关网上认证结果信息后 24 小时内将发票抵扣联原件送交主管国税机关，进行确认处理。（3）对经国税机关认证确定为"无法认证"、"认证不符"、"密文有误"、"重复认证"以及"丢失被盗"的专用发票，企业如已申报抵扣的，应调减当期进项税额或补缴税款。

　　在进行增值税会计处理时，为了核算增值税的应交、抵扣、已交、退税及转出等情况，在"应交税金"科目下设置"应交增值税"和"未交增值税"两个明细科目。由于当月的应纳税额通常在次月交纳，因而应通过"转出未交增值税"科目处理。将当月发生的应交未交增值税自"应交增值税"明细科目转入"未交增值税"明细科目。即借记"应交税费——应交增值税（转出未交增值税）"科目，贷记"应交税费——未交增值税"科目；当月多交的增值税，借记"应交税费——未交增值税"科目，贷记"应交税费——应交增值税（转出多交增值税）"科目。如果企业缴纳当月的增值税，通过"应交税费——应交增值税（已交税金）"科目反映，缴纳以前各期未交的增值税，通过"应交税费——未交增值税"科目反映。见业务 15。

填制的记账凭证

记 账 凭 证

2012 年 03 月 31 日　　　　　　　　　第 51 号

摘　要	总账科目	明细科目	借方金额	贷方金额	记账
			百十万千百十元角分	百十万千百十元角分	
结转未交增值税	应交税费	应交增值税(转出未交增值税)	2 8 6 5 5 6 0 0		√
	应交税费	未交增值税		2 8 6 5 5 6 0 0	√
附件共 1 张	合　　计		¥2 8 6 5 5 6 0 0	¥2 8 6 5 5 6 0 0	

核准：　　复核：何永成　　记账：高蓉　　出纳：　　　制单：白志国

【业务 55】（共 1 张凭证）

55—1

城市维护建设税、教育费附加、地方教育费附加计算表

2012 年 03 月 31 日

税种	应税项目	计税依据	税率	应交金额
城市维护建设税	增值税	286556	7%	
	消费税			
	营业税			
	小计	286556		20 058.92
教育费附加	增值税	286556	3%	
	消费税			
	营业税			
	小计	286556		8 596.68
地方教育费附加	增值税	286556	2%	
	消费税			
	营业税			
	小计	286556		5 731.12
合　计				34 386.72

记账：白志国　　　　　审核：何永成　　　　　制表：高蓉

原始凭证解读

　　55—1是城市维护建设税、教育费附加、地方教育费附加计算表，此表应作为期末计算相关税费的记账依据。上述税费计缴的基数为增值税、消费税、营业税（以下简称"三税"），城市维护建设税税率因企业所在区域不同而不

同，本公司为市区企业，税率为 7%；教育费附加征收率："三税额"的 3%。地方教育费附加征收率：从 2011 年 2 月 1 日起，由实际缴纳"三税"税额的 1%提高到 2%。

填制的记账凭证

记 账 凭 证

2012 年 03 月 31 日　　　　　　　　　　　　第 52 号

摘　　要	总账科目	明细科目	借方金额									贷方金额									记账
			百	十	万	千	百	十	元	角	分	百	十	万	千	百	十	元	角	分	
计算应缴城建税等	营业税金及附加				3	4	3	8	6	7	2										√
	应交税费	应交城市维护费													2	0	0	5	8	9	2	√
		应交教育费附加														8	5	9	6	6	8	√
		应交地方教育费														5	7	3	1	1	2	√
附件共 1 张	合　　　　计		￥		3	4	3	8	6	7	2	￥		3	4	3	8	6	7	2	

核准：　　　复核：何永成　　　记账：高蓉　　　出纳：　　　制单：白志国

【业务 56】（共 1 张凭证）

56—1

公司领导层决定通知单

　　经研究决定将资本公积 1 000 000.00 元转增资本，请财务部门作相应处理。

　　　　　　　　　　厂长：丁正伟

　　　　　　　　　　2012 年 03 月 31 日

原始凭证解读

　　56—1 是公司领导层决定通知单，该原始凭证注明将 1 000 000 元转增资本，进行会计核算时，相应要增加"实收资本"账户，并按出资比例进行分配。

盟友公司 1 000 000×5 000 000÷21 000 000＝238 095.24 元，晨曦公司为 1 000 000×15 000 000÷21 000 000＝714 285.71 元，常州金旺公司为 1 000 000×1 000 000÷21 000 000＝47 619.05 元。

填制的记账凭证

记 账 凭 证

2012 年 03 月 31 日　　　　　　　　　　　　　　第 53 号

摘　　要	总账科目	明细科目	借方金额 百十万千百十元角分	贷方金额 百十万千百十元角分	记账
资本公积转增资本			1 0 0 0 0 0 0 0 0		√
	资本公积			2 3 8 0 9 5 2 4	√
	实收资本	盟友公司		7 1 4 2 8 5 7 1	√
		晨曦公司		4 7 6 1 9 0 5	
		常州金旺公司			
附件共 1 张	合　　计		1 0 0 0 0 0 0 0 0	1 0 0 0 0 0 0 0 0	

核准：　　复核：何永成　　记账：高蓉　　出纳：　　制单：白志国

【业务 57】（共 1 张凭证）

57－1

金融资产公允价值变动损益计算表

2012 年 03 月 31 日

证券代码	证券名称	持有数量	账面余额	收盘价	市值	公允价值变动
600324	长江电力	3 000	49 650	20	60 000	10 350

记账：白志国　　审核：何永成　　制表：高蓉

原始凭证解读

55－1 金融资产公允价值变动损益计算表，此表属于自制原始凭证，应作为期末调整以公允价值计量的交易性金融资产的账面价值的记账依据。业务 3 购入长江电力股票 5 000 股，账面价值为 82 750 元。业务 37 售出该股票 2 000 股成本为 33 100 元，该股票尚余 3 000 股，账面余额为 82 750－33 100＝49 650元，而期末每股市价为 20 元，故市值为 60 000 元，即调整后的账面价值。此处由于该股票涨价，使得账面值增加 60 000－49 650＝10 350 元，在进行会计核算时，应记入"交易性金融资产——长江电力（公允价值变动）"账户借方，同时，记入"公允价值变动损益"账户的贷方，以体现该股票的账面盈余。

填制的记账凭证

记 账 凭 证

2012 年 03 月 31 日　　　　　　　　　　　　第 54 号

摘　　要	总账科目	明细科目	借方金额 百十万千百十元角分	贷方金额 百十万千百十元角分	记账
长江电力股票公允价值变动	交易性金融资产	长江电力（公允价值变动）	1 0 3 5 0 0 0		√
	公允价值变动损益			1 0 3 5 0 0 0	√
附件共 1 张　　合　　　计			￥1 0 3 5 0 0 0	￥1 0 3 5 0 0 0	

核准：　　　　复核：何永成　　　　记账：高蓉　　　　出纳：　　　　　制单：白志国

【业务 58】（共 1 张凭证）

58－1

月度应交所得税计算表

2012 年 03 月 31 日

项　　目	金　　额
利润总额	564 758.59
税率（25%）	25%
应纳所得税额	141 189.65

记账：白志国　　　　　　　审核：何永成　　　　　　　制表：高蓉

原始凭证解读

58－1 是月度应交所得税计算表，此表应作用期末计算本期应交所得税费用的记账依据。该表中利润总额＝1917193.37－1352434.78＝564758.59 元，即用当月的"本年利润"账户的贷方金额减去借方金额（不含所得税费用）。月度计算所得税费用时一般属于所得税的按月预缴，一般不用考虑所得税的纳税调整。

填制的记账凭证

记 账 凭 证

2012 年 03 月 31 日　　　　　　　　　　第 55 号

摘　　要	总账科目	明细科目	借方金额									贷方金额									记账
			百	十	万	千	百	十	元	角	分	百	十	万	千	百	十	元	角	分	
计算应交企业所得税	所得税费用			1	4	1	1	8	9	6	5										√
	应交税费	应交企业所得税											1	4	1	1	8	9	6	5	√
附件共 1 张	合　　　计		¥	1	4	1	1	8	9	6	5	¥	1	4	1	1	8	9	6	5	

核准：　　　复核：何永成　　　记账：高蓉　　　出纳：　　　制单：白志国

【业务 59】（共 1 张凭证）

59—1

结转"本年利润"明细表

2012 年 03 月 31 日

账 户 名 称	转入贷方金额	账 户 名 称	转入借方金额
主营业务收入	1 885 000	主营业务成本	1 123 606.90
其他业务收入	20 000	其他业务成本	12 000
投资收益	1 843.37	营业税金及附加	34 386.72
公允价值变动损益	10 350	销售费用	5 000
		管理费用	53 595.99
		财务费用	13 152.17
		资产减值损失	95 300.27
		营业外支出	15 392.73
		所得税费用	141 189.65
合　计	1 917 193.37	合　计	1 493 624.43

记账：白志国　　　　审核：何永成　　　　制表：高蓉

原始凭证解读

　　59—1 结转"本年利润"明细表，此表应作为期末结转损益类账户的记账依据。表中"投资收益"账户及"财务费用"账户本期借方、贷方均有发生额，先应计算出期借贷差额，然后再结转到"本年利润"账户后将其结平。

填制的记账凭证

记 账 凭 证

2012 年 03 月 31 日　　　　　　　　　　第 56 1/3 号

摘　要	总账科目	明细科目	借方金额 百十万千百十元角分	贷方金额 百十万千百十元角分	记账
结转损益类收入账户	主营业务收入		1 8 8 5 0 0 0 0 0		√
	其他业务收入		2 0 0 0 0 0 0		√
	投资收益		1 8 4 3 3 7		√
	公允价值变动损益		1 0 3 5 0 0 0		√
	本年利润			1 9 1 7 1 9 3 3 7	√
附件共见56 3/3张	合　　计		1 9 1 7 1 9 3 3 7	1 9 1 7 1 9 3 3 7	

核准：　　　复核：何永成　　　记账：高蓉　　　出纳：　　　　制单：白志国

记 账 凭 证

2012 年 03 月 31 日　　　　　　　　　　第 56 2/3 号

摘　要	总账科目	明细科目	借方金额 百十万千百十元角分	贷方金额 百十万千百十元角分	记账
结转损益类收入账户	本年利润		1 4 9 3 6 2 4 4 3		√
	主营业务成本			1 1 2 3 6 0 6 9 0	√
	其他业务成本			1 2 0 0 0 0 0	√
	营业税金及附加			3 4 3 8 6 7 2	√
	销售费用			5 0 0 0 0 0	√
附件共见56 3/3张	合　　计				

核准：　　　复核：何永成　　　记账：高蓉　　　出纳：　　　　制单：白志国

记 账 凭 证

2012 年 03 月 31 日　　　　　　　　　　第 56 3/3 号

摘　要	总账科目	明细科目	借方金额 百十万千百十元角分	贷方金额 百十万千百十元角分	记账
结转损益类费用账户	管理费用			5 3 5 9 5 9 9	√
	财务费用			1 3 1 5 2 1 7	√
	资产减值损失			9 5 3 0 0 2 7	√
	营业外支出			1 5 3 9 2 7 3	√
	所得税费用			1 4 1 1 8 9 6 5	√
附件共见 1 张	合　　计		1 4 9 3 6 2 4 4 3	1 4 9 3 6 2 4 4 3	

核准：　　　复核：何永成　　　记账：高蓉　　　出纳：　　　　制单：白志国

第三节　记账凭证的审核与装订

一、记账凭证审核

所有填制好的记账凭证，都必须经过有审核权限的其他会计人员认真的审核。在审核记账凭证的过程中，如发现记账凭证填制有误，应当按照规定的方法及时加以更正。只有经过审核无误的记账凭证，才能作为登记账簿的依据。审核内容主要有以下几方面：

（1）是否附有原始凭证，所附原始凭证是否齐全、是否已审核无误、记录的内容是否与所附原始凭证的内容相符。出纳人员在办理收款或付款业务后，应在原始凭证上加盖"收讫"或"付讫"的戳记，以避免重收重付。

（2）应借、应贷的会计科目是否与会计制度的规定相符，账户的对应关系是否正确，金额是否正确，摘要填写是否清楚。

（3）记账凭证的各个项目填列是否齐全。如填制日期是否书写、摘要是否明确、记账凭证是否有编号等。

（4）有关人员是否签名盖章。

审核后的记账凭证交负责有关明细账的人员记账；该账记完后，传递给负责记账凭证汇总的人员，与其他记账凭证一道定期汇总；记账凭证汇总后经复核交管总账的人登记总账；登完总账后，记账凭证及其汇总表按规定装订成册；装订成册的记账凭证，交给负责会计档案人员归档保管。

二、会计凭证的装订

会计凭证是企业重要的经济档案和历史资料，为防止散失，必须定期装订成册，妥善保管。

（一）需要装订的会计凭证

需要装订的会计凭证一般包括：原始凭证、原始凭证汇总表、记账凭证、记账凭证汇总表及科目汇总表等。如科目汇总表一般是放在其他记账凭证前面的。

（二）会计凭证装订前的整理

会计凭证据业务量大小一般每月装订一次。每月记账完毕，由会计人员将本月的记账凭证加以整理：

（1）分类整理，按顺序排列，检查日数、编号是否齐全。

（2）按凭证汇总日期归集（如按上、中、下旬汇总归集）确定装订成册的本数。

（3）摘除凭证内的金属物（如订书针、大头针、回形针），对过宽过长的附件，应进行纵向和横向的折叠。折叠后的附件外形尺寸，不应长于或宽于记账凭证，同时还要便于翻阅；附件本身不必保留的部分可以裁掉，但不得因此影响原始凭证内容的完整；过窄过短的附件，不能直接装订时，应进行必要的加工后再粘贴于特制的原始凭证粘贴纸上，然后再装订粘贴纸。

原始凭证粘贴纸的外形尺寸应与记账凭证相同，纸上可先印一个合适的方框，各种不能直接装订的原始凭证，如汽车票、地铁车票、市内公共汽车票、火车票、出租车票等，都应按类别整齐地粘贴于粘贴纸的方框之内，不得超出。粘贴时应横向进行，从右至左，并应粘在原始凭证的左边，逐张左移，后一张右边压位前一张的左边，每张附件只粘左边的 0.6～1 厘米长，粘牢即可。粘好以后要捏住记账凭证的左上角向下抖几下，看是否有未粘住或未粘牢的。

最后还要在粘贴单的空白处分别写出每一类原始凭证的张数、单价与总金额。如某人报销差旅费，报销单后面的粘贴单附有 0.5 元的市内公共汽车票 20 张，1 元的公共汽车票 12 张，285 元的火车票 1 张，869 元的飞机票 1 张，就应分别在汽车票一类下面空白处注明 $0.5 \times 20 = 10$ 元，$1 \times 12 = 12$ 元，在火车票一类下面空白处注明 $285 \times 1 = 285$ 元，在飞机票一类下面空白处注明 $869 \times 1 = 869$ 元。这样，万一将来原始凭证不慎失落，也很容易查明丢的是那一种票面的原始凭证，而且也为计算附件张数提供了方便。

（4）整理检查凭证顺序号，如有颠倒要重新排列，发现缺号要查明原因。再检查附件是否有漏缺，领料单、入库单、工资、奖金发放单是否随附齐全。

（5）记账凭证上有关人员（如财务主管、复核、记账、制单等）的印章是否齐全。

（三）会计凭证的装订

将整理好的会计凭证加上封面、封底装订成册，在装订线上加贴封签，并在封签处加盖装订人员的骑缝章。需要单独保管或数量较多的原始凭证也可单独装订成册。

装订之前，要设计一下，看一个月的记账凭证究竟订成几册为好。每册的厚薄应基本保持一致，不能把几张应属一份记账凭证附件的原始凭证拆开装订在两册之中，要做到既美观大方又便于翻阅。

一本凭证，厚度一般以 1.5～2.0 厘米为宜。过薄，不利于戳立放置；过厚，不便于翻阅核查。凭证装订的各册，一般以月份为单位，每月订成一册或若干册。凭证少的单位，可以将若干个月份的凭证合并订成一册，在封皮注明本册所含的凭证月份。

由于原始凭证往往大于记账凭证，从而折叠过多，这样一本凭证就显得中间厚，装订线的位置薄，订出的一本凭证像条鱼一样。这时可以用一些纸折成许多三角形，均匀地垫在装订线的位置。这样的装订出来的凭证就显得整齐了。装订前，要以会计凭证的左上侧为准，放齐，准备好铁锥、装订机或小手电钻，还有线绳、铁夹、胶水、凭证封面、封底、包角纸。

下面介绍一种角订法：

（1）在凭证的左上角画一边长为 5 厘米的等腰三角形，用夹子夹住，用装订机在底线上分布均匀地打两个眼儿。

（2）用大针引线绳穿过两个眼儿，如果没有针，可以将回形别针顺直，然后两端折向同一个方向，折向时将线绳夹紧，即可把线引过来，因为一般装订机打出的眼儿是可以穿过的。

（3）在凭证的背面打结。线绳最好把凭证两端也系上。

（4）将护角向左上侧面折，并将一侧剪开至凭证的左上角，然后抹上胶水。

（5）向上折叠，将侧面和背面的线绳扣粘死。以上参见图 3—1。

（6）待晾干后，在凭证本的侧脊上面写上"某年某月第几册共几册"的字样。装订人在装订线封签处签名或者盖章。现金凭证、银行凭证和转账凭证最好依次顺序编号，一个月从头编一次序号，如果单位的凭证少，可以全年顺序编号。（见表 3—1、表 3—2）

表 3—1　凭证封面

<u>凭 证 封 面</u>

年　　月　　份

单位名称	
凭证名称	
册　　数	第　　　　　册共　　　　　册
起讫编号	自第　　　　　号至第　　　　　号
起讫日期	自　　年　　　月　　　日至　　　月　　　日

会计主管＿＿＿＿＿＿＿＿＿＿　装订＿＿＿＿＿＿＿＿＿＿

表 3—2 凭证封底

抽出单据记录

抽出日期			抽出单据名称	张数	抽出单据理由	抽取人签章	财会主管签章	附 注
年	月	日						

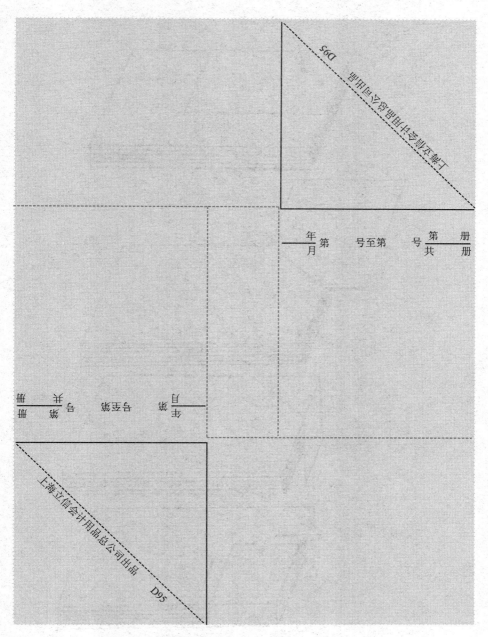

图 3—1 记账凭证包角

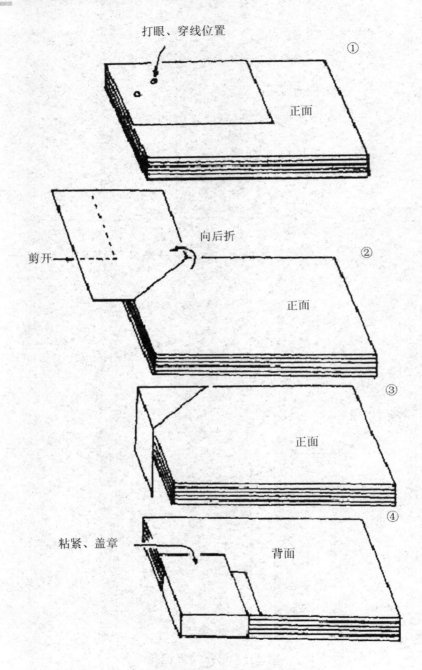

图 3—2 记账凭证装订示意图

目前，有的账簿商店有一种专门传票盒，可将装订好的凭证装入盒中码放保管，显得整齐。见图3—2。

三、增值税专用发票及运输发票抵扣联的装订

增值税专用发票及运输发票的抵扣联要在规定时间内向税务机关认证，随同认证结果通知书及所附清单一起装订成册，作为纳税检查的备查资料。

增值税进项税额抵扣凭证装订封面（式样）

所属时间_____年_____月

1. 专用发票抵扣联份数_____金额_____税额_____

2. 非专用发票抵扣凭证金额_____税额_____

3. 本期申报进项税额合计_____

4. 上期税务机关审核不准抵扣的进项凭证税款（应补税额）_____

申报单位（章）   制证人：

第四章 账簿设置与登记

第一节 账簿设置的基本要求

一、建账的含义、基本要求及原则

（一）建账的含义

建账是指新单位开办时和原有单位在年度开始时，根据《中华人民共和国会计法》和国家统一会计制度的规定，结合单位规模和管理的要求和将来可能发生的会计业务情况，设置会计账簿，确定账簿种类、格式、内容及登记方法。

（二）建账的基本要求

建账是记账等其他账务处理工作的前提。在一般的实务工作中，建账的基本要求包括：

（1）各单位必须依法设置会计账簿，并保证其完整、真实，任何单位不得违反会计法和国家统一的会计制度私设会计账簿。公司除设置法定的会计账册外，不得另设会计账册。

（2）各单位应当按《中华人民共和国会计法》和国家统一会计制度的规定建立会计账册，进行会计核算，及时提供合法、真实、准确、完整的会计信息。

（3）纳税人、扣缴义务人按照有关法律、行政法规和国务院财政、税务主管部门的规定设置账簿，依据合法、有效凭证记账，进行核算。

（三）建账应遵循的原则

会计账簿的设计十分重要，应做到总、分相结合，序时、分类相结合，层次清楚，便于分工。会计账簿的设计要遵循下列原则：

（1）考虑企业规模。企业规模较大，经济业务相应较多，会计人员的数量也较多，则分工就会比较细致，会计账簿的设计就会比较复杂，数量多，内容也多。

（2）考虑管理需要。会计账簿的设计要避免重复设账，比如应在财务科设总账，在供应科、仓库设二级明细账，层层控制，互相核对，数据共享，而不是在财务科设总账明细账，再在供应科、仓库设明细账，重复设置，浪费资源。

（3）考虑账务处理程序。账务处理程序的设计实质上已经大致规定了账簿的种类，在进行账簿的具体设计时，应充分注意已经选定的账务处理程序。比如设计的是多栏式日记账账务处理程序，就必须设计四本多栏式日记账，分别记录现金收付业务和银行存款收付业务，再考虑其他账簿。

（4）考虑会计指标。会计指标是根据账簿记录编制的，报表中的有关指标应能直接从有关总分类账户或明细分类账户中去取得和填列，尽量避免从几个账户中取得资料进行加减运算来填报。

不同企业单位所需要的账簿不尽相同，但总的来说，企业的账簿一般分为三类：序时账簿、分类账簿、备查账簿（比如代销商品登记簿、受托加工材料登记簿等）。一个企业至少应设置四册账簿：一册现金日记账、一册银行存款日记账、一册总分类账、一册活页明细账。

二、主要账簿应具备的要素

（1）封面，主要标明账簿的名称和记账单位的名称；

（2）扉页，账簿启用和经管人员一览表以及账户目录；

（3）账页基本内容应包括：账户的名称；登账的日期、凭证种类和号数、摘要栏；金额、总页次和分户页次，因账簿的用途不同而有所不同。

三、账簿启用的规则与会计工作交接

（一）启用账簿时的一般规则

账簿是储存数据资料的重要会计档案，登记账簿要有专人负责。为了保证账簿记录的严肃性和合法性，明确记账责任，保证资料完整，在账簿启用时，应当在账簿封面上写明单位名称和账簿名称，在"账簿启用和经管人员一览表"中详细载明：启用日期、账簿页数、记账人员和会计机构负责人、会计主管人员姓名，并加盖名章和单位公章。记账人员或者会计机构负责人、会计主管人员调动工作时，应当注明交接日期、接办人员或者监交人员姓名，并由交接双方人员签名或者盖章。

启用订本式账簿，应当从第一页到最后一页顺序编定页数，不得跳页、缺号。使用活页式账页，应当按账户顺序编号，并须定期装订成册。装订后再接实际使用的账页顺序编定页码。另加目录，记明每个账户的名称和页次。

实行会计电算化的单位，用计算机打印的会计账簿必须连续编号，经审核无误后装订成册，并由记账人员和会计机构负责人、会计主管人员签字或者盖章。

（二）会计人员交接时的规则

《会计法》第四十一条规定："会计人员调动工作或者离职，必须与接管人员办清交接手续。"在"启用和经管人员一览"表的交接记录栏内，填写交接日期和交接人员姓名（签章）。

一般会计人员办理交接手续，由会计机构负责人（会计主管人员）监交；会计机构负责人（会计主管人员）办理交接手续，由单位负责人监交，必要时主管单位可以派人会同监交。调换记账人员时，应注明交接日期和接办人员姓名，并由交接双方人员签章。

第二节 开设模拟企业的基本账簿

一、建账的基本程序

第一步：按照需用的各种账簿的格式要求，预备各种账页，并将活页的账页用账夹装订成册。

第二步：在账簿的"启用表"上，写明单位名称、账簿名称、册数、编号、起止页数、启用日期以及记账人员和会计主管人员姓名，并加盖名章和单位公章。记账人员或会计主管人员在本年度调动工作时，应注明交接日期、接办人员和监交人员姓名，并由交接双方签名或盖章，以明确经济责任。

第三步：按照会计科目表的顺序、名称，在总账账页上建立总账账户；并根据总账账户明细核算的要求，在各个所属明细账户上建立二、三级……明细账户。原有单位在年度开始建立各级账户的同时，应将上年账户余额结转过来。

第四步：启用订本式账簿，应先检查账簿是否顺序编定号码，不得跳页、缺号，并填写好"交接表"中的"账簿页数"栏；使用活页式账簿，应按账户顺序编写好本账户页次号码（可编部分号码，即分第几页）。各账户编列号码后，应填"账户目录"，将账户名称页次登入目录内，并粘贴索引纸（账户标签），写明账户名称，以便于检索。

二、开设常州星海有限公司主要账簿并登记期初余额

（一）开设总分类账簿并登记期初余额

一般企业只设 1 本总分类账。外形使用订本账，根据单位业务量大小可以选择购买 100 页的或 200 页的（本模拟用 100 页的）。这一本总分类账包含企业所设置的全部账户的总括信息。见表 4-1。

1. 登记账簿启用及交接表

表 4-1

账簿启用及交接表

账 簿 启 用 表						
单位名称	常州星海有限公司	负责人	职别	厂长	盖章　伟　丁　印　正	
账簿名称	总账第一册		姓名	丁正伟		
账簿号码	第1号	主办会计人员	职别	主办会计		
账簿页数	本账薄共100页		姓名	何永成		
启用日期	2012年01月01日		盖章			

经管本账簿人员一览表									
职别	姓名	接管				移交			印花税票粘贴处
		年	月	日	盖章	年	月	日	盖章
会计	高蓉								

① 单位或使用者名称，即会计主体名称，与公章内容一致。

②经管人员，盖相关人员个人名章。另外记账人员更换时，应在交接记录中填写交接人员姓名、经管及交出时间和监交人员职务、姓名。

③粘贴印花税票并划双横线，除实收资本、资本公积按万分之五贴花，其他账簿均按 5 元每本贴花。

2. 填写账户目录（由于总分类账为订本账，故账页要适当留有余地，见表4—2）

表 4—2

账 户 目 录

账号	科目或账户名称	起讫页码	账号	科目或账户名称	起讫页码

账号：即科目代码，一般是按会计科目的序号先后顺序填写相关账户，具体企业要用到哪些账户，要根据企业涉及的业务和涉及的会计科目设置总账。原则上讲，只要是企业涉及的会计科目就要有相应的总账账簿（账页）与之对应。这要凭会计的职业判断及对企业业务的熟悉程度来确定，具体可参照常用会计科目表进行。

页码：总分类账外形采用订本式，印刷时已事先在每页的左上角或右上角印好页码。起讫页码是指该账户从第几页开始登记到第几页结束，这样便于以后的登账工作。

会计人员应估计每一种业务的业务量大小，将每一种业务用口取纸分开，并在口取纸上写明每一种业务的会计科目名称，以便在登记时能够及时找到应登记的账页，在将总账分页使用时，假如总账账页从第一页到第十页登记现金业务，我们就会在目录中写清楚"库存现金……1～10"，并且在总账账页的第一页贴上口取纸，口取纸上写清楚"库存现金"；第11～20页为银行存款业务，我们就在目录中写清楚"银行存款……11～20"并且在总账账页的第11页贴上写有"银行存款"的口取纸，依此类推，总账就建好了。在企业中某一账户具体要用几页，这也需要会计的职业判断及对业务的熟悉而定了，但在设置时要留有余地，这也就是订本账的缺点之一（会造成不必要的浪费）。

为了登记总账的方便，在总账账页分页使用时，最好按资产、负债、所有者权益、收入、费用的顺序来分页，在口取纸选择上也可将资产、负债、所有者权益、收入、费用按不同颜色区分开，以便于登记。

模拟企业由于业务量不大，且用科目汇总表核算形式，每一账户一般用一页即够了。

3. 登记期初余额

在相关页码开设相应的账户，如实训资料中该账户有期初余额要登记期初余额。

先填写时间（2012 年 03 月 01 日），再在摘要栏中填写"月初余额"，在借或贷处要注明借贷的方向（据资料填写），在余额栏内填写相应的金额（注意书写规范）。如"库存现金"总账则登记借方 5 000 元。"短期借款"总账则登记贷方 500 000 元。本教程以"银行存款"总账为例，登记借方余额 8 718 684.60 元，见表 4—3 银行存款总账。

（二）开设日记账并登记期初余额

日记账的主要作用是按照时间的先后顺序记录经济业务，以保持会计资料的完整性和连续性。进行日记账的设置工作，首先要确定其种类和数量。日记账在不同的会计核算组织形式下，其具体用途是不同的。如果日记账用做过账媒介（如普通日记账、日记总账核算组织形式），则要求设置一个严密完整的序时账簿体系，包括企业的所有经济业务；如果日记账不用做过账媒介，则不必考虑其体系的完整性，只需设置某些特种日记账即可。通常设置的特种日记账主要包括现金日记账和银行存款日记账，极少数企业还设置销货日记账和购货日记账。

现金日记账是专门记录现金收付业务的特种日记账，它一般由出纳人员负责填写。现金日记账既可用作明细账，也可用作过账媒介。其格式有"三栏式"、"多栏式"和"收付分页式"三种。在现金收付业务较多的企业，也可分别设置现金收入日记账和现金支出日记账。一般情况下，只设置三栏式的现金日记账。现金日记账按不同币种分别设置。

银行存款日记账是用来记录银行存款收付业务的特种日记账。企业应按币种及开户行设置银行存款日记账进行明细分类核算，一般应根据每个银行账号单独设立一本账。其格式类似现金日记账，一般相应增加每笔存款收支业务所采用的结算方式一栏，以便分类提供数据和据以进行查对、汇总。

如果涉及外币业务，则需要设置复币日记账，其格式与一般日记账的区别为：收入、付出、结余栏分设"原币金额"、"汇率"和"本币金额"三栏。登记方法类似数量金额式明细账。

本教程以"银行存款——建行基本户（897020121）"日记账为例，开设并登记期初余额 6 718 684.60 元，见表 4—5 银行存款日记账。

（三）开设明细账并登记期初余额

在企业里，明细分类账的设置是根据企业自身管理需要和外界各部门对企业信息资料需要来设置的。明细分类账要使用活页的，所以不能直接买到现成的。

根据核算的内容不同，明细账有不同的格式：存货类的明细账要用数量金额式的账页；收入、费用、成本类的明细账要用多栏式的账页；应交增值税等的明细账有专用账页；其他的基本全用三栏式账页。因此，一般要分别购买这四类账页。根据所需每种格式账页大概页数分别取部分出来，外加明细账封皮及经管人员一览表，再用螺丝或专用铁皮将其固定，若在具体登记时发生某明细账不够时，可以再增加页数。期末结账后，将多余未用的明细账抽出另作他用。明细账本数的多少依然是根据单位业务量等情况而定。业务简单且很少的企业可以把所有的明细账户设在一本明细账上；业务多的企业可根据需要分别就资产、权益、损益类分三本明细账；也可单独就存货、往来各设一本……无固定情况，完全视企业管理需要来设。

另外，有些大公司固定资产明细账用卡片账。一般小公司都是和其他资产类合在一起。

明细分类账由于采用活页式账页，在年底归档前可以增减账页，故不用非常严格的预留账页。

本教程开设下列明细账并登记期初余额。

（1）三栏式明细账，见表4—6"应收账款——徐州益友公司"明细账。

（2）数量金额式明细账，见表4—7"原材料——A材料"明细账。

（3）横线式明细账，见表4—8"其他应收款"明细账。

（4）借方多栏式明细账，见表4—9"制造费用"明细账、表4—10"生产成本——甲产品"明细账、表4—11"管理费用"明细账。

（5）贷方多栏式明细账，见表4—12"主营业务收入"明细账、表4—14"应付职工薪酬"明细账。

（6）专用账页明细账，见表4—15"应交费用——应交增值税"明细账。

三、记账的基本规则

会计人员应当根据审核无误的会计凭证登记会计账簿。登记账簿的基本规则是：

（1）登记会计账簿时，应当将会计凭证日期、编号、业务内容摘要、金额和其他有关资料逐项记入账内，做到数字准确、摘要清楚、登记及时、字迹工整。

（2）登记完毕后，要在记账凭证上签名或者盖章，并注明已经登账的符号表示已经记账。

（3）账簿中书写的文字和数字上面要留有适当空格，不要写满格，一般应占格距的1/2。

（4）登记账簿要用蓝黑墨水或者碳素墨水书写，不得使用圆珠笔（银行的复写账簿除外）或者铅笔书写。

（5）下列情况，可以用红色墨水记账：

①按照红字冲账的记账凭证，冲销错误记录；

②在不设借贷等栏的多栏式账页中，登记减少数；

③在三栏式账户的余额栏前，如未印明余额方向的，在余额栏内登记负数余额；

④根据国家统一的会计制度的规定可以用红字登记的其他会计记录。

（6）各种账簿按页次顺序连续登记，不得跳行、隔页。如果发生跳行、隔页，应当将空行、空页划线注销，或者注明"此行空白"、"此页空白"字样，并由记账人员签名或者盖章。

（7）凡需要结出余额的账户，结出余额后，应当在"借或贷"等栏内写明"借"或者"贷"等字样。没有余额的账户，应在"借或贷"栏内写"平"字，并在"余额"栏的元位写"0"，为避免窜改，写成"Q"状。后述举例中用"0.00"表示。

现金日记账和银行存款日记账必须逐日结出余额。

（8）每一账页登记完毕结转下页时，应当结出本页合计数及余额，写在本页最后一行和下页第一行有关栏内，并在摘要栏内注明"过次页"和"承前页"字样；也可以将本页合计数及金额只写在下页第一行有关栏内，并在摘要栏内注明"承前页"字样。

对需要结计本月发生额的账户，结计"过次页"的本页合计数应当为自本月初起至本页末止的发生额合计数，如表4-8"制造费用明细账"；对需要结计本年累计发生额的账户，结计"过次页"的本页合计数应当为自年初起至本页末止的累计数，如表4-10"管理费用明细账"、表4-11"主营业务收入明细账"等。

（9）库存现金、银行存款日记账和需要按月结计发生额的收入、费用等明细账，采用月结。摘要栏里注明"本月合计"或"本月发生额及余额"字样，再将借贷方发生额加计总数，计算余额，并标明余额性质，同时在发生额合计及余额下边划一条红线，以便与下月份发生额划分清楚。

（10）季结，是指计算出本季度三个月发生额合计数及余额的季末结账。就是在本季末最后一月月结数字的红线下边一行，将本季度三个月的借贷方发生额加总计数，计算余额，并判明余额性质，用蓝字填入，在摘要栏里注明"×季度累计"，并在季结数字下面划一条红线。

（11）年结，是指在账簿中实行的年度结账。就是在第四季度季结的红线下面，填列四个季度的借贷方（增减方或收付方）发生额加计总数，计算余额，并判明余额性质，在摘要栏注明"本年累计"。全年累计发生额下面应当通栏划双红线。年度终了，要把各账户的余额结转到下一会计年度，并在摘要栏注明"结转下年"字样；在下一会计年度新建有关会计账簿的第一行余额栏内填写上年结转的余额，并在摘要栏注明"上年结转"字样。

（12）实行会计电算化的单位，总账和明细账应当定期打印。

发生收款和付款业务的，在输入收款凭证和付款凭证的当天必须打印出现金日记账和银行存款日记账，并与库存现金核对无误。

（13）账簿记录发生错误，不准涂改、挖补、刮擦或者用药水消除字迹，不准重新抄写，必须按照正确规范的方法进行更正。

四、常州星海有限公司主要账簿的登记及其相关说明

（一）银行存款总账的登记及相关说明

表4—3 银行存款总账（科目汇总表核算形式）

总 分 类 账

2

会计科目   银行存款

2012年		凭证号数	摘要	对方科目	借方	√	贷方	√	借或贷	余额
月	日									
1	1		上年转入						借	7 718 534.65
2	28		本月合计及余额		3 870 089.21		1 977 865.43		借	8 718 684.60
3	10	科汇1	1—10日发生额		2 094 000.00		658 495.10		借	10 154 189.50
3	20	科汇2	11—20日发生额		680 702.79		101 407.22		借	10 733 485.07
3	31	科汇3	21—31日发生额				26 100.00		借	10 707 385.07
3	31		本月合计及余额		2 774 702.79		786 002.32		借	10 707 385.07

说明：总账是订本式的，如一般事先印有编号。该公司总账登记是采用科目汇总表形式的，并且按题目要求是按旬汇总，故凭证号数不再是写记账凭证的号数，而应该是科目汇总表的编号，摘要处应写"几号到几号的发生额"，发生额借方贷方可能同时会有。

若是年度终，要把各账户的余额结转到下一会计年度，并在摘要栏注明"结转下年"字样。相关数据见第七章科目汇总表的编制中表7—5。

表 4-4　银行存款总账（汇总记账凭证核算形式）

总 分 类 账

5

会计科目　　银行存款

2012年		凭证号数	摘要	对方科目	借方	√	贷方	√	借或贷	余额
月	日									
1	1		上年转入						借	7 718 534.65
2	28		本月合计及余额		3 870 089.21		1 977 865.43		借	8 718 684.60
	31	汇字2号	本月发生额	银行存款	100 000.00				借	8 818 684.60
	31	汇字3号	本月发生额	其他货币资金	3 200.00				借	8 821 884.60
	31	汇字10号	本月发生额	预收账款	52 650.00				借	8 874 534.60
	31	汇字11号	本月发生额	应交税费	95 200.00				借	8 969 734.60
	31	汇字12号	本月发生额	实收资本	1 000 000.00				借	9 969 734.60
	31	汇字13号	本月发生额	主营业务收入	480 000.00				借	10 449 734.60
	31	汇字14号	本月发生额	财务费用	9 652.79				借	10 459 387.39
	31	记4	借入借款	短期借款	100 000.00				借	10 559 387.39
	31	记7	收到商业汇票	应收票据	54 000.00				借	10 613 387.39
	31	记12	收到投资款	资本公积	800 000.00				借	11 413 387.39
	31	记19	售包装物等	其他业务收入	20 000.00				借	11 433 387.39
	31	记23	售设备	固定资产清理	60 000.00				借	11 493 387.39
	31	汇字2号	本月发生额				786 002.32		借	10 707 385.07
3	31		本月合计及余额		2 774 702.79		786 002.32		借	10 707 385.07

说明：相关数据见第七章所编制的汇总记账凭证及第三章的相关记账凭证。

表 4-5　银行存款日记账

银行存款日记账

3

二级会计科目名称建行基本户　　897020121

2012年		凭证号数	支票号	对方科目	摘　要	收入（借方）金额	付出（贷方）金额	结存金额
月	日							
2	25				承前页	2 884 356.56	1 203 944.45	6 718 684.60
	28				本月合计及余额	2 884 356.56	1 203 944.45	6 718 684.60
3	1	记1		原材料	购A、B材料		99 800.00	
	1	记2		财务费用	付工本及手续费		10.50	6 618 874.10
	3	记5	435357	银行存款	借款划入建行	100 000.00		6 718 874.10
	4	记7		应收票据	收回到期商业汇票	54 000.00		6 772 874.10
	8	记11	435358	应付职工薪酬	支付上月工资		108 503.00	6 664 371.10
	9	记12		实收资本	收到投资款	1 800 000.00		
	9	记13		预收账款	预收甲产品款	40 000.00		8 504 371.10
	10	记14		应交税费	上交上月增值税		10 000.00	
	10	记14		应交税费	上交上月所得税		80 000.00	
	10	记14		应交税费	上交上月城建税等		1 200.00	

2012年 月	日	凭证号数	支票号	对方科目	摘　要	✓	收入（借方）金额	付出（贷方）金额	结存金额
	10	记14		应交税费	上交上月个所税			1 260.00	
	10	记15		应付职工薪酬	交上月社保费			62 506.60	
	10	记15	435359	应付职工薪酬	交住房公积金			27 940.00	
	10	记16	435360	应付账款	付原欠货款			167 275.00	8 154 189.50
	11	记17	435361	原材料	用预付款购料			18 560.00	8 135 629.50
	13	记19		主营业务收入	销售产品与包装箱		585 000.00		
	13	记20		其他货币资金	申请银行汇票			50 000.00	8 670 629.50
	15	记21	435362	在途物资	购A材料			800.00	8 669 829.50
	15				过次页		2 579 000.00	627 855.10	8 669 829.50

表 4-5　银行存款日记账续表

银 行 存 款 日 记 账

4

二级会计科目名称建行基本户 897020121

2012年 月	日	凭证号数	支票号	对方科目	摘　要	✓	收入（借方）金额	付出（贷方）金额	结存金额
3	15				承前页		2 579 000.00	627 855.10	8 669 829.50
	15	记21		其他货币资金	退回银行汇票余款		3 200.00		8 673 029.50
	16	记22	884732	其他应收款	预支差旅费			2 000.00	8 671 029.50
	17	记23		固定资产清理	出售LH设备		70 200.00		8 741, 229.50
	18	记24	435363	管理费用	付法律咨询费			2 500.00	
	18	记25	435364	应收账款	垫付运费			6 000.00	8 732 729.50
	20	记26		预收账款	补收产品余款		12 650.00		
	20	记27		财务费用	收到存款利息		7 876.45		8 753 255.95
	21	记29	435365	销售费用	付广告费			5 000.00	
	21	记32	435366	预付账款	预付二季度报刊费			1 200.00	8 747 055.95
	28	记34	435367	管理费用	付修理费			5 850.00	8 741, 205.95
	30	记36	435368	制造费用	付水费			9 050.00	8 732 155.95
	31	记42	435369	营业外支出	向希望工程捐款			5 000.00	8 727 155.95
3	31				本月合计及余额		2 672 926.45	664 455.10	8 727 155.95

（二）银行存款日记账的登记及相关说明

表 4-5　银行存款日记账

说明：银行存款日记账也是订本式，事先也印有页码。由于企业开户行一般不止一个，故必须写清楚相关开户行与账号。"支票号"栏有时会用"结算方式及票据号"，则要按规范填写。"对方科目"要书写，如购材料，对应科目有原材料与应交税费，只要写一个主要的原材料就行，相关数据写一行总数。

如业务 15 上交上月税费，分别有四张原始凭证，均为用建行基本户开支的，分别反映上交上月增值税、企业所得税、城建及教育费附加、个人所得税的，为了能更清楚地表明该银行存款所支付的具体的税费，银行存款日记账仍要分开登记。

银行存款日记账要"日清日结"但不一定要每行结出余额，实际工作中一般也不结出"本日发生额及余额"，而是每天的最后一笔业务计算一次余额。

（三）应收账款明细账的登记及相关说明

表4—6 "应收账款——徐州益友公司"明细账

应 收 账 款 明 细 账

总第 45 页 分第 4 页

二级科目编号及名称 112203 徐州益友公司

…级科目编号及名称 ……………………………………

2012年		凭证号数	摘要	借方	√	贷方	√	借或贷	余额
月	日								
2	5		承前页	31 000.00		53 100.00		借	180 353.00
2	28		本月合计及余额	52 187.00		89 640.00		借	120 000.00
3	18	记25	销售乙产品	1 597 200.00				借	1 717 200.00
	31		本月合计及余额	1 597 200.00				借	1 717 200.00

说明：应收账款明细账是用来记录每个客户各项赊销、还款、销售退回及折让的明细账。如果单位往来客户较多，可单独设立往来账。

（四）原材料明细账的登记及相关说明

说明：模拟公司存货按实际成本核算，出库单位成本按月末一次加权平均法计算，存货采用仓库与财会部门账卡合一形式核算。对原材料而言，即将仓库设置的登记数量的"材料卡片"与财会部门设置的数量金额式的"材料明细账"合并成一套数量金额式的材料明细账。材料明细账按材料的保管地点（仓库）、材料的类别、品种和规格设置，平时由仓库保管员根据收料凭证和发料凭证逐笔登记其数量，账册平时放在仓库。财会部门材料会计定期到仓库稽核账单，并在材料收入凭证上标价（单价与金额），期末材料会计按月末一次加权平均法计算发出材料的单位成本（即明细账中的"单价"），完成明细账的登记工作，然后在相关发料凭证上进行标价，以便编制发料凭证汇总表进行发出材料的汇总处理。

表4-7   "原材料——A材料"明细账

原材料明细账   总第 24 页 分第 3 页

品名   A材料

存储地点 3号库   最高存量 40 000   最低存量 4 000 计量单位 千克   规格   货号

2012年		凭证		摘要	收入			发出			结存		
月	日	种类	号数		数量	单价	金额	数量	单价	金额	数量	单价	金额
3	1			月初结存							30 000	5	150 000
	1	收	4467	收入	15 000	5.0173	75 259.50				45 000		
	9	领	99832	发出				40 000			5 000		
	11	收	4470	收入	10 000	5.0288	50 288				15 000		
	11	领	99833	发出				5 000			10 000		
3	31			合计	25 000		125 547.50	45 000	5.0100	225 450	10 000	5.0098	50 097.50
	31			盘亏				50	5.0098	250.49	9 950	5.0098	49 847.01

上述A材料明细账单价根据资料要求保留四位小数，在实际工作中尤其是手工账一般为保留两位小数。材料明细账的"收入栏"的金额即为相关的记账凭证中的相应原材料的金额，单价即单位成本，是用金额除以数量得出，不一定是购料发票中的单价（指单位买价），因为单位成本包括单位买价与单位运杂费等。"发出栏"在用月末一次加权平均法时，平时只登记数量，月末算出加权平均单位成本，（150 000＋125 547.50）÷（30 000＋25 000）＝5.0100元/千克，由于存在小数尾差，期末结存金额则要用"期末结结存＝期初结存＋本期收入—本期发出"公式进行计算，然后除以结存的数量，计算出期末结存的单位成本。

（五）其他应收款明细账的登记及相关说明

说明：其他应收款明细账一般采用平行式，也称横线登记式明细账，即将前后密切相关的经济业务登记在一行，同一行内如果借方、贷方都有记录，表明该项经济业务已处理完毕，如果只有借方记录，没有贷方记录，则表示该项经济业务还未结束。以便检查每笔业务的完成和变动情况。

表 4－8　"其他应收款"明细账

其他应收款明细账

　　　　　　　　　　　　　　　　　　总第 36 页 分第 4 页

　　　级科目编号及名称 ....

　　　级科目编号及名称 ....

2012 年		凭证号数	户名	摘要	借方金额（借支）	贷方金额（报销与收回）					备注
月	日					2012 年		凭证号数	报销金额	收回金额	
						月	日				
3	16	记 22	王强	预借差旅费	2 000		3	24	记 31	1 800	200	
	31	记 48	保险公司	应赔产品损失款	1 805.30							已提坏账90.27 元

（六）制造费用明细账的登记及相关说明

表 4－9　"制造费用"明细账

制造费用

2012 年		凭证号数	摘要	借方	贷方	借或贷	余额	（借）方		
月	日							1 机物料消耗	2 工资	3 五险一金
3	7	记 10	购办公用品	400.00		借	400.00			
	17	记 23	LH 设备折旧	810.81		借	1 210.81			
	30	记 36	付水费	7 000.00		借	8 210.81			
	30	记 37	付电费	11 250.00		借	19 460.81			
	31	记 39	提折旧	119 600.00		借	139 060.81			
		记 40	分配工资	10 000.00		借	149 060.81		10 000.00	
		记 41	计提五险一金	4 340.00		借	153 400.81			4 340.00
		记 43	分配材料费用	25 650.00		借	179 050.81	25 650.00		
		记 44	分配制造费用		179 050.81	平	0.00	25 650.00	10 000.00	4 340.00
	31		本月合计及余额	179 050.81	179 050.81	平	0.00	0.00	0.00	0.00

表 4—9　"制造费用"明细账续表

总第 58 页 分第 14 页

明 细 账

级科目编号及名称 ....

级科目编号及名称 ....

金 额 分 析							
4 办公费	5 折旧费	6 水电费	7	8	9	10	11
400.00							
	810.81						
		7 000.00					
		11 250.00					
	119 600.00						
400.00	120 410.81	18 250.00					
0.00	0.00	0.00					

说明：制造费用明细账为多栏式，根据企业的实际情况选择相应数量（九栏、十三栏、十七栏和三十二栏等）栏目的明细账，如果该类明细账前未事先印有"借方"、"贷方"及"余额"栏目的，则要自己先行填写，后面分别记录各项明细费用，如工资、修理费、差旅费等（可根据会计制度的规范结合企业管理要求自行设置明细项目）的发生额。先设置常用的费用项目，这样大多分析项目记账在同一页，记账就比较方便。如果栏目较多，要涉及两页，登记时两张账页平铺，第一页是空的，从第二页开始填起。借方发生额就填在借方，贷方发生额就在贷方，结余每次算好，然后填写金额分析栏。

期末分配结转制造费用在贷方，则（借）方分析金额相关栏目中用红字（表示负数）反映，注意如果用"□"表示负数，则需要每个数字框出，而非整个数据，结转后制造费用明细账一般无余额。左边借方金额与右边的借方金额分析合计金额要同步一致；左边贷方金额与右边的红字金额分析合计金额要同步一致。

（七）生产成本明细账的登记及相关说明

表 4－10　"生产成本——甲产品"明细账

生产成本明细账

第 64 页分第 6 页

投产日期＿＿＿＿＿＿＿　计划工时＿＿＿＿＿＿＿　生产批号＿＿＿＿＿＿＿
完工日期＿＿＿＿＿＿＿　实际工时＿＿＿＿＿＿＿　生产车间＿＿＿＿＿＿＿
完成产量 1350 件　数量＿＿＿　产品规格＿＿＿＿＿＿＿　产品名称 甲产品

2012年		凭证		摘　要	借方发生额	成本项目			
月	日	种类	号数			直接材料	直接人工	制造费用	合　计
				承前页	198 534.45	198 534.45			198 534.45
2	29	记	43	结转完工产品成本	396 223.14	210 445.00	98 001.47	87 776.67	396 223.14
2	29			月末余额		10 000.00	2 000.00	2 500.00	14 500.00
3	31	记	40	分配工资	69 677.28		69 677.28		69 677.28
	31	记	41	计提五险一金	30 135.44		30 135.44		30 135.44
	31	记	43	分配材料费用	200 400.00	200 400.00			200 400.00
	31	记	44	结转制造费用	103 965.12			103 965.12	103 965.12
				本月合计	404 177.84	200 400.00	99 812.72	103 965.12	404 177.84
	31	记	45	结转完工产品成本	407 077.84	202 400.00	100 212.72	104 465.12	407 077.84
3	31			月末余额		8 000.00	1 600.00	2 000.00	11 600.00

说明：生产成本明细账一般可用专用账页，也可用多栏式账页。生产成本按成本项目设置栏目，成本项目最基本的有"直接材料"、"直接人工"、"制造费用"。除此，还可据生产的组织形式与管理要求设立"废品损失"、"停工损失"、"自制半成品"及"非货币性福利"等栏目。

（八）管理费用明细账的登记及相关说明

表 4－11　"管理费用"明细账

管理费用

2012年		凭证号数	摘　要	借方	贷方	借或贷	余　额	（借）方		
月	日							1机物料消耗	2工资	3五险一金
2	29		承前页	112 457.67	59 101.00	借	53 356.67	1 628.47	19 800.00	8 593.20
	29	记51	转入本年利润		53 356.67	平	0.00	1 628.47	19 800.00	8 593.20
	29		本月合计及余额	53 356.67	53 356.67	平	0.00	0.00	0.00	0.00
2	29		本年累计及余额	112 457.67	112 457.67	平	0.00	0.00	0.00	0.00
3	7	记10	购办公用品	600.00		借	600.00			
	18	记24	付法律咨询费	2 500.00		借	3 100.00			
	24	记31	报销差旅费	1 800.00		借	4 900.00			

续　表

2012年 月	日	凭证号数	摘　要	借方	贷方	借或贷	余　额	（借）方 1机物料消耗	2工资	3五险一金
	28	记34	付修理费	5 000.00		借	9 900.00			
	30	记35	摊销报刊费	350.00		借	10 250.00			
	30	记36	付水费	1 750.00		借	12 000.00			
	30	记37	摊电费	3 750.00		借	15 750.00			
	31	记39	提折旧	7 500.00		借	23 250.00			
		记40	分配工资	20 000.00		借	43 250.00		20 000.00	
		记41	计提五险一金	8 680.00		借	51 930.00			8 680.00
		记43	分配材料费用	1 415.50		借	53 345.50	1 415.50		
		记48	处理材料盘亏	250.49		借	53 595.99			
		记56	转入本年利润		53 595.99	平	0.00	1 415.50	20 000.00	8 680.00
	31		本月合计及余额	53 595.99	53 595.99	平	0.00	0.00	0.00	0.00
3	31		本年累计及余额	166 053.66	166 053.66	平	0.00	0.00	0.00	0.00

表 4-11　"管理费用"明细账续表

总第 58 页 分第 14 页

明　细　账

级科目编号及名称

级科目编号及名称

金　额　分　析							
4办公费	5折旧费	6水电费	7法律	8差旅费	9修理费	10存货	11其他
895.00	7 500.00	5 600.00		2 000.00	3 000.00		4 340.00
895.00	7 500.00	5 600.00		2 000.00	3 000.00		4 340.00
0.00	0.00	0.00	0.00	0.00	0.00		0.00
0.00	0.00	0.00	0.00	0.00	0.00		0.00
600.00							
			2 500.00				
					1 800.00		
						5 000.00	
350.00							
		1 750.00					
		3 750.00					
	7 500.00						
							250.49
950.00	7 500.00	5 500.00	2 500.00	1 800.00	5 000.0C		250.49
0.00	0.00	0.00	0.00	0.00	0.00		0.00
0.00	0.00	0.00	0.00	0.00	0.00		0.00

　　说明：登记方法类似"制造费用明细账"的登记，不同的主要是管理费用明细账要计算本年累计数，在本年累计数下方也要划通栏红线。

（九）主营业务收入明细账的登记及相关说明

表4-12 "主营业务收入"明细账

主营业务收入明细账

2012年 月	日	凭证号数	摘要	借方	贷方	借或贷	余额	（贷）方分析 1甲产品	2乙产品	3
2	29		承前页	1 800 000.00	3 750 000.00	贷	1 950 000.00	850 000.00	1 100 000.00	
	29	记51	转入本年利润		1 950 000.00	平	0.00	850 000.00	1 100 000.00	
	29		本月合计及余额	1 950 000.00	1 950 000.00	平	0.00	0.00	0.00	
	29		本年累计及余额	3 750 000.00	3 750 000.00	平	0.00	0.00	0.00	
3	13	记19	销售甲产品		480 000.00	贷	480 000.00	480 000.00		
	18	记25	赊销乙产品		1 360 000.00	贷	1 840 000.00		1 360 000.00	
	20	记26	销售甲产品		45 000.00	贷	1 885 000.00	45 000.00		
	31	记56	转入本年利润	1 885 000.00		平		525 000.00	1 360 000.00	
	31		本月合计及余额	1 885 000.00	1 885 000.00	平	0.00	0.00	0.00	
3	31		本年累计及余额	5 635 000.00	5 635 000.00	平	0.00	0.00	0.00	

说明：主营业务收入一般是按销售的产品或提供的劳务名称设置明细账的，分析栏目为贷方栏目，按所售产品列示。该明细账与管理费用明细账一样也要计算本年累计数。

表4-13 生产成本、制造费用、管理费用和主营业务收入明细账设置与登记区别比较表

区别	生产成本	制造费用	管理费用	主营业务收入
明细账的设置（二级账户）	成本计算对象（产品名称）	基本或辅助生产车间名称	费用项目	产品或劳务名称
明细项目的设置	成本项目	费用项目		
金额何时用红字	结转完工产品成本	分配制造费用	结转到本年利润	
本月合计及余额	一般会有余额	一般无余额	账结法无余额	
本年累计及余额	不要		有 且要再划通栏红线	
过次页的数据汇总	本月初起至本页未止的发生额合计数		年初起至本页未止的累计数	

（十）应付职工薪酬明细账的登记及相关说明

说明：应付职工薪酬明细账一般可用三栏式，为说明其具体项目增减变动情况也可设置如上述类似的多栏式明细账。其登记方法与主营业务收入明细账类似，也是贷方金额分析。

表 4－14　"应付职工薪酬"明细账

应 付 职 工 薪 酬

2012年		凭证号数	摘　要	借方	贷方	借或贷	余　额	（贷）方		
月	日							1 工资	2 社　会	
									养老保险	医疗保险
2	29		本月合计及余额	201 013.40	212 054.00	贷	169 012.60	108 503.00	29 337.00	11 896.00
3	8	记11	支付上月工资	108 503.00		贷	60 509.60	108 503.00		
	10	记15	交上月社保等	60 509.60		平	0.00		29 337.00	11 896.00
	31	记40	代扣职工三险一金等	33 500.00		借	33 500.00	33 500.00		
	31	记40	分配工资		150 000.00	贷	116 500.00	150 000.00		
	31	记41	提五险一金		64 920.00	贷	181 420.00		31 500.00	12 720.00
	31		本月合计及余额	202 512.60	214 920.00	贷	181 420.00	116 500.00	31 500.00	12 720.00

表 4－14　"应付职工薪酬"明细账续表

总第 78 页　分第 3 页

明 细 账

...级科目编号及名称...........

...级科目编号及名称...........

金 额 分 析							
保　险			3 住房公积金	4 工会经费	5 教育经费	6 职工福利	7 非货币性福利
失业保险	生育保险	工伤保险					
2 792.00	1 117.60	1 397.00	13 970.00				
2 792.00	1 117.60	1 397.00	13 970.00				
3 000.00	1 200.00	1 500.00	15 000.00				
3 000.00	1 200.00	1 500.00	15 000.00				

（十一）"应交税费——应交增值税"明细账的登记及相关说明

表 4—15　"应交费用——应交增值税"明细账

应 交 税 费（增值税）

2012 年		凭证号数	摘　要	借　方				
月	日			合　计	进项税额	已交税金	转出未交增值税	减免税款
3	1	记 1	购 A、B 材料	14 471.00	14 471.00			
	5	记 8	赊购 T 设备	22 971.00	8 500.00			
	6	记 9	购入 B 材料	27 221.00	4 250.00			
	7	记 10	购办公用品	27 391.00	170.00			
	11	记 17	用预付款购料	35 663.00	8 272.00			
	12	记 18	赊购包装物	36 938.00	1 275.00			
	13	记 19	售甲产品与包装箱					
	15	记 21	购 A 材料	43 794.00	6 856.00			
	17	记 23	售 LH 设备					
	18	记 25	售乙产品					
	20	记 26	售甲产品					
	28	记 34	付修理费	44 644.00	850.00			
	30	记 36	付水费	44 944.00	300.00			
	30	记 37	摊电费	47 494.00	2 550.00			
	31	记 51	转出未交增值税	334 050.00			286 556.00	
	31		本月合计及余额	334 050.00	47 494.00		286 556.00	

表 4—15　"应交费用——应交增值税"明细账续表

明 细 账

第 88 页

连续第 3 页

贷　方						借或贷	余　额
出口抵减内销产品应纳税额	合　计	销项税额	出口退税	进项税额转出	转出多交增值税		
						借	14 471.00
						借	22 971.00
						借	27 221.00
						借	27，391.00
						借	35 663.00
						借	36 938.00
	85 000.00	85 000.00				贷	48 062.00
						贷	41 206.00
	95 200.00	10 200.00				贷	51 406.00
	326 400.00	231 200.00				贷	282 606.00

贷　方					借或贷	余　额
出口抵减内销产品应纳税额	合　计	销项税额	出口退税	进项税额转出	转出多交增值税		
	334 050.00	7 650.00				贷	290 256.00
						贷	289 406.00
						贷	289 106.00
						贷	286 556.00
						平	0.00
	334 050.00	334 050.00				平	0.00

说明：为了详细核算企业应交增值税的计算和解缴、抵扣等情况，增值税一般纳税人在"应交增值税"明细科目下，应设置"进项税额"、"已交税金"、"减免税款"、"出口抵减内销产品应纳税额"、"转出未交增值税"、"销项税额"、"出口退税"、"进项税额转出"、"转出多交增值税"等专栏。

1. "进项税额"专栏

记录企业购入货物或接受应税劳务而支付的、准予从销项税额中抵扣的增值税额。企业购入货物或接受应税劳务支付的进项税额，用蓝字登记；退回所购货物应冲销的进项税额，用红字登记。

2. "已交税金"专栏

记录企业当月上缴本月增值税额。企业已交纳的增值税用蓝字登记，退回多交的增值税用红字登记。

3. "减免税款"专栏

记录企业按规定直接减免、用于指定用途的（新建项目、改扩建和技术改造项目、归还长期借款、冲减进口货物成本等）或未规定专门用途的、准予从销项税额中抵扣的增值税额。按规定，直接减免的增值税用蓝字登记，应冲销直接减免的增值税用红字登记。

4. "出口抵减内销产品应纳税额"专栏

记录企业按规定的退税率计算的出口货物的进项税额抵减内销产品的应纳税额。

5. "转出未交增值税"专栏

记录企业月终时将当月发生的应交未交增值税转账的金额。做此转账核算后，"应交税费——应交增值税"科目的期末余额不再包括当期应交未交增值额。

6. "销项税额"专栏

记录企业销售货物或提供应税劳务收取的增值税额。企业销售货物或提供应税劳务应收取的销项税额，用蓝字登记；退回销售货物应冲销销项税额，用红字登记。

7．"出口退税"专栏

记录企业出口适用零税率的货物，向海关办理报关出口退税而收到退回的税款。出口货物退回的增值税额，用蓝字登记；出口货物办理退税后发生退货或者退关而补交已退的税款，用红字登记。

8．"进项税额转出"专栏

记录企业的购进货物、在产品、产成品等发生非正常损失，以及其他原因而不应从销项税额中抵扣，按照规定转出的进项税额。

9．"转出多交增值税"专栏

记录企业月末将当月多交增值税转出的金额，此项转账后，"应交税费——应交增值税"科目期末余额不会包含多交增值税因素。

此明细账为多栏式专用账页，它为借贷方多栏式。要注意明细项目在借方，哪些明细项目在贷方，什么时候用红字登记，另外要注意余额不一定在贷方，要注意其方向的转化。该账户月末一般均要结平。

说明：为了详细核算企业应交增值税的计算和解缴、抵扣等情况，增值税一般纳税人在"应交增值税"明细科目下，应设置"进项税额"、"已交税金"、"减免税款"、"出口抵减内销产品应纳税额"、"转出未交增值税"、"销项税额"、"出口退税"、"进项税额转出"、"转出多交增值税"等专栏。

1．"进项税额"专栏

记录企业购入货物或接受应税劳务而支付的、准予从销项税额中抵扣的增值税额。企业购入货物或接受应税劳务支付的进项税额，用蓝字登记；退回所购货物应冲销的进项税额，用红字登记。

2．"已交税金"专栏

记录企业当月上缴本月增值税额。企业已交纳的增值税用蓝字登记；退回多交的增值税用红字登记。

3．"减免税款"专栏

记录企业按规定直接减免、用于指定用途的（新建项目、改扩建和技术改造项目、归还长期借款、冲减进口货物成本等）或未规定专门用途的、准予从销项税额中抵扣的增值税额。按规定，直接减免的增值税用蓝字登记，应冲销直接减免的增值税用红字登记。

4．"出口抵减内销产品应纳税额"专栏

记录企业按规定的退税率计算的出口货物的进项税额抵减内销产品的应纳税额。

5. "转出未交增值税" 专栏

记录企业月终时将当月发生的应交未交增值税转账的金额。做此转账核算后，"应交税费——应交增值税" 科目的期末余额不再包括当期应交未交增值额。

6. "销项税额" 专栏

记录企业销售货物或提供应税劳务收取的增值税额。企业销售货物或提供应税劳务应收取的销项税额，用蓝字登记；退回销售货物应冲销销项税额，用红字登记。

7. "出口退税" 专栏

记录企业出口适用零税率的货物，向海关办理报关出口退税而收到退回的税款。出口货物退回的增值税额，用蓝字登记；出口货物办理退税后发生退货或者退关而补交已退的税款，用红字登记。

8. "进项税额转出" 专栏

记录企业的购进货物、在产品、产成品等发生非正常损失，以及其他原因而不应从销项税额中抵扣，按照规定转出的进项税额。

9. "转出多交增值税" 专栏

记录企业月末将当月多交增值税转出的金额，此项转账后，"应交税费——应交增值税" 科目期末余额不会包含多交增值税因素。

此明细账为多栏式专用账页，它为借贷方多栏式。要注意明细项目在借方，哪些明细项目在贷方，什么时候用红字登记，另外要注意余额不一定在贷方，要注意其方向的转化。该账户月末一般均要结平。

五、会计账簿的装订

各种会计账簿年度结账后，除跨年使用的账簿外，其他账簿应按时整理立卷。基本要求是：

（1）账簿装订前，首先按账簿启用表的使用页数核对各个账户是否相符，账页数是否齐全，序号排列是否连续；然后按会计账簿封面、账簿启用表、账户目录、该账簿按页数顺序排列的账页、会计账簿装订封底的顺序装订。

（2）活页账簿装订要求。

第一，保留已使用过的账页，将账页数填写齐全，去除空白页和撤掉账夹，用质好的牛皮纸（商店也有现成的购买）做封面、封底，装订成册。装订后再接实际使用的账页顺序编定页码。另加目录，记明每个账户的名称和页次。

第二，多栏式活页账、三栏式活页账、数量金额式活页账等不得混装，应按同类业务、同类账页装订在一起。

第三，在本账的封面上填写好账目的种类，编好卷号，会计主管人员和装订人（经办人）签章。加盖单位公章。

（3）账簿装订后的其他要求。

第一，会计账簿应牢固、平整，不得有折角、缺角，错页、掉页、加空白纸的现象。

第二，会计账簿的封口要严密，封口处要加盖有关印章。

第三，封面应齐全、平整，并注明所属年度及账簿名称、编号，编号为一年一编，编号顺序为总账、现金日记账、银行存（借）款日记账、分户明细账。

第四，会计账簿按保管期限分别编制卷号，如现金日记账全年按顺序编制卷号；总账、各类明细账、辅助账全年按顺序编制卷号。

第五章　错账更正的方法

第一节　错账的更正方法

会计工作过程中，如果发现凭证、账簿记录有错误，应按规定的方法进行更正，不得涂改、挖补或用化学试剂消除字迹。应根据产生错账的不同原因采用不同的更正方法。

一、业务举例

2012 年 3 月 25 日，常州亨利服装厂建设银行基本户 989084 的期初余额为 6 718 000 元。（为说明问题起见，该企业本月有关错账业务均在其后发生），有关银行存款的业务记账凭证及账簿记录见表 5—1～表 5—5。

【例 5—1】3 月 26 日，以建行转账支票支付车间设备修理费 6 000 元，会计人员填制的记账凭证见表 5—1。

表 5—1

记 账 凭 证

2012 年 03 月 26 日　　　　　　　　　第 51 号

摘　要	总账科目	明细科目	借方金额								贷方金额								记账
			百	十	万	千	百	十	元	角	分	百	十	万	千	百	十	元	角	分	√
支付车间修理费	制造费用	修理费				6	0	0	0	0	0										√
	银行存款	建行基本户（989084）													6	0	0	0	0	0	√
附件共 2 张	合　　计				¥	6	0	0	0	0	0		¥	6	0	0	0	0	0	

核准：　　　复核：姚丽　　　记账：胡姣　　　出纳：李明悦　　　制单：王国晶

【例5—2】3月27日，签发建行转账支票购入固定资产价款50 000元，增值税8 500元，会计人员填制的记账凭证见表5—2。

表 5—2

记 账 凭 证

2012 年 03 月 27 日　　　　　　　　　　第 52 号

摘　要	总账科目	明细科目	借方金额										贷方金额										记账
			百	十	万	千	百	十	元	角	分	百	十	万	千	百	十	元	角	分	√
购入固定资产	固定资产				8	0	0	0	0	0	0										√
	应交税费	应交增值税（进项税额）				8	5	0	0	0	0										√
	银行存款	建行基本户（989084）												8	8	5	0	0	0	0	√
附件共 2 张	合　　　计		¥	8	8	5	0	0	0	0		¥	8	8	5	0	0	0	0		

核准：　　　复核：姚丽　　　记账：胡姣　　　出纳：李明悦　　　制单：王国晶

【例5—3】3月28日，签发建行转账支票8 000元购买办公用品，会计人员填制的记账凭证如表5—3。

表 5—3

记 账 凭 证

2012 年 03 月 28 日　　　　　　　　　　第 53 号

摘　要	总账科目	明细科目	借方金额										贷方金额										记账
			百	十	万	千	百	十	元	角	分	百	十	万	千	百	十	元	角	分	√
购入办公用品	管理费用	办公费				3	0	0	0	0	0										√
	银行存款	建行基本户（989084）													3	0	0	0	0	0	√
附件共 1 张	合　　　计		¥	3	0	0	0	0	0			¥	3	0	0	0	0	0				

核准：　　　复核：姚丽　　　记账：胡姣　　　出纳：李明悦　　　制单：王国晶

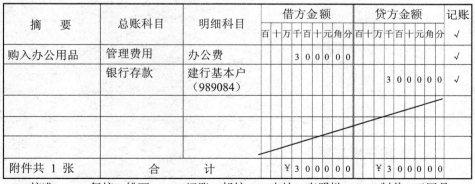

【例5—4】3月29日，销售甲产品价款40 000元，增值税6 800元，取得对方签发的转账支票并进账，会计人员填制的记账凭证如表5—4。

表 5－4

记 账 凭 证

2012 年 03 月 29 日　　　　　　　　　　　　　　第 54 号

摘　要	总账科目	明细科目	借方金额									贷方金额									记账√
			百	十	万	千	百	十	元	角	分	百	十	万	千	百	十	元	角	分	
销售甲产品	银行存款	建行基本户（989084）			4	6	8	0	0	0	0										√
	主营业务收入	甲产品												4	0	0	0	0	0	0	√
	应交税费	应交增值税（销项税额）													6	8	0	0	0	0	√
附件共 1 张	合　　计		¥		4	6	8	0	0	0	0	¥		4	6	8	0	0	0	0	

核准：　　复核：姚丽　　记账：胡姣　　出纳：李明悦　　　　制单：王国晶

表 5－5

银 行 存 款 日 记 账

15

二 级会计科目名称建行基本户 989084

2012 年		凭证号数	摘　　要	√	收入（借方）金额	付出（贷方）金额	结存金额
月	日						
3	25		承前页		156 000	134 170	6 178 000
	26	记 51	支付车间修理费			6 000	6 172 000
	27	记 52	购入固定资产			88 500	6 083 500
	28	记 53	购办公用品			3 000	6 080 500
	29	记 54	销售甲产品		4 800		6 075 700

二、错账分析与更正

（一）红字更正法

红字更正法又称红字冲销法。在会计上，以红字记录表明对原记录的冲减。红字更正适用于以下两种情况：

（1）当编制的记账凭证会计科目错误或者方向错误，导致账簿记录的错误时。更正的方法如下：

①先用红字填制一张与原错误记账凭证内容完全相同的记账凭证，并据以用红字登记入账，冲销原有错误的账簿记录；

②再用蓝字或黑字填制一张正确的记账凭证，并据以用蓝字或黑字登记入账。

【例5—5】3月31日，企业月末对账，发现【例5—1】支付车间设备修理费的记账凭证及据其进行的账簿登记有误。

分析：车间设备修理费应记入"管理费用——修理费"，而从表5—1中可知，会计人员将其记入"制造费用——修理费"，此属于用错会计科目，并且从记账符号栏与表5—5可知已登记入账，应采用红字更正法更正。

更正时首先用红字冲销原记账凭证所作分录，见表5—6，并登记入账，见表5—10。

表5—6

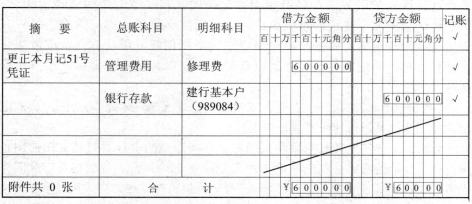

记账凭证

2012 年 03 月 31 日　　　　　　　　　　　　　　　第 55 号

摘　　要	总账科目	明细科目	借方金额 百十万千百十元角分	贷方金额 百十万千百十元角分	记账 √
更正本月记51号凭证	管理费用	修理费	6 0 0 0 0 0		√
	银行存款	建行基本户（989084）		6 0 0 0 0 0	√
附件共 0 张	合　　　　计		￥6 0 0 0 0 0	￥6 0 0 0 0 0	

核准：　　复核：姚丽　　记账：胡姣　　出纳：李明悦　　　制单：王国晶

错误的记账凭证以红字记账更正后，表明已全部冲销原有错误记录，然后用蓝字或黑字填制正确的记账凭证如表 5—7，并据以登记入账，见表5—10。

表 5—7

记 账 凭 证

2012 年 03 月 31 日　　　　　　　　　　第 56 号

摘　要	总账科目	明细科目	借方金额									贷方金额									记账 √
			百	十	万	千	百	十	元	角	分	百	十	万	千	百	十	元	角	分	
更正本月记51号凭证	管理费用	修理费				6	0	0	0	0	0										√
	银行存款	建行基本户（989084）													6	0	0	0	0	0	√
附件共 0 张	合　　　计				¥	6	0	0	0	0	0			¥	6	0	0	0	0	0	

核准：　　复核：姚丽　　记账：胡姣　　出纳：李明悦　　　　制单：王国晶

（2）根据记账凭证所记录的内容记账以后，发现记账凭证中应借、应贷的会计科目和记账方向都没有错误，记账凭证和账簿记录的金额也吻合，只是所记金额大于应记的正确金额，应采用红字更正。更正的方法是将多记的金额用红字填制一张与原错误记账凭证所记载的借贷方向、应借应贷会计科目相同的记账凭证，并据以登记入账，以冲销多记金额，求得正确金额。

【例5—6】.3月31日，企业月末对账，发现【例5—2】购入固定资产的记账凭证及据其进行的账簿登记有误。

分析：上述签发转账支票购买固定资产所涉及的会计科目及方向使用正确，只是登记的固定资产金额 50 000 元记成了 80 000 元，导致银行存款同样也多记了 30 000 元，从表5—5可知已登记入银行存款账，应采用红字更正法更正。

在更正时，应用红字冲销多记的 30 000 元，故需要编制如表5—8的记账凭证，并登记入账，见表5—10。

表 5—8

记 账 凭 证

2012 年 03 月 31 日 第 57 号

摘　要	总账科目	明细科目	借方金额									贷方金额									记账
			百	十	万	千	百	十	元	角	分	百	十	万	千	百	十	元	角	分	√
冲销本月记字52号凭证多记金额	固定资产				3	0	0	0	0	0	0										√
	银行存款	建行基本户（989084）												3	0	0	0	0	0	0	√
附件共 0 张	合　　计		¥		3	0	0	0	0	0	0	¥		3	0	0	0	0	0	0	

核准： 复核：姚丽 记账：胡姣 出纳：李明悦 制单：王国晶

错误的记账凭证以红字记账更正后，即可反映固定资产账户正确金额为 50 000 元，银行存款账户金额为 58 500 元。

如果记账凭证所记录的文字、金额与账簿记录的文字、金额不符，应首先采用划线法更正，然后再用红字冲销法更正。

（二）补充登记法

补充登记法又称蓝字补记法。该方法适用于编制的记账凭证中的会计科目和方向没有错误，所记金额小于应记的金额，导致账簿记录的错误。

更正的方法：将少记的金额用蓝字或黑字填制一张与原错误记账凭证所记载的借贷方向、应借应贷会计科目相同的记账凭证，并据以登记入账，以补记少记金额，求得正确金额。

【例 5—7】3 月 31 日，企业月末对账，发现【例 5—3】购入办公用品的记账凭证及据其进行的账簿登记有误。

分析：会计人员在填制记账凭证时，会计科目、借贷方向均无错误，但误记金额为 3 000 元，属于少记金额，故需要用补充登记法更正。

在更正时，应用蓝字或黑字编制如表 5—9 的记账凭证进行更正，并登记入账。

表 5—9

记 账 凭 证

2012 年 03 月 31 日   第 58 号

摘 要	总账科目	明细科目	借方金额									贷方金额									记账
			百	十	万	千	百	十	元	角	分	百	十	万	千	百	十	元	角	分	√
补充登记本月53号凭证少记金额	管理费用	办公用品				5	0	0	0	0	0										√
	银行存款	建行基本户（989084）													5	0	0	0	0	0	√
附件共 张	合 计					¥	5	0	0	0	0	0			¥	5	0	0	0	0	0

核准：   复核：姚丽   记账：胡姣   出纳：李明悦   制单：王国晶

错误的记账凭证以蓝字或黑字记账更正后，即可反映其正确的金额为 8 000元。

如果记账凭证中所记录的文字、金额与账簿记录的文字、金额不符，应首先采用划线法更正，然后用补充登记法更正。

（三）划线更正法

划线更正法又称红线更正法。该方法适用于在结账前，如果发现账簿记录有错误，而记账凭证没有错误，即纯属记账时文字或数字的笔误，应采用划线更正的方法进行更正。更正的方法如下：

（1）将错误的文字或数字划一条红色横线注销，但必须使原有字迹仍可辨认，以备查找；

（2）在划线的上方用蓝字或黑字将正确的文字或数字填写在同一行的上方位置，对于错误的数字，应当全部划红线更正，不得只更正其中的错误数字；对于文字错误，可只划去错误的部分。完毕后由更正人员在更正处盖章，以明确责任。

【例5—8】3月31日，企业月末对账，发现【例5—4】销售甲产品账簿登记有误，见表5—5。

分析：该业务记账凭证正确，据其所登记的银行存款日记账金额错误，应采用划线更正法更正。

划线更正法操作见表5—10（续表5—5）。

表 5—10

银 行 存 款 日 记 账

15

二 级会计科目名称 建行基本户 989084

2012年		凭证号数	摘　　　要	√	收入（借方）金额	付出（贷方）金额	结存金额
月	日						
3	25		承前页		156 000	134 170	6 178 000
	26	记51	支付车间修理费			6 000	6 172 000
	27	记52	购入固定资产			88 500	6 083 500
	28	记53	购办公用品			3 000	6 080 500
	29	记54	销售甲产品		李明悦 46 800 4 800		6 127 300 李明悦 6 075 700
	31	记55	冲销本月记51号凭证			6 000	6 081 700
	31	记56	更正本月记51号凭证			6 000	6 075 700
	31	记57	冲销本月记字52号凭证多记金额			30 000	6 105 700
	31	记58	补充登记本月53号凭证少记金额			5 000	6 152 300 李明悦 6 100 700
	31		本月合计及余额		202 800	206 670	6 152 300

说明：

（1）图中所盖印章为更正人员的个人章，在订正处盖章表示对此负责。

（2）本套题中由于 29 日销售甲产品的金额错误，导致后面每天的余额均错，但在具体更正时，为了清楚起见，一般可以在第一处错误余额处及最后一处错误余额处改正即可。

第二节　常见错账的查找方法

一、差错的处理

（1）要确认错误的金额；

（2）要确认错在借方还是贷方；

（3）根据产生差错的具体情况，分析可能产生差错的原因，采取相应的查找方法，便于缩短查找差错的时间，减少查账工作量。

二、查找错误的方法

1. 差数法

差数法是按照错账的差数查找错账的方法。

【例5－5】企业取得现金销售收入3 000元，增值税税率为17%。会计人员做的会计凭证上记录的是：

借：库存现金   3 000

贷：应交税费－应交增值税（销项税额）   435.90

贷：主营业务收入   2 564.10

若会计人员在记账时漏记了增值税的销项税金435.90，对于类似差错，应由会计人员通过回忆相关金额的记账凭证进行查找。

2. 尾数法

对于发生的角、分的差错可以只查找小数部分，以提高查错的效率。如只差0.15元，只需看一下尾数有"0.15"的金额，看是否已将其登记入账。

3. 除2法

当账账、账证或账实不符，且差数为偶数时，应首先检查记账方向是否发生错误。在记账时，有时由于会计人员疏忽，错将借方金额登记到贷方或将贷方金额登记到了借方，这必然会出现一方合计数增多，而另一方合计数减少的情况，其差额恰是记错方向数字的1倍，且差数是偶数。对于这种错误的检查，可用差错数除以2，得出的商数就是账中记账方向的反方向数字，然后再到账目中去寻找差错的数字就有了一定的目标。如这是将账账之间差额数字除以二，按商数来查找差错的方法，这种方法适用于查找方向记反账的错误。例如，原有原材料库存6 000元，又入库1 000元，应在"原材料"账户借方登记1 000元，期末余额应是7 000元，结果记在"原材料"贷方1 000元，致使期末余额只有5 000元，相差2 000元。用这个差额数字（2 000）除以2，商数是1 000元，便是该错数。查找时应注意有无1 000元的业务记反了方向。

【例5－6】企业职工李萍因出差需要，申请借款800元，会计人员作如下业务处理：

借：其他应收款——李萍   800

贷：库存现金   800

登记明细账时，错把其他应收款登记入贷方，总账与明细账核对时，就会出现总账借方余额大于明细账借方余额1 600元，将1 600元除以2，正好是贷方记错的800元。

4. 除9法

除9法是指用对账差额除以9来查找差错的一种方法，主要适用于下列两种错误的查找：

（1）数字错位。数字错位，即应记的位数不是前移就是后移，即小记大或大记小。

【例5-7】把千位数变成了百位数（大变小），把1 600记成160（大变小）；或把百位数变成千位数（小变大），把2.43记成243（小变大）。如果是大变小，在试算平衡或者总账与明细账核对时，正确数字与错误数字的差额是一个正数，这个差额除以9后所得的商与账上错误的数额正好相等。查账时如果差额能够除以9，所得商恰是账上的数，可能记错了位。如果是小变大，在试算平衡或者总账与明细账核对时，正确数与错误数的差额是一个负数，这个差额除以9后所得商数再乘以10，得到的绝对数与账上错误恰好相等。查账时应遵循：差额负数除以9，商数乘以10的数账上有，可能记错了位。

（2）相邻数字颠倒错误的查找。如将52误记为25，或将25误记为52，两个数字颠倒后，个位数变成了十位数，十位数变成了个位数，这就造成了差额为9的倍数。如果前大后小颠倒的前小后大，正确与错误的数的差额就是一个正数，这个差数除以9所得商的有效数字便是相邻颠倒两数的差值。如将52错记为25，差数27除以9的商数为3，这就是相邻颠倒两数的差值（5-2）。如果前小后大颠倒的前大后小，正确数与错误数的差数则是一个负数，这个差数除以9所得商数的有效数字就是相邻颠倒两数的差值，如将25错误记为52，差记数-27除以9的商为-3，这就是相邻颠倒两数差值（2-5）。我们可以从与差值相同的两个相邻数范围内去查找。这样就缩小了查找范围。

如果用上述方法检查均未发现错误，而对账结果又确实不符，还可以采用顺查、逆查、抽查等方法检查是否有漏记和重记等现象。顺查是指按账务处理的顺序，从凭证开始到账簿记录止从头到尾进行普遍核对。逆查法是指与账务处理顺序相反，从尾到头的检查方法。抽查法是指抽取账簿记录中某些局部进行检查的方法。

第六章 银行存款余额调节表的编制

第一节 银行存款清查概述

一、银行存款清查的内容

企业的银行存款清查无法象库存现金一样采用实地盘点法，它必须定期（每月至少一次）与银行送来的"对账单"进行核对。

企业的银行存款清查核对主要包括以下三项内容：

首先是企业的银行存款日记账与银行存款收、付款凭证互相核对，以检查账证是否相符。

其次是企业的所有账号的银行存款日记账与银行存款总账互相核对，以检查账账是否相符。

最后是将企业各个账号的银行存款日记账与银行开出的对应账号的银行存款对账单互相核对，以检查账实是否相符。

二、银行存款账实不符的原因

银行开出的"银行存款对账单"是银行对本企业在银行的存款进行序时核算的账簿记录的复制件，所以与"银行存款对账单"进行核对，实际上是与银行进行账簿记录的核对。

理论上讲，企业银行存款日记账的记录与银行开出的"银行存款对账单"无论是发生额，还是期末余额都应该是完全一致的，因为它们是对同一账号存款的记录。但是在实际工作中，企业银行存款日记账余额与银行对账单余额往往不一致，其主要原因有两个：一是一方或双方账目存在错误，发生重记、漏记或者金额、科目记错等问题；二是存在未达账项。什么是未达账项？未达账项是指银行收、付款结算凭证在企业和开户银行之间传递时，由于收到凭证的时间不同而发生的有些凭证一方已经入账，而另一方尚未入账，从而造成企业银行存款日记账记录与银行对账单记录不符现象的某些账款。未达账项是银行存款收付结算业务中的正常现象，主要有以下四种情况：

（1）单位已记银行存款增加，而开户银行尚未记增加。例如，企业销售产品收到支票，送存银行后即可根据银行盖章后返回的"进账单"回单联登记银行存款的增加，而银行则要等款项收妥后再记增加。如果此时对账，就会出现企业已记银行存款增加，而开户银行尚未记增加的款项。

（2）单位已记银行存款减少，而开户银行尚未付款减少。例如，企业开出一张支票支付购料款，企业可根据支票存根登记银行存款的减少，而此时银行由于尚未接到支付款项的凭证尚未记减少。如果此时对账，就会出现企业已经记账银行存款减少，而开户银行尚未记减少的款项。

（3）开户银行已记单位存款增加，而企业尚未收到银行的收款通知而未记收款增加。例如，外地某单位给企业汇来款项，银行收到汇款单后，马上登记企业存款增加，而企业由于尚未收到收账通知而未登记银行存款增加。如果此时对账，就会出现银行已记单位存款增加，而单位尚未记增加的款项。

（4）开户银行已记单位存款付款减少，而单位尚未收到银行的付款通知而末记付款减少。例如，银行收取企业借款的利息，银行已从单位存款账户中收取并已记作单位存款减少，而单位尚未接到银行的计划利息通知单，尚未记作银行存款的减少。如果此时对账，就会出现银行已记单位存款减少，而单位尚未记账的款项。

上述任何一种情况的未达账项存在，都会使企业银行存款日记账与银行对账单的余额不相一致。在存在（1）与（4）两种未达账项的情况下，企业银行存款日记账的账面余额会大于银行对账单的余额；在存在（2）与（3）两种未达账项的情况下，企业银行存款日记账的账面余额会小于银行对账单的余额。为了排除未达账项的影响，确定银行存款的实有数额，查明是否存在其他差错，企业应编制"银行存款余额调节表"。

具体做法是：企业把"银行存款日记账"中的借方和贷方的每笔记录分别与"银行存款对账单"中的贷方和借方的每笔记录从凭证种类、编号、摘要内容、记账方向和金额等方面进行逐笔核对。经核对相符时，分别在各自有关数额旁边划"√"以作标记。在双方账单中没有划"√"标记的，不是"未达账项"就是双方账目记录的错误。

对于已查出的错账、漏账，有过错的一方应及时加以更正。但是，为了对账方便，银行记录错误可暂由企业出纳在"银行存款对账单"中作假设性更正，事后再与银行联系，由银行更正其账目；对于"未达账项"，则应编制余额调节表加以调节，以便切实查清双方账目是否相符，查明企业银行存款的实有数额。

注意：通过编制余额调节表来调整账面余额数字，达到查清账目的目的，并不是按照查对到的情况直接记账，账簿记录要依据日后凭证到达后处理。所以银行存款余额调节表只能起到核对账目的作用，不得用于调整银行存款账面余额，不属于原始凭证。

第二节   银行存款余额调节表的编制

一、编制要求

企业按一个银行账号编制一张银行存款余额调节表，如该银行账号没有未达账项同样也要编制银行存款余额调节表。现在一般每个单位至少有一个基本账户、一个纳税专用账户、一个社保专用账户，这些账户应分别编制银行存款余额调节表。

二、所需资料

（1）一般要求单位结账要以自然月份结账，这样有利于和银行对账单时点的统一。如单位有自己的结账日不是自然月份的月末，比如25日，银行对账单则相应要调整为上月26日到本月25日止的。

（2）企业银行存款日记账要求每一个银行账号开一个明细账，并且所有应入账凭证都要入账。对银行存款日记账要求每一张银行原始单据作一行记录。如常州星海有限公司2012年3月份业务15，交纳上月相关税费，账务处理时，贷方均为银行存款，且账号一般也相同，但由于国税、地税等区别，企业会同时取得几张不同的银行原始单据，所以登记银行存款日记账时，要分别处理。

（3）上月对平的银行存款余额调节表。

三、编制方法

（1）企业按一个银行账号编制一张银行存款余额调节表，将此账号上月银行存款余额调节表中"银行已收企业未收"、"银行已付企业未付"这两项内的每一笔在本月银行日记账中找到并勾销，同时在上月银行存款余额调节表上写上这些业务在本月的凭证号。

（2）将此账号上月银行存款余额调节表中"企业已收银行未收"、"企业已付银行未付"这两项内的每一笔在本月银行对账单中找到，同时在两边一起勾销。

（3）将此账号本月银行对账单和银行存款日记账一笔笔同时在双方勾销，余下未勾销的即为未达账项，按企业已收银行未收、企业已付银行未付、银行已付企业未付、银行已收企业未收，先分类记在草稿中。

（4）将银行存款余额调节表所有数据和内容填入后，查看调整后金额。

补充：现在大多数企业用财务软件做账，可以将上月的未达账款、本月的银行对账单录入、凭证要按每一张银行原始单据做一条分录这样大多数软件可以自动对账，自动完成银行存款余额调节表。

四、编制示例

【例6—1】无锡华阳公司2012年4月30日进行银行对账，4月30日企业银行存款日记账账面记录与银行出具的4月30日对账单资料及对账后钩对的情况见表6—1～表6—3。

表6—1

银 行 存 款 日 记 账

开户银行：工行无锡支行　　　　　　　　　　　　　　账号：4444893029

2012年		记账凭证		摘　要	对方科目	√	借方	贷方	借	余额
月	日	字	号							
4	1			月初余额		√			借	500 000
4	1	银付	1	购买设备	固定资产	√		50 000	借	450 000
4	1	银付	2	提取现金	现金	√		2 000	借	448 000
4	5	银收	1	销售产品	主营业务收入等	√	58 500		借	506 500
4	9	银收	2	收回欠账款	应收账款	√	600 000		借	1 106 500
4	10	银付	3	付商业汇票	应付票据	√		71 720	借	1 034 780
4	12	银付	4	购买材料	材料采购等	√		23 400	借	1 011 380
4	13	银收	3	收到投资	实收资本	√	5 000 000		借	6 011 380
4	14	现付	1	存入现金	库存现金	√	2 000		借	6 013 380
4	16	银收	5	收到货款	应收账款	√	468 000		借	6 481 380
4	20	银付	5	采购材料	材料采购等	√		351 000	借	6 130 380
4	28	银收	6	收回欠款	应收账款	√	5 000		借	6 135 380
4	28	银付	6	取现备用	库存现金	√		1 000	借	6 134 380

续 表

2012 年		记账凭证		摘 要	对方科目	√	借方	贷方	借	余额
月	日	字	号							
4	28	银付	7	缴纳增值税	应交税费	√		76 000	借	6 058 380
4	38	银收	7	收到利润	投资收益		240 000		借	6 298 380
4	29	银付	8	捐款	营业外支出			100 000	借	6 198 380
4	30	银付	9	预交保险费	预付账款	√		5 000	借	6 193 380
				本月合计			6 373 500	680 120	借	6 193 380

表 6—2

银 行 对 账 单

开户银行：工行无锡支行　　　　　　　　　　　账号：4444893029

2012 年		记账凭证		摘 要	√	借方	贷方	借	余额
月	日	字	号						
4	1			月初余额	√			借	500 000
4	1	银付	1	购买设备	√		50 000	借	450 000
4	1	银付	2	提取现金	√		2 000	借	448 000
4	5	银收	1	销售产品	√	58 500		借	506 500
4	9	银收	2	收回欠款	√	600 000		借	1 106 500
4	10	银付	3	付商业汇票	√		71 720	借	1 034 780
4	12	银付	4	购买材料	√		23 400	借	1 011 380
4	13	银收	3	收到投资	√	5 000 000		借	6 011 380
4	14	现付	24	存入现金	√	2 000		借	6 013 380
4	16	银收	5	收到货款	√	468 000		借	6 481 380
4	20	银付	5	采购材料	√		351 000	借	6 130 380
4	28	银收	6	收回欠款		5 000		借	6 135 380
4	28	银付	6	预借差旅费			1 000	借	6 134 380
4	28	银付	7	缴纳增值税	√		76 000	借	6 058 380
4	38	银付	8	代交水电费			5 000	借	6 053 380
4	29	银收	7	收汇票款		40 000		借	6 093 380
4	30	银付	9	预交保险费	√		5 000	借	6 088 380
				本月合计		6 173 500	585 120	借	6 088 380

表 6—3

银行存款余额调节表

开户银行：工行无锡支行　　　　　　　　　　　　　账号：4444893029

2012 年 04 月 30 日

摘　要	入账日期	金额	摘　　要	入账日期	金额
银行存款日记账余额		6 193 380	银行对账单余额		6 088 380
加:银行已收,企业未收			加:企业已收,银行未收		
1. 收到到期汇票款	银收 7	40 000	1. 收到投资利润	银收 7	240 000
2.			2.		
减:银行已付,企业未付			减:企业已付,银行未付		
1. 代交水电费	银付 8	5 000	1. 向希望工程捐款	银付 8	100 000
2.			2.		
调节后的余额		6 228 380	调节后余额		6 228 380

财务主管：　　　　　　　　　　　　　　　　　制表：

注意事项：调节后，如果双方余额相等，一般可以认为双方记账没有差错。调节后双方余额仍然不相等时，原因有两个：一是末达账项未全部查出，二是一方或双方账簿记录还有差错。无论是什么原因，都要进一步查清原因并加以更正，直到银行存款余额调节表中双方余额相等为止。

调节后的余额既不是企业银行存款日记账的余额，也不是银行对账单的余额，它是企业银行存款的实有数。

第七章 科目汇总表、汇总 记账凭证的编制

第一节 科目汇总表的编制

一、科目汇总表与试算平衡表的关系

科目汇总表，也称记账凭证汇总表，属于发生额试算平衡表，通常根据收款凭证、付款凭证和转账凭证或通用记账凭证，按照相同的科目归类，根据业务量的多少定期（5 天、10 天、15 天、一个月）汇总编制，并据此登记总账；编制科目汇总表，可以简化总分类账的登记工作。

科目汇总表与记账凭证一样，同属于会计凭证类，并与其他会计凭证一起装订在会计凭证的最前面。

试算平衡表一般为三段式：期初余额、借贷发生额、期末余额，是用来初步检查账簿记录正确与否的，不能作为记账凭证类，不能据此登记什么账簿，也不装订在会计凭证类中。

二、常州星海有限公司科目汇总表的编制

科目汇总表的编制是科目汇总表核算程序的一项重要工作，它是根据一定时期内的全部记账凭证，按科目作为归类标志进行编制的。每一个会计科目应分别加计借方和贷方发生额，不能相互抵消。这一项工作是科目汇总表编制的核心工作，要花费较多的时间，而且要特别细心。实际工作中，可采用"科目汇总表工作底稿"的方法进行。

（一）科目汇总表工作底稿的设计与登记

科目汇总表工作底稿是用来代替 T 型账的，可设计成如表 7-1 式样。如果企业业务不太多或汇总时间不太长，可设计成如表 7-2 式样，这样可将所有涉及的会计科目在一张表格中体现，也便于计算，尤其是用 Excel 计算。

表7-1

科 目 汇 总 表 底 稿

自 20××年×月×日至×日

记账凭证自第××号至第××号

科 目	库存现金		银行存款		预付账款		原材料		在途物资	
	借方	贷方	借方	贷方	借方	贷方	借方	贷方	借方	贷方
发生额录入	1 000	500	24 000	166 830		7 500	149 000	185 000	149 000	149 000
			800 000	236 000				180 000		
				1 000				3 000		
				31 735						
合 计	1 000	500	824 000	435 565		7 500	149 000	368 000	149 000	149 000

科 目	生产成本		制造费用		固定资产		预收账款		应交税费	
	借方	贷方	借方	贷方	借方	贷方	借方	贷方	借方	贷方
发生额录入	185 000		2 400		236 000			24 000	25 330	
	180 000								31490	
合 计	365 000		2 400		236 000			24 000	56 820	

表7—2

常州星海有限公司科目汇总表底稿

自 2012 年 03 月 01 日至 10 日　　　　　　记账凭证自第 1 号至第 16 号

账户名称	借方发生额	借方小计	贷方发生额	贷方小计
库存现金	100 000	100 000	1 170	1 170
银行存款——基本户	54 000　1 800 000　40 000	1 894 000	99 800　108 503　10.5	208 313.5
其他货币资金	100 000	100 000	90 446.6　167 275	257 721.6
交易性金融资产			83 370.63	83 370.63
应收票据	82 750	82 750	54 000	54 000
原材料	75 259.5　10 069.5　6 000　25 000	116 329	92 460	92 460
在途物资	400	400		
制造费用			6 000	6 000
固定资产	50 000	50 000		
短期借款			100 000	100 000
应付账款	167 275	167 275	100 000	100 000
预收账款				
应付职工薪酬	108 503　60 509.6	169 012.6	58 500　29 250	87 750
应交税费——其他	92 460	92 460		
应交税费——增值税	14 471　8 500　4 250　170	27 391		
其他应付款	29 937	29 937	40 000	40 000
实收资本			1 000 000	1 000 000
资本公积			800 000	800 000
投资收益	620.63	620.63		
管理费用	600	600		
财务费用	10.5	10.5		
合计		2 830 785.73		2 830 785.73

表7—3

常州星海有限公司科目汇总表底稿

自2012年3月11日至20日　　　　　记账凭证自第17号至第28号

借方发生额			小计	账户名称	贷方发生额				小计
585 000	3 200	70 200	658 400	银行存款—基本户	18 560	50 000	800	2 000	71 360
12 650	7 876.45		20 526.45	银行存款—结算户	2 500	6 000			8 500
1 776.34			1 776.34	其他货币资金	21 547.22				21 547.22
50 000	347.21		50 347.21	应收账款	46 800	3 200			50 000
1 597 200			1 597 200	其他应收账款					0
2 000			2 000	预付账款					0
18 560			18 560	原材料	58 560				58 560
50 288			50 288	在途物资					0
40 744			40 744	周转材料					0
7 500			7 500	制造费用					0
810.81			810.81	固定资产	100 000				100 000
			0	累计折旧	810.81				810.81
30 810.81			30 810.81	固定资产清理	60 000	9 189.19			69 189.19
69 189.19			69 189.19	应付账款	8 775				8 775
52 650			52 650	预收账款	12 650				12 650
8 272	1 275	6 856	16 403	应交税费—增值税	85 000	10 200	231 200	7 650	334 050
			0	应付利息					0
21 547.22			21 547.22	主营业务收入	480 000	1 360 000	45 000		1 885 000
			0	其他业务收入	20 000				20 000
			0	管理费用					0
2 500			2 500	财务费用	10 000				10 000
9 189.19			9 189.19	营业外支出					0
			2 650 442.22	合　计					2 650 442.22

表7—4

常州星海有限公司科目汇总表底稿

自2012年03月21日至31日　　　　　　　　　　记账凭证自第29号至第56号

借方发生额				小　计	账户名称	贷方发生额				小　计
200				200	库存现金	5 000	1 200	5 850	9 050	21 100
					银行存款—基本户	5 000				5 000
					银行存款—结算户					
35 564				35 564	其他货币资金	33 100				33 100
10 350				10 350	交易性金融资产					
					应收票据					
10 000				10 000	应收账款	10 000				10 000
					其他应收款	2 000				2 000
1 805.3				1 805.3	坏账准备	95 300.27				95 300.27
1 200				1 200	预付账款	17 550	350			17 900
7 000	11 250	119 600		137 850	原材料	225 450	250.49	108 993.5		334 693.99
					周转材料	12 000	600			12 600
10 000	25 650	4 340		39 990	制造费用	179 050.81				179 050.81
69 677.28	200 400	30 135.44	103 965.12	404 177.84	生产成本—甲产品	407 077.84				407 077.84
50 322.72	107 578	21 764.56	75 085.69	254 750.97	—乙产品	244 100.97				244 100.97
407 077.84	244 100.97			651 178.81	库存商品	270 795.78	3 008.84	852 811.12		1 126 615.74
					累计折旧	127 100				127 100
3 259.33				3 259.33	待处理财产损溢	3 259.33				3 259.33
33 500				33 500	应付职工薪酬	150 000	64 920			214 920
286 556	2 550	300	850	290 256	应交税费—应交增值税	1 400	286 556	34 386.72	141 189.65	463 532.37
					—其他	32 100				32 100
					其他应付款					
					应付利息	23 141.67				23 141.67

表7—4　续表

常州星海有限公司科目汇总表底稿

自 2012 年 03 月 21 日至 31 日

记账凭证自第 29 号至第 56 号

借方发生额				小　计	账户名称	贷方发生额	小　计
					应付股利	200 000	200 000
1 000 000				1 000 000	实收资本	1 000 000	1 000 000
					资本公积		
1 493 624.43				1 493 624.43	本年利润	1 917 193.37	1 917 193.37
200 000				200 000	利润分配		
1 885 000				1 885 000	主营业务收入		
20 000				20 000	其他业务收入		
10 350				10 350	公允价值变动损益	10 350	10 350
1 843.37				1 843.37	投资收益	2 464	2 464
270 795.78	852 811.12			1 123 606.90	主营业务成本	1 123 606.90	1 123 606.90
12 000				12 000	其他业务成本	12 000	12 000
34 386.72				34 386.72	营业税金及附加	34 386.72	34 386.72
5 000				5 000	销售费用	5 000	5 000
1 800	5 000	350	1 750	8 900	管理费用	53 595.99	53 595.99
3 750	20 000	8 680	1 415.5	33 845.5			
7 500		250.49		7 750.49			
23 141.67				23 141.67	财务费用	13 152.17	13 152.17
95 300.27				95 300.27	资产减值损失	95 300.27	95 300.27
5 000	1 203.54			6 203.54	营业外支出	15 392.73	15 392.73
141 189.65				141 189.65	所得税费用	141 189.65	141 189.65
				7 976 224.79	合　计		7 976 224.79

设计与登记说明：

设计说明："账户名称"即会计科目栏，为了便于登记总分类账，会计科目的排列顺序应与总分类账上的会计科目的顺序一致，在实际操作中，基本可参看总账目录填写。登记过程中遇到目录中没有的会计科目可添加在最下文。由于本套习题要求登记银行存款基本户日记账，故单设该账户，并且由于业务中涉及该账户的数据较多，故设计成两行；将应交增值税单列主要是为考虑计算城建税等附加税费的便利。

登记说明：按照记账凭证的顺序逐一登记借贷方金额，一般情况涉及的明细账可以汇总填写，但借贷方金额不能相互抵消，如转出未交增值税记账凭证。如果是手工登记，每一数据间留有一定空，数据基本靠底线写，角分位可上移，不用分节号，10 000 000 元可写成 1 000 万元，这样便于汇总计算。

采用同样的方法编制中旬和下旬的科目汇总表见表 7－3 和表 7－4。

（二）科目汇总表编制

1. 编制方法

"科目汇总表工作底稿"编制后，按照总分类账簿中账户的排列顺序，将其借、贷方发生额过入科目汇总表，并加计合计数。合计数栏"借方金额"与"贷方金额"必须相等，否则说明科目汇总表编制存在错误，或记账凭证编制存在错误。此时，应采用相应的方法查找错误所在之处，并进行正确的更正或重新编制科目汇总表或记账凭证。

2. 编制实例

常州星海有限公司 2012 年 3 月科目汇总表见表 7－5。

表7—5

常州星海有限公司科目汇总表

自 2012 年 03 月 1 日至 31 日　　　　　　　　　　　　　　　　　　汇字第 03 号

记账凭证自第 1 号至第 56 号　　　　　　　　　　　　　　　　　　附记账凭证 56 张

会计科目	1—10 日 借方	1—10 日 贷方	11—20 日 借方	11—20 日 贷方	21—31 日 借方	21—31 日 贷方	合计 借方	合计 贷方	总账页数
库存现金		1 170.00			200.00		200.00	1 170.00	√
银行存款	2 094 000.00	658 495.10	680 702.79	101 407.22		26 100.00	2 774 702.79	786 002.32	√
其他货币资金		83 370.63	50 347.21	50 000.00	35 564.00		85 911.21	133 370.63	√
交易性金融资产	82 750.00				10 350.00	33 100.00	93 100.00	33 100.00	√
应收票据		54 000.00					0.00	54 000.00	√
应收账款			1 597 200.00			10 000.00	1 597 200.00	10 000.00	√
其他应收款			2 000.00		1 805.30	2 000.00	3 805.30	2 000.00	√
坏账准备					10 000.00	95 300.27	10 000.00	95 300.27	√
预付账款			18 560.00	58 560.00	1 200.00	17 900.00	19 760.00	76 460.00	√
原材料	116 329.00		50 288.00			334 693.99	166 617.00	334 693.99	√
在途物资		6 000.00	40 744.00				40 744.00	6 000.00	√
周转材料			7 500.00				7 500.00		√
制造费用	400.00		810.81		177 840.00	12 600.00	179 050.81	12 600.00	√
生产成本					658 928.81	179 050.81	658 928.81	179 050.81	√
库存商品					651 178.81	651 178.81	651 178.81	651 178.81	√
固定资产	50 000.00			100 000.00		1 126 615.74	50 000.00	1 226 615.74	√
累计折旧				810.81		127 100.00		127 910.81	√
固定资产清理			30 810.81	69 189.19			30 810.81	69 189.19	√
待处理财产损溢			69 189.19		3 259.33	3 259.33	72 448.52	3 259.33	√
短期借款		100 000.00					0.00	100 000.00	√
应付账款	167 275.00	87 750.00		8 775.00			167 275.00	96 525.00	√
预收账款		40 000.00	52 650.00	12 650.00			52 650.00	52 650.00	√
应付职工薪酬	169 012.60				33 500.00	214 920.00	202 512.60	214 920.00	√

表7—5

续 表

会计科目	1—10日		11—20日		21—31日		合 计		总账页数
	借方	贷方	借方	贷方	借方	贷方	借方	贷方	
应交税费	119 851.00		16 403.00	334 050.00	290 256.00	463 532.37	426 510.00	797 582.37	√
其他应付款	29 937.00					32 100.00	29 937.00	32 100.00	√
应付利息			21 547.22			23 141.67	21 547.22	23 141.67	√
应付股利						200 000.00	0.00	200 000.00	√
长期借款					1 000 000.00		1 000 000.00	0.00	√
实收资本		1 000 000.00				1 000 000.00	0.00	2 000 000.00	√
资本公积		800 000.00					0.00	800 000.00	√
盈余公积							0.00	0.00	√
本年利润					1 493 624.43	1 917 193.37	1 493 624.43	1 917 193.37	√
利润分配					200 000.00		200 000.00	0.00	√
主营业务收入				1 885 000.00	1 885 000.00		1 885 000.00	1 885 000.00	√
其他业务收入				20 000.00	20 000.00		20 000.00	20 000.00	√
公允价值变动损益					10 350.00	10 350.00	10 350.00	10 350.00	√
投资收益	620.63				1 843.37	2 464.00	2 464.00	2 464.00	√
主营业务成本					1 123 606.90	1 123 606.90	1 123 606.90	1 123 606.90	√
其他业务成本					12 000.00	12 000.00	12 000.00	12 000.00	√
营业税金及附加					34 386.72	34 386.72	34 386.72	34 386.72	√
销售费用					5 000.00	5 000.00	5 000.00	5 000.00	√
管理费用	600.00		2 500.00		50 495.99	53 595.99	53 595.99	53 595.99	√
财务费用	10.50			10 000.00	23 141.67	13 152.17	23 152.17	23 152.17	√
资产减值损失					95 300.27	95 300.27	95 300.27	95 300.27	√
营业外支出			9 189.19		6 203.54	15 392.73	15 392.73	15 392.73	√
所得税费用					141 189.65	141 189.65	141 189.65	141 189.65	√
合计	2 830 785.73	2 830 785.73	2 650 442.22	2 650 442.22	7 976 224.79	7 976 224.79	13 457 452.74	13 457 452.74	

会计主管：何永成　　　　记账：高蓉　　　　审核：何永成　　　　制表：白志国

3．编制注意事项

①表首内容，如日期、编号等内容，编制依据等。科目汇总表的编号每年自1号连续编起，本例为"汇字第3号"。科目汇总表编制的依据是记账凭证（通用记账凭证或专用记账凭证），应将其编号及张数列示于科目汇总表上，以便查对。

表尾如制表、审核、会计主管等内容的签字。

②如果是用商店购买的科目汇总表可能会有多余行，要划线注销、合计金额前要有人民币缩写符号。

③数据写清写小靠底线，以便查出错误时划线改正。

④根据科目汇总表登记总账后，要有过账标志，即在该表的"总账页数"处打"√"或具体写清所登记总账的页数。

第二节　汇总记账凭证的编制

一、汇总记账凭证及其编制方法

汇总记账凭证分为汇总收款凭证、汇总付款凭证和汇总转账凭证三种（见表7－6～表7－8）。它是根据收款凭证、付款凭证和转账凭证定期汇总编制而成，间隔天数视业务量多少而定，一般5天或10天汇总填制一次，每月编制一张。

汇总收款凭证应根据现金和银行存款收款凭证，分别按"库存现金"、"银行存款"的借方设置，按对应贷方科目进行归类汇总。月末，结算出汇总收款凭证的合计数，分别记入库存现金、银行存款总分类账的借方以及其各对应账户总分类账的贷方。

表7－6

汇总收款凭证

借方科目：　　　　　　　年　　月　　　　　　　汇收字第　　　号

贷方科目	金　额				总账页数
	1～10日	11～20日	21～31日	合　计	
合　计					
附	（1）自＿＿日至＿＿日＿＿凭证　共＿＿张				
	（2）自＿＿日至＿＿日＿＿凭证　共＿＿张				
件	（3）自＿＿日至＿＿日＿＿凭证　共＿＿张				

会计主管：　　　　记账：　　　　　审核：　　　　　制表：

汇总付款凭证应根据现金和银行存款付款凭证，分别按"库存现金"、"银行存款"的贷方设置，按对应借方科目进行归类汇总。月末，结算出汇总付款凭证的合计数，分别记入库存现金、银行存款总分类账的贷方以及其各对应账户总分类账的借方。

表 7—7

汇总付款凭证

贷方科目：　　　　　　　　　年　月　　　　　　　汇付字第　号

借方科目	金　额				总账页数
	1～10 日	11～20 日	21～31 日	合　计	
合　计					
附	(1) 自＿＿日至＿＿日＿＿凭证　共＿＿张				
	(2) 自＿＿日至＿＿日＿＿凭证　共＿＿张				
件	(3) 自＿＿日至＿＿日＿＿凭证　共＿＿张				

会计主管：　　　　记账：　　　　　审核：　　　　　制表：

汇总转账凭证应根据转账凭证中有关账户的贷方设置，按对应借方科目进行归类汇总。月末，结算出汇总转账凭证的合计数，分别记入该汇总转账凭证所开设的应贷账户总分类账的贷方，以及其各对应账户总分类账的借方。

为了便于填制汇总转账凭证，平时填制转账凭证时只能一贷多借，不能一借多贷。月终，根据汇总转账凭证的合计数分别记入总分类账中各个借方账户的借方以及该汇总凭证所列的贷方账户的贷方。如果在月份内某一贷方科目的转账凭证为数不多时，也可不编制汇总转账凭证，直接根据转账凭证记入总分类账。

表 7—8

汇总转账凭证

贷方科目：　　　　　　　　　年　月　　　　　　　汇付字第　号

借方科目	金　额				总账页数
	1～10 日	11～20 日	21～31 日	合　计	
合计					
附	(1) 自＿＿日至＿＿日＿＿凭证　共＿＿张				
	(2) 自＿＿日至＿＿日＿＿凭证　共＿＿张				
件	(3) 自＿＿日至＿＿日＿＿凭证　共＿＿张				

会计主管：　　　　记账：　　　　　审核：　　　　　制表：

二、常州星海有限公司汇总记账凭证的编制

为了便于填制汇总转账凭证，平时填制转账凭证时只能一贷多借，不能一借多贷（如本套业务的记21 1/2凭证购买原材料，贷方涉及银行存款与其他货币资金账户，在登记汇总付款凭证时就难以区分所对应借方账户的金额，由于本套业务主要是采用科目汇总表核算形式，故在登记类似业务时可参见原始凭证操作）。

如果在月份内某一贷方科目的记账凭证为数不多时，也可不编制汇总记账凭证，如表7—9库存现金的汇总记账凭证，表7—14交易性金融资产的汇总记账凭证由于其贷方科目的记账凭证只有一张，故在实际工作中就不用汇总，也体现不出汇总记账凭证的优势，可以直接根据相关记账凭证记入总分类账。主要有下列记账凭证：记4、6、7、12、19、23、30、31、33、38、40、41、43~46、48~50、54、56。

在编制汇总记账凭证时所涉及的对应借方科目最好按会计科目顺序（即总账目录顺序）填写，这样登记总账时就比较方便。

汇总记账凭证的格式可以根据需要自行设计，大小最好与普通记账凭证相当，便于最后装订在普通记账凭证前。

汇总记账凭证编制的具体方法：

日期：2012年3月份，按旬汇总体现在金额栏下分段汇总时期。

编号：汇总记账凭证一般采用分类编号，如汇总转账凭证的编制顺序从"汇转第1号"起顺序编号。

贷方科目：汇总转账凭证按贷方科目设置，应按记凭证中每一个贷方科目为主开设该科目的汇总记账凭证。

借方科目：应根据转账凭证将各设置的贷方科目所对应的借方科目依次在该凭证的借方栏内填写。

汇总时期及对应被汇总凭证号：汇总转账凭证定期（5天或10天）汇总一次，为表示汇总的时期，应在金额栏下"汇总期"栏内依次填写汇总时间的起止日，如1日—10日，与汇总期相对应的，应填写本汇总期内被汇总的转账凭证的起止编号，如"记字1号—20号"。

汇总金额：在一定汇总期内按照汇总转账凭证的各借方科目分别进行汇总，并将汇总金额填写在所对应的汇总期栏内，汇总金额书写要规范。

合计：月末，将各借方科目各期的汇总金额加计起来，填写在与各借方科目对应的"合计栏"内，作为登记各贷方科目总账账簿的依据，并将本月

某科目的贷方发生总额进行合计填列。

总账页数栏：在各借方科目对应的行内填写该借方科目的总账页次，以便于记账。实务操作中一般用过账标志"√"表示。

常州星海有限公司采用的是通用记账凭证，按旬汇总，所以编制汇总记账凭证时也是通用的汇总记账凭证。2012 年 3 月份该公司的汇总记账凭证见表 7—9～表 7—25。

表 7—9

汇总记账凭证

贷方科目：库存现金　　　　　　2012 年 3 月　　　　　　汇记字第 01 号

借方科目	金　额				总账页数
	①1～10 日	②11～20 日	③21～31 日	合　计	
制造费用	600			600	√
管理费用	400			400	√
应交税费	170			170	√
合　计	1 170			1 170	
附	①自　1　日至　10　日 记账 凭证　共　1　张				
件	②自　11　日至　20　日 记账 凭证　共＿＿张				
	③自　21　日至　31　日 记账 凭证　共＿＿张				

会计主管：何永成　　　记账：高蓉　　　审核：何永成　　　制表：白志国

表 7—10

汇总记账凭证

贷方科目：银行存款　　　　　　2012 年 3 月　　　　　　汇记字第 02 1/3 号

借方科目	金　额				总账页数
	①1～10 日	②11～20 日	③21～31 日	合　计	
银行存款	100 000			100 000	√
其他货币资金		50 000		50 000	√
应收账款		6 000		6 000	√
其他应收款		2 000		2 000	√
预付账款		18 560	1 200	19 760	√
在途物资		744		744	√
合　计					
附	①自　1　日至　10　日 记账 凭证　共　同汇记第 02 3/3　张				
件	②自　11　日至　20　日 记账 凭证　共　同汇记第 02 3/3　张				
	③自　21　日至　31　日 记账 凭证　共　同汇记第 02 3/3　张				

会计主管：何永成　　　记账：高蓉　　　审核：何永成　　　制表：白志国

表 7-11

汇总记账凭证

贷方科目：银行存款　　　　　　　2012 年 3 月　　　　　　汇记字第 02 2/3 号

借方科目	金　额				总账页数
	①1～10 日	②11～20 日	③21～31 日	合　计	
原材料	85 329			85 329	√
应付利息		21 547.22		21 547.22	√
应付职工薪酬	169 012.60			169 012.60	√
其他应付款	29 937			29 937	√
应付账款	167 275			167 275	√
应交税费	106 931	56	1 150	108 137	√
合　计					
附	①自　1　日至　10　日 记账 凭证 共　同汇记第 02 3/3　张				
件	②自　11　日至　20　日 记账 凭证 共　同汇记第 02 3/3　张				
	③自　21　日至　31　日 记账 凭证 共　同汇记第 02 3/3　张				

会计主管：何永成　　　记账：高蓉　　　审核：何永成　　　制表：白志国

表 7-12

汇总记账凭证

贷方科目：银行存款　　　　　　　2012 年 3 月　　　　　　汇记字第 02 3/3 号

借方科目	金　额				总账页数
	①1～10 日	②11～20 日	③21～31 日	合　计	
制造费用			7 000	7 000	√
管理费用		2 500	6 750	9 250	√
财务费用	10.5			10.5	√
销售费用			5 000	5 000	√
营业外支出			5 000	5 000	√
合　计	658 495.10	101 407.22	26 100	786 002.32	
附	①自　1　日至　10　日 记账 凭证 共　9　张				
件	②自　11　日至　20　日 记账 凭证 共　7　张				
	③自　21　日至　31　日 记账 凭证 共　6　张				

会计主管：何永成　　　记账：高蓉　　　审核：何永成　　　制表：白志国

表 7－13

汇总记账凭证

贷方科目：其他货币资金　　　　　2012 年 3 月　　　　　汇记字第 03 号

借方科目	金　额				总账页数
	①1～10 日	②11～20 日	③21～31 日	合　计	
银行存款		3 200		3 200	√
交易性金融资产	82 750			82 750	√
在途物资		40 000		40 000	√
应交税费		6 800		6 800	√
投资收益	620.63			620.63	√
合　计	83 370.63	50 000		133 370.63	
附件	①自　1　日至　10　日 记账 凭证　共　1　张 ②自　11　日至　20　日 记账 凭证　共　2　张 ③自　21　日至　31　日 记账 凭证　共＿＿张				

会计主管：何永成　　　记账：高蓉　　　审核：何永成　　　　制表：白志国

表 7－14

汇总记账凭证

贷方科目：交易性金融资产　　　　　2012 年 3 月　　　　　汇记字第 04 号

借方科目	金　额				总账页数
	①1～10 日	②11～20 日	③21～31 日	合　计	
其他货币资金			33 100	33 100	√
合　计			33 100	33 100	
附件	①自　1　日至　10　日 记账 凭证　共＿＿张 ②自　11　日至　20　日 记账 凭证　共＿＿张 ③自　21　日至　31　日 记账 凭证　共　1　张				

会计主管：何永成　　　记账：高蓉　　　审核：何永成　　　　制表：白志国

表 7－15

汇总记账凭证

贷方科目：预付账款　　　　　2012 年 3 月　　　　　汇记字第 05 号

借方科目	金　额				总账页数
	①1～10 日	②11～20 日	③21～31 日	合　计	
原材料		50 288		50 288	√
应交税费		8 272	2 550	10 822	√
制造费用			11 250	11 250	√
管理费用			4 100	4 100	√
合　计		58 560	17 900	76 460	
附	①自　1　日至　10　日 记账 凭证　共＿＿张				
	②自　11　日至　20　日 记账 凭证　共　1　张				
件	③自　21　日至　31　日 记账 凭证　共　2　张				

会计主管：何永成　　　记账：高蓉　　　审核：何永成　　　　制表：白志国

表 7－16

汇总记账凭证

贷方科目：原材料　　　　　2012 年 3 月　　　　　汇记字第 06 号

借方科目	金　额				总账页数
	①1～10 日	②11～20 日	③21～31 日	合　计	
生产成本			307 978	307 978	√
制造费用			2 050	2 050	√
管理费用			1 415.50	1 415.50	√
待处理财产损溢			250.49	250.49	√
合　计			334 693.99	334 693.99	
附	①自　1　日至　10　日 记账 凭证　共＿＿张				
	②自　11　日至　20　日 记账 凭证　共＿＿张				
件	③自　21　日至　31　日记账　凭证　共　2　张				

会计主管：何永成　　　记账：高蓉　　　审核：何永成　　　　制表：白志国

表 7—17

汇总记账凭证

贷方科目：库存商品　　　　　　2012 年 3 月　　　　　　汇记字第 07 号

借方科目	金　额				总账页数
	①1～10 日	②11～20 日	③21～31 日	合　计	
主营业务成本			1 123 606.92	1 123 606.92	√
待处理财产损溢			3 008.84	3 008.84	√
合　计			1 126 615.76	1 126 615.76	
附	①自 1 日至 10 日 记账 凭证 共___张				
	②自 11 日至 20 日 记账 凭证 共___张				
件	③自 21 日至 31 日 记账 凭证 共 2 张				

会计主管：何永成　　　记账：高蓉　　　审核：何永成　　　制表：白志国

表 7—18

汇总记账凭证

贷方科目：累计折旧　　　　　　2012 年 3 月　　　　　　汇记字第 08 号

借方科目	金　额				总账页数
	①1～10 日	②11～20 日	③21～31 日	合　计	
制造费用		810.81	119 600	120 410.81	√
管理费用			7 500	7 500	√
合　计		810.81	127 100	127 910.81	
附	①自 1 日至 10 日 记账 凭证 共___张				
	②自 11 日至 20 日 记账 凭证 共 1 张				
件	③自 21 日至 31 日 记账 凭证 共 1 张				

会计主管：何永成　　　记账：高蓉　　　审核：何永成　　　制表：白志国

表 7—19

汇总记账凭证

贷方科目：应付账款   2012 年 3 月   汇记字第 09 号

借方科目	金　额				总账页数
	①1～10 日	②11～20 日	③21～31 日	合　计	
原材料	25 000			25 000	√
固定资产	50 000			50 000	√
应交税费	12 750	1 275		14 025	√
周转材料		7 500		7 500	√
合　计	87 750	8 775		96 525	

附

件

①自 _1_ 日至 _10_ 日 记账 凭证 共 _2_ 张
②自 _11_ 日至 _20_ 日 记账 凭证 共 _1_ 张
③自 _21_ 日至 _31_ 日 记账 凭证 共 ___ 张

会计主管：何永成   记账：高蓉   审核：何永成   制表：白志国

表 7—20

汇总记账凭证

贷方科目：预收账款   2012 年 3 月   汇记字第 10 号

借方科目	金　额				总账页数
	①1～10 日	②11～20 日	③21～31 日	合　计	
银行存款	40 000	12 650		52 650	√
合　计	40 000	12 650		52 650	

附

件

①自 _1_ 日至 _10_ 日 记账 凭证 共 _1_ 张
②自 _11_ 日至 _20_ 日 记账 凭证 共 _1_ 张
③自 _21_ 日至 _31_ 日 记账 凭证 共 ___ 张

会计主管：何永成   记账：高蓉   审核：何永成   制表：白志国

表 7—21

汇总记账凭证

贷方科目：应交税费　　　　　　2012 年 3 月　　　　　　汇记字第 11 1/2 号

借方科目	金额				总账页数
	①1～10 日	②11～20 日	③21～31 日	合　计	
银行存款		95 200		95 200	√
应收账款		231 200		231 200	√
预收账款		7 650		7 650	√
应付职工薪酬			1 400	1 400	√
应交税费			286 556	286 556	√
营业税金及附加			34 386.72	34 386.72	√
合　计					
附 件	①自 1 日至 10 日 记账 凭证 共 见汇字第 9 2/2 张				
	②自 11 日至 20 日 记账 凭证 共 见汇字第 9 2/2 张				
	③自 21 日至 31 日 记账 凭证 共 见汇字第 9 2/2 张				

会计主管：何永成　　　记账：高蓉　　　审核：何永成　　　　制表：白志国

表 7—22

汇总记账凭证

贷方科目：应交税费　　　　　　2012 年 3 月　　　　　　汇记字第 11 2/2 号

借方科目	金额				总账页数
	①1～10 日	②11～20 日	③21～31 日	合　计	
所得税费用			138 689.64	138 689.64	√
合　计		334 050	461 032.36	795 082.36	
附 件	①自 1 日至 10 日 记账 凭证 共　 张				
	②自 11 日至 20 日 记账 凭证 共 3 张				
	③自 21 日至 31 日 记账 凭证 共 2 张				

会计主管：何永成　　　记账：高蓉　　　审核：何永成　　　　制表：白志国

表 7—23

汇总记账凭证

贷方科目：实收资本　　　　　　2012 年 3 月　　　　　　汇记字第 12 号

借方科目	金　额				总账页数
	①1～10 日	②11～20 日	③21～31 日	合　计	
银行存款	1 000 000			1 000 000	√
资本公积			1 000 000	1 000 000	√
合　计	1 000 000		1 000 000	2 000 000	
附　件	①自　1　日至　10　日 记账 凭证　共　1　张 ②自　11　日至　20　日 记账 凭证　共＿＿张 ③自　21　日至　31　日 记账 凭证　共　1　张				

会计主管：何永成　　　记账：高蓉　　　审核：何永成　　　　制表：白志国

表 7—24

汇总记账凭证

贷方科目：主营业务收入　　　　2012 年 3 月　　　　　　汇记字第 13 号

借方科目	金　额				总账页数
	①1～10 日	②11～20 日	③21～31 日	合　计	
银行存款		480 000		480 000	√
应收账款		1 360 000		1 360 000	√
预收账款		45 000		45 000	√
合　计		1 885 000		1 885 000	
附　件	①自　1　日至　10　日 记账 凭证　共＿＿张 ②自　11　日至　20　日 记账 凭证　共＿＿张 ③自　21　日至　31　日 记账 凭证　共　3　张				

会计主管：何永成　　　记账：高蓉　　　审核：何永成　　　　制表：白志国

表 7－25

汇总记账凭证

贷方科目：财务费用　　　　　　2012 年 3 月　　　　　　汇记字第 14 号

借方科目	金　额				总账页数
	①1～10 日	②11～20 日	③21～31 日	合　计	
银行存款		9 652.79		9 652.79	√
其他货币资金		347.21		347.21	√
本年利润			3 152.17	3 152.17	√
合　计		10 000	3 152.17	33 152.17	
附 件	①自＿1＿日至＿10＿日 记账 凭证　共＿＿张				
	②自＿11＿日至＿20＿日 记账 凭证　共＿1＿张				
	③自＿21＿日至＿31＿日 记账 凭证　共＿1＿张				

会计主管：何永成　　　记账：高蓉　　　审核：何永成　　　　　制表：白志国

第八章 会计报表的编制

第一节 会计报表编制概述

一、编制会计报表的意义

会计报表是以会计账簿为主要依据，以货币为计量单位，全面、总括地反映会计个体在一定时期内财务状况、经营成果和理财过程的报告文件。

会计报表是会计核算的最终成果。企业在日常的会计核算中，对其经营过程中所发生的各项经济业务，分别通过设置账户、复式记账、填制和审核凭证、登记账簿、成本计算、财产清查等会计核算方法，反映在各种会计账簿中。会计账簿资料是根据会计凭证分类汇总登记的，虽然比会计凭证反映的信息更条理化、系统化，但就其某一会计期间的经营过程整体而言，它所提供的会计信息仍然是不完整和相对分散的，不能集中地、简明扼要地反映公司经营过程的全貌。因此，定期地对会计账簿资料进行归集、加工、汇总，编制各种会计报表，为有关方面提供总括性的会计信息，是企业一项不可或缺的会计工作。

会计报表所提供的资产、负债、所有者权益、收入、费用和利润等会计信息，对于企业的投资者、债权人以及政府管理部门等都有重要的作用。

二、编制会计报表的准备工作

为确保报表的质量，编制会计报表前必须做好充分的准备工作，一般有核实资产、清理债务、复核成本、内部调账、试算平衡及结账。

（一）核实资产

核实资产是企业编制报表前一项重要的基础工作，而且工作量大。主要包括：

（1）清点现金和应收票据；

（2）核对银行存款，编制银行存款余额调节表；

（3）与购货人核对应收账款；

（4）与供货人核对预付账款；

（5）与其他债务人核对其他应收款；

（6）清查各项存货；

（7）检查各项投资的回收利润分配情况；

（8）清查各项固定资产的在建工程。

在核实以上各项资产的过程中，如发现与账面记录不符，应先按规定报批审批，一般转入"待处理财产损溢"账户，待查明原因，按规定报批处理。

（二）清理债务

企业与外单位的各种经济往来中形成的债务也要认真清理及时处理。对已经到期的负债，要及时偿还，以保持企业的信誉，特别是不能拖欠税款；其他应付款中要注意是否有不正常的款项。

（三）复核成本

编制报表前，要认真复核各项生产、销售项目的成本结转情况。检查是否有少转、多转、漏转、错转成本，这些直接影响企业盈亏的真实性，并由此产生一系列的后果。如多交税金、多分利润，则使企业资产流失等。

（四）内部调账

内部调账（转账）是编制报表前一项很细致的准备工作。主要有如下几点：

（1）计提坏账准备。应按规定比例计算本期坏账准备，并及时调整入账。

（2）摊销预付账款中属于待摊费用部分，凡本期负担的待摊费用应在本期摊销。

（3）计提固定资产折旧及各种无形资产的摊销。

（4）按规定计提应由企业负担的"五险一金"等。

（5）转销经批准的"待处理财产损溢"，财务部门对此要及时提出处理意见，报有关领导审批，不能长期挂账。

（6）按权责发生制原则及有关规定，预提借款利息等。

（五）试算平衡

在完成以上准备工作之后，还应进行一次试算平衡，以检查账务处理有无错误。

（六）结账

试算平衡后的结账工作主要有以下几项：

（1）将损益类账户全部转入"本年利润"账户。

（2）将"本年利润"账户形成的本年税后净利润或亏损转入"利润分配"账户。

（3）进行利润分配后，编制年终会计决算报表。

以上各项准备工作往往是同时交叉进行的。在实现财会电算化的企业，以上有些准备工作是可以通过电脑完成的，如试算平衡和结账等。

第二节　资产负债表的编制

一、资产负债表的编制方法

资产负债表的所有项目都列有"年初数"和"期末数"两栏，相当于两期的比较资产负债表。它通过前后期资产负债的比较，可以反映企业财务变动状况。

该表"年初数"栏内各项数字，应根据上年末资产负债表"期末数"栏内所列数字填列。如果本年度资产负债表规定的各个项目的名称和内容与上年不相一致，应对上年年末资产负债表各项目的名称和数字按照本年度的规定进行调整，填入本表"年初数"栏内。

表中的"期末数"，指月末、季末或年末数字，它们是根据各项目有关总账科目或明细科目的期末余额直接填列或计算分析填列。

"期末余额"栏各项目的填列方法如下：

（一）根据总账账户期末余额直接填列

资产负债表中大部分项目的"期末余额"可以根据有关总账账户的期末余额直接填列，如"交易性金融资产"、"应收票据"、"固定资产清理"、"工程物资"、"递延所得税资产"、"短期借款"、"交易性金融负债"、"应付票据"、"应付职工薪酬"、"应付利息"、"应付股利"、"应交税费"、"其他应付款"、"递延所得税负债"、"预计负债"、"实收资本"、"资本公积"、"盈余公积"等项目。这些项目中，"应交税费"等负债项目，如果其相应账户出现借方余额，应以"—"号填列。"固定资产清理"等资产项目，如果其相应的账户出现贷方余额，也应以"—"号填列。

（二）根据总账账户期末余额计算填列

资产负债表中一部分项目的"期末余额"需要根据有关总账账户的期末

余额计算填列，包括以下几方面：

（1）"货币资金"项目，应根据"库存现金"、"银行存款"和"其他货币资金"等账户的期末余额合计填列。

（2）"存货"项目，应根据"材料采购（或在途物资）"、"原材料"、"周转材料"、"自制半成品"、"库存商品"、"发出商品"、"受托代销商品"、"代销商品款"、"委托加工物资"、"制造费用"、"生产成本"等账户的期末余额之和，减去"存货跌价准备"账户期末余额后的金额填列。

（3）"固定资产"项目，应根据"固定资产"账户的期末余额减去"累计折旧"、"固定资产减值准备"账户期末余额后的净额填列。

（4）"无形资产"项目，应根据"无形资产"账户的期末余额减去"累计摊销"、"无形资产减值准备"账户期末余额后的净额填列。

（5）"在建工程"、"长期股权投资"和"持有至到期投资"项目，均应根据其相应总账账户的期末余额减去其相应减值准备后的净额填列。

（6）"长期等摊费用"项目，应根据"长期待摊费用"账户期末余额扣除其中将于一年内摊销的数额后的金额填列，将于一年内摊销的数额填列在"一年内到期的非流动资产"项目内。

（7）"长期借款"和"应付债券"项目，应根据"长期借款"和"应付债券"账户的期末余额，扣除其中在资产负债表日起一年内到期、且企业不能自主地将清偿义务展期的部分后的金额填列，在资产负债表日起一年内到期、且企业不能自主地将清偿义务展期的部分在流动负债类下的"一年内到期的非流动负债"项目内反映。

（8）"未分配利润"项目，应根据"本年利润"账户和"利润分配"账户的期末余额计算填列，如为未弥补亏损，则在本项目内以"—"号填列，年末结账后，"本年利润"账户已无余额，"未分配利润"项目应根据"利润分配"账户的年末余额直接填列，贷方余额以正数填列，如为借方余额，应以"—"号填列。

（三）根据明细账户期末余额分析计算填列

资产负债表中一部分项目的"期末余额"需要根据有关明细账户的期末余额分析计算填列，包括以下几方面：

（1）"应收账款"项目，应根据"应收账款"账户和"预收账款"账户所属明细账户的期末借方余额合计数，减去"坏账准备"账户中有关应收账款计提的坏账准备期末余额后的金额填列。

（2）"其他应收款"项目，应根据各相应账户的期末余额，减去"坏账准备"账户中有关其他应收款计提的坏账准备期末余额后的金额填列。

（3）"预付款项"项目，应根据"预付账款"账户和"应付账款"账户所属明细账户的期末借方余额合计数。

（4）"应付账款"项目，应根据"应付账款"账户和"预付账款"账户所属明细账户的期末贷方余额合计数填列。

（5）"预收款项"项目，应根据"预收账款"账户和"应收账款"账户所属明细账户的期末贷方余额合计数填列。

二、常州星海有限公司资产负债表

根据第三章的成套业务，编制常州星海股份有限公司资产负债表，见表8-1。

表 8-1

资 产 负 债 表

编制单位：常州星海有限公司　　2012 年 03 月 31 日　　　　　单位：元

资　产	期末余额	期初余额	负债及所有者权益	期末余额	期初余额
流动资产：			流动负债：		
货币资金	10 813 955.65		短期借款	600 000.00	
交易性金融资产	60 000.00		交易性金融负债		
应收票据			应付票据		
应收账款	1 631 340.00		应付账款	156 525.00	
其他应收款	1 715.03		预收账款		
预付账款	1 200.00				
应收利息			应付职工薪酬	181 420.00	
应收股利			应交税费	463 532.37	
存货	959 380.08		应付利息	13 594.45	
一年内到期非流动资产			应付股利	200 000.00	
其他流动资产			其他应付款	32 100.00	
流动资产合计	13 467 590.76	略	一年内到期非流动负债		略
非流动资产：			其他流动负债		
可供出售的金融资产			流动负债合计	1 647 171.82	
持有至到期的投资			非流动负债：		
长期应收款			长期借款	4 000 000.00	

续　表

资　产	期末余额	期初余额	负债及所有者权益	期末余额	期初余额
长期股权投资			应付债券		
固定资产	18 156 900.00		递延所得税负债		
在建工程			其他非流动负债		
工程物资			非流动负债合计	4 000 000.00	
固定资产清理			负债供合计	5 647 171.82	
无形资产			所有者权益：		
商誉			实收资本	22 000 000.00	
长期待摊费用			资本公积	1 240 000.00	
递延所得税资产			盈余公积	463 750.00	
其他非流动资产			未分配利润	2 273 568.94	
非流动资产合计	18 156 900.00		所有者权益合计	25 977 318.94	
资产总计	31 624 490.76		负债及所有者权益	31 624 490.76	

会计主管：何永成　　　　　审核人：　　　　　　　　编表人：何永成

第三节　利润表的编制

一、利润表的编制方法

利润表中的各个项目，都是根据有关收入和费用科目记录的本期实际发生数和累计发生数分别填列的。

（1）营业收入项目反映企业经营主要业务和其他业务所确认的收入总额，本项目应根据"主营业务收入"和"其他业务收入"科目的发生额分析填列。

（2）营业成本项目反映企业经营主要业务和其他业务所发生的成本总额，本项目应根据"主营业务成本"和"其他业务成本"科目的发生额分析填列。

（3）营业税金及附加项目反映企业经营业务应负担的消费税、营业税、城市建设维护税、资源税、土地增值税和教育费附加等，本项目应根据"营业税金及附加"科目的发生额分析填列。

（4）销售费用项目反映企业在销售商品过程中发生的包装费、广告费等费用和为销售本企业商品而专设的销售机构的职工薪酬、业务费等经营费用，本项目应根据"销售费用"科目的发生额分析填列。

（5）管理费用项目反映企业为组织和管理生产经营发生的管理费用，本项目应根据"管理费用"的发生额分析填列。

（6）财务费用项目反映企业筹集生产经营所需资金等而发生的筹资费用，本项目应根据"财务费用"科目的发生额分析填列。

（7）资产减值损失项目反映企业各项资产发生的减值损失，本项目应根据"资产减值损失"科目的发生额分析填列。

（8）公允价值变动收益项目反映企业应当计入当期损益的资产或负债公允价值变动收益，本项目应根据"公允价值变动损益"科目的发生额分析填列，如为净损失本项目以负号填列。

（9）投资收益项目反映企业以各种方式对外投资所取得的收益，本项目应根据"投资收益"科目的发生额分析填列，如为投资损失本项目以负号填列。

（10）营业利润项目反映企业实现的营业利润，如为亏损本项目以负号填列。

（11）营业外收入项目反映企业发生的与经营业务无直接关系的各项收入，本项目应根据"营业外收入"科目的发生额分析填列。

（12）营业外支出项目反映企业发生的与经营业务无直接关系的各项支出，本项目应根据"营业外支出"科目的发生额分析填列。

（13）利润总额项目反映企业实现的利润，如为亏损本项目以负号填列。

（14）所得税费用项目反映企业应从当期利润总额中扣除的所得税费用，本项目应根据"所得税费用"科目的发生额分析填列。

（15）净利润项目反映企业实现的净利润，如为亏损本项目以负号填列。

以上各项目的"本月数"根据各有关会计科目的本月发生额直接填列；"本年累计数"栏反映各项目自年初起到本报告期止的累计发生额，应根据上月"利润表"的累计数加上本月"利润表"的本月数之和填列。

年度"利润表"的"本月数"栏改为"上年实际数"栏，应根据上年末"利润表"的数字填列。如果上年末"利润表"与本年"利润表"的项目名称和内容不相一致，应对上年的报表项目名称和数字按本年度的规定进行调整，然后填入"上年实际数"栏。

二、常州星海有限公司利润表

根据第三章的成套业务编制的常州星海股份有限公司资产负债表，见表8-2。

表 8—2

利 润 表

编制单位：常州星海有限公司　　2012 年 3 月　　　　　　　　单位：元

项　　目	本 月 数	本 年 累 计 数
一、营业收入	1 905 000.00	
减：营业成本	1 135 606.9	
营业税金及附加	34 386.72	
销售费用	5 000.00	
管理费用	53 595.99	
财务费用	13 152.17	
资产减值损失	95 300.27	略
加：公允价值变动收益	10 350.00	
投资收益	1 843.37	
二、营业利润	593 303.49	
加：营业外收入		
减：营业外支出	15 392.73	
三、利润总额	577 910.76	
减：所得税费用	141 189.65	
四、净利润	436 721.11	

会计主管：何永成　　　　　　　审核人：　　　　　　　编表人：何永成

下篇 模拟实训题

第九章 会计数字的书写与计算训练

一、数码字练习题

（一）把下列各数写成大写数码字（数字中间连续多个"0"用一个"零"字代替）

   （1）24 675 　　　　　　应写成：

   （2）382 607 　　　　　　应写成：

   （3）6 000 846 　　　　　应写成：

   （4）5 128 723 　　　　　应写成：

   （5）875 689 430 　　　　应写成：

   （6）48 325 　　　　　　应写成：

   （7）243 804 　　　　　　应写成：

   （8）8 000 412 　　　　　应写成：

   （9）6 243 216 　　　　　应写成：

  （10）454 821 760 　　　　应写成：

（二）下面大写金额用小写金额表示（小写前的人民币用"￥"表示，"角""分"用"0"补齐）

   （1）人民币陆佰肆拾捌元伍角贰分

   （2）人民币伍拾元整

   （3）人民币壹拾元整

    (4) 人民币捌万元整

    (5) 人民币壹拾亿元整

    (6) 人民币肆元整

    (7) 人民币伍元伍角

    (8) 人民币柒角贰分

    (9) 人民币玖角捌分

    (10) 人民币捌分

（三）下列小写金额用大写金额表示

    (1) ￥26.96

    (2) ￥47.00

    (3) ￥10.00

    (4) ￥5 007.00

    (5) ￥3 000.00

    (6) ￥001.26

    (7) ￥6 200.10

    (8) ￥0.63

    (9) ￥0.09

    (10) ￥6 000 000 000.00

二、下列各题都没按正确规则书写，请在各题后面按正确规则书写

    (1) 人民币拾元整

    (2) 伍拾玖元整

    (3) 人民币陆仟零零贰元

    (4) 人民币 76.00 元

    (5) 人民币肆元陆角

    (6) 人民叁元整

    (7) 人民币伍仟元

    (8) 人民币七十六元

    (9) 人民币伍元

    (10) 人民币零点伍元整

三、数码字练习

    说明：(1) 供初练者使用，提供参考纸样见表 9－1～表 9－4，练习要循序渐进。

    (2) 日期为票据格式。

    (3) 供练习一段时间后使用，可照此格式批量印制。

表 9-1

阿拉伯数字抄写练习用纸

班级____姓名____姓名____日期____成绩____

壹	贰	叁	肆	伍	陆	柒	捌	玖	拾	零	拾	佰	仟	万	亿	兆

老师评语：

表 9—2

阿拉伯数字抄写与计算练习用纸（一）

班级____抄写者姓名____计算者姓名____日期____成绩____

千	百	十	万	千	百	十	元	角	分	千	百	十	万	千	百	十	元	角	分	千	百	十	万	千	百	十	元	角	分	千	百	十	万	千	百	十	元	角	分

千	百	十	万	千	百	十	元	角	分	千	百	十	万	千	百	十	元	角	分	千	百	十	万	千	百	十	元	角	分	千	百	十	万	千	百	十	元	角	分

千	百	十	万	千	百	十	元	角	分	千	百	十	万	千	百	十	元	角	分	千	百	十	万	千	百	十	元	角	分	千	百	十	万	千	百	十	元	角	分

千	百	十	万	千	百	十	元	角	分	千	百	十	万	千	百	十	元	角	分	千	百	十	万	千	百	十	元	角	分	千	百	十	万	千	百	十	元	角	分

表 9—3

阿拉伯数字抄写与计算练习用纸（二）

班级____抄写者姓名____计算者姓名____日期____成绩____

千	百	十	万	千	百	十	元	角	分	千	百	十	万	千	百	十	元	角	分	千	百	十	万	千	百	十	元	角	分	千	百	十	万	千	百	十	元	角	分

续　表

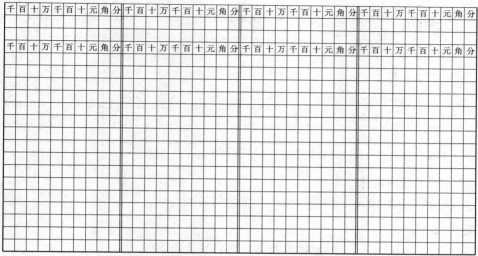

千	百	十	万	千	百	十	元	角	分	千	百	十	万	千	百	十	元	角	分	千	百	十	万	千	百	十	元	角	分	千	百	十	万	千	百	十	元	角	分
千	百	十	万	千	百	十	元	角	分	千	百	十	万	千	百	十	元	角	分	千	百	十	万	千	百	十	元	角	分	千	百	十	万	千	百	十	元	角	分

四、计算能力专题训练（可举一反三加以练习）

（一）银行存款日记账

某企业 2012 年 2 月份的银行存款日记账见表 9—4。

表 9—4

银行存款日记账

日期	摘　要	收　入	付　出	结　存
201	期初余额			3 589 586.58
203	收到销货款	34 987.57		
204	支付工资		87 594.5	
205	交纳税费		58 940.47	
206	付水电费		4 830.58	
206	收到销售材料款	4 849.48		
208	收到红兴厂欠款	4 884		
208	收到存款利息	478.76		
210	付承兑手续费		76.89	
210	付商业汇票款		3 444.08	
212	收到销货款	7 677.78		
213	付财产保险费		4 879	
214	付税款滞纳金		357.87	
215	付违约金		547.65	
217	收处置固定资产收入	48 977		

续　表

日期	摘　要	收　入	付　出	结　存
220	取得投资收益	7 786.55		
228	购国库券		50 000	
229	还借款本息		50 438.97	
229	还客户欠款		4 000	
229	报销办公经费		5 879.43	
229	本月合计			

要求：抄写在银行存款日记账账页上，并用算盘计算、结账。

（二）职工薪酬计算

资料：某企业职工薪酬计算的相关比例见表9—5。

表 9—5

社会保险费与住房公积金比例表

费用种类	单　位	个　人
养老保险	21%	8%
医疗保险	8%	2%
失业保险	2%	1%
生育保险	2%	
工伤保险	3%	
公积金	10%	10%

（1）职工福利、工会经费、职工教育经费分别按工资总额的10%、2%、2%计提。

（2）直接人工按生产工时比例分配：A产品20000小时，B产品2000小时。

（3）要求：抄写并用计算器及算盘联合计算完成表9—6工资结算汇总表与表9—7职工薪酬分配表。

表 9—6

工资结算汇总表

车间部门	人员类别	应付工资				合计	代扣款项					合计	实发工资
		标准工资	奖金	津贴	缺勤扣款		养老保险	医疗保险	失业保险	公积金	个所税		
基本车间	生产工人	189 000	16 000	8 000	3 200						4 200		
	管理人员	21 000	3 000	1 600	750						920		
辅助车间	生产工人	9 600	1 200	860	140						220		
	管理人员	3 500	700	300							145		
行政部门	管理人员	42 000	4 000	1 980	380						370		
福利部门	福利人员	5 900	800	200							50		
销售部门	销售人员	66 000	9 000	1 600	280						320		
长病人员		7 300		450							285		
合　计													

表 9—7

职工薪酬分配表

车间	产品、人员	应付工资	养老保险	失业保险	医疗保险	生育保险	工伤保险	公积金	小计	职工福利	工会经费	教育经费	小计
基本车间	A产品												
	B产品												
	小计												
	管理人员												
辅助车间	生产工人												
	管理人员												
行政部门	管理人员												
福利部门	福利人员												
销售部门	销售人员												
长病人员													
合　计													

要求：抄写并用算盘与计算器计算（可举一反三加以练习）

（三）产品成本的计算

资料：某企业生产六种产品，均用品种法计算产品成本，生产费用在完工产品与在产品间的分配除甲产品用定额成本法外，其余均用约当产量法。

要求：用算盘与计算器根据已知资料完成表9—8～表9—13的计算。

计算过程保留四位小数，结果保留两位小数，并作结转完工产品成本的账务处理。

表9—8

产品成本计算单

完工产品数量：200 件

产品：甲产品　　　　　　　　2012 年 6 月　　　　　　月末在产品数量：100 件

摘　　要	直接材料	直接人工	制造费用	合　计
月初在产品成本	5 000	1 000	800	
本月生产费用	25 000	5 000	4 500	
合　　计				
完工产品成本				
单位成本				
月末在产品成本	2 000	800	700	

表9—9

产品成本计算单

完工产品数量：200 件

产品：乙产品　　　　　　　　2012 年 6 月　　　　　　月末在产品数量：0 件

摘　　要	直接材料	直接人工	制造费用	合　计
月初在产品成本	3 400	1 600	1 000	
本月生产费用	60 000	30 000	10 000	
合　　计				
完工产品成本				
单位成本				
月末在产品成本				

表 9—10

产品成本计算单

产品：丙产品　　　　　　　2012 年 6 月

完工产品数量：0 件

月末在产品数量：300 件

摘　要	直接材料	直接人工	制造费用	合　计
月初在产品成本	5 000	1 000	800	
本月生产费用	19 000	3 000	8 790	
合　计				
完工产品成本				
单位成本				
月末在产品成本				

表 9—11

产品成本计算单

2012 年 6 月

产品：丁产品

完工产品数量：500 件

月末在产品数量：100 件

原材料为一次投入

摘　要	直接材料	直接人工	制造费用	合　计
月初在产品成本	5 000			5 000
本月生产费用	25 000	100	150	25 250
合　计				
完工产品成本				
单位成本				
月末在产品成本				

表 9—12

产品成本计算单

完工产品数量：500 件

月末在产品数量：100 件

产品：戊产品　　　　　　　2012 年 6 月　　　　　　　投料程度：40%

摘　要	直接材料	直接人工	制造费用	合　计
月初在产品成本	5 000			5 000
本月生产费用	25 000	100	150	25 250
合　计				
完工产品成本				
单位成本				
月末在产品成本				

表 9－13

产品成本计算单

完工产品数量：500 件

月末在产品数量：100 件

产品：已产品　　　　2012 年 6 月　　　原材料投料程度与完工程度均为 97%

摘　　要	直接材料	直接人工	制造费用	合　　计
月初在产品成本	5 000	1 200	1 500	
本月生产费用	25 000	7 000	8 500	
合　　计				
完工产品成本				
单位成本				
月末在产品成本				

（四）试算平衡专题计算

资料：某企业 2012 年 6 月份编制的科目汇总过渡表（部分）见表 9－14。

要求：用算盘计算完成表 9－14。

表9—14

试算平衡计算训练题

小计	本期贷方发生	会计科目	小计	本期借方发生额
	500.00 400.00	库存现金		30.00 120.00
	500.00 11 700.00 3 000.00	银行存款		35 100.00 100 000.00 25 000.00 2 808.00
	59 500.00	其他货币资金		351 000.00
		应收票据		
	500.00	其他应收款		500.00
	2 000.00 74 000.00	原材料		50 930.00 3 000.00 10 000.00
	43 570.00	制造费用		470.00 100.00
	163 570.00	生产成本		70 000.00 30 000.00 50 000.00
	18 000.00 180 000.00	库存商品		163 570.00 43 570.00
	120.00	待处理财产损溢		120.00
	60 000.00	累计折旧		
	100 000.00	短期借款		
		应付账款		
	500.00	应付利息		11 700.00
	25 000.00	预收账款		
	5 100.00 21 742.50 658.00 51 000.00	应交税费		8 570.00

续　表

本期借方发生额	小计	会计科目	本期贷方发生	小计
245 550.00		应付职工薪酬	70 000.00	
21 742.50　865 227.50		盈余公积	86 522.75	
86 522.75		本年利润	332 520.00	
330 000.00		利润分配	865 227.50	
2 400.00		主营业务收入	30 000.00　300 000.00	
120.00		其他业务收入	2 400.00	
18 000.00		营业外收入	120.00	
2 000.00		主营业务成本	198 000.00	
250.00		其他业务成本	2 000.00	
500.00		营业税金及附加	250.00	
10 000.00		销售费用	10 500.00	
300.00　20 000.00　1 000.00　10 000.00		管理费用	31 300.00	
500.00		财务费用	500.00	
3 000.00		营业外支出	3 000.00	
21 742.50		所得税费用	21 742.50	
		合计		

第十章 原始凭证的填制与审核训练

一、模拟银行结算方式

模拟企业基本情况：

购货方	销售方
武进延政商贸公司	常州南方机械厂
单位地址：常州湖塘延政东路 1 号	常州新北区汉东路 111 号
电话：88956238	86538956
开户行：工商银行延政路分理处	工商银行常州汉东路分理处
账户：545623－47	320033886620
税务登记号：320104453612588	11236600550803386
企业法人代表：周正	丁志强
会计主管：蒋凤岐	张 杰
会计：顾雨晴	张 彬
出纳：本人	华晓萍
审核：黄海璐	王强南

（一）支票结算方式

资料：2012 年 2 月 5 日，常州南方机械厂向武进延政商贸公司销售甲产品（作购货方的甲材料）2 000 公斤，不含税单价 630 元，税率 17％。采用支票结算方式进行款项的结算。

要求：（1）代为销售方开具增值税专用发票、进账单与出库单。

（2）代为购货方签发转账支票并填写材料入库单。

（3）分别据相关原始凭证填写双方的记账凭证。

表 10-1

江苏省增值税专用发票

记账联（凭联所总局监税凭证）

开票日期： 年 月 日

购货单位	名　　　称： 纳税人识别号： 地址、电话： 开户行及账号：				密码区			第一联　记账联　销货方记账凭证

货物及应税劳务的名称	规格型号	单位	数量	单价	金额	税率	税额
合　　　计							

价税合计（大写）		（小写）	

销售单位	名　　　称： 纳税人识别号： 地址、电话： 开户行及账号：	备注

收款人：　　　　复核：　　　开票人　　　　销货单位（章）

表 10-2

江苏省增值税专用发票

抵扣联

开票日期： 年 月 日

购货单位	名　　　称： 纳税人识别号： 地址、电话： 开户行及账号：				密码区			第二联　抵扣联　购货方扣税凭证

货物及应税劳务的名称	规格型号	单位	数量	单价	金额	税率	税额
合　　　计							

价税合计（大写）		（小写）	

销售单位	名　　　称： 纳税人识别号： 地址、电话： 开户行及账号：	备注

收款人：　　　　复核：　　　开票人　　　　销货单位（章）

表 10－3

江苏省增值税专用发票

发票联

开票日期：　年　月　日

购货单位	名　　　称：		密码区	
	纳税人识别号：			
	地址、电话：			
	开户行及账号：			
货物及应税劳务的名称	规格型号	单位	数量	单价	金额	税率	税额
合　　　计							
价税合计（大写）		（小写）					
销售单位	名　　　称：		备注	
	纳税人识别号：			
	地址、电话：			
	开户行及账号：			

收款人：　　　　　复核：　　　开票人　　　　　销货单位（章）

表 10－4

中国工商银行进账单（收账通知）第　号

年　月　日

出票人	全称		收款人	全称									
	账号			账号									
	开户银行			开户银行									
金额	人民币（大写）				亿	千	百	十	万	千	百	十	元 角 分
票据种类		票据张数											
票据号码													
			复核　　　记账					收款人开户银行签章					

表 10－5

出 库 单

年 月 日 成品仓库：

产品名称	单位	数 量	单价	金额	备注
合 计					

负责人： 经手人：

表 10－6

收 料 单

供应单位： 年 月 日 编号：

材料编号	名称	单位	规格	数量		实际成本				第一联
				应收	实收	单价	发票价格	运杂费	合计	存根联
备注：										

收料人： 交料人：

表 10－7

收 料 单

供应单位： 年 月 日 编号：

材料编号	名称	单位	规格	数量		实际成本				第二联
				应收	实收	单价	发票价格	运杂费	合计	记账联
备注：										

收料人： 交料人：

表 10−8

中国工商银行 转账支票存根 Ⅵ Ⅱ12345900	本支票付款期十天	中国工商银行 转账支票 Ⅵ Ⅱ12345900

中国工商银行 转账支票 Ⅵ Ⅱ12345900

出票日期（大写） 年 月 日   开户行名称

签发人账号

收款人：

人民币 （大写）	千	百	十	万	千	百	十	元	角	分

用途＿＿＿＿＿＿   科目（借）＿＿＿＿＿＿

上列款项请从我账户内支付   对方科目（贷）＿＿＿＿＿

付讫日期 年 月 日

存根部分：

科　目＿＿＿＿＿＿
对方科目＿＿＿＿＿＿
签发日期
收款人＿＿＿＿＿＿＿＿
金　额＿＿＿＿＿＿＿＿
用　途＿＿＿＿＿＿＿＿
备　注＿＿＿＿＿＿＿＿

签发人盖章   出纳 记账 复核

转账支票背面

附加信息：	被背书人：	被背书人：	（贴粘单处）
			根据《中华人民共和国票据法》等法律法规的规定，签发空头支票由中国人民银行处以票面金额5% 但不低于1 000元的罚款。
	背书人签章： 年 月 日	背书人签章： 年 月 日	

（二）银行汇票结算方式

资料：2012年2月8日，武进延政商贸公司填制"银行汇票申请书"向开户银行申请领用银行汇票18 000元。准备向常州南方机械厂购乙材料（为销售方的乙产品）。

2012年2月10日持银行汇票前往常州南方机械厂购乙材料1 050公斤，单价14元，金额14 700元，增值税2 499元。材料尚未入库。

2012年2月12日，收到开户银行转来的银行汇票"多余款收账通知联"。

2012年2月13日，收到所采购的乙材料。

要求：（1）代购货方签发银行汇票申请书。

（2）代购货方银行签发银行汇票。

（3）代销售方开具增值税专用发票。

（4）代销售方填写出库单与进账单。

（5）代销售方填写完整银行汇票多余款收账通知联。

（6）代购货方填写收料单。

（7）根据相关原始凭证代购销双方作出相关的账务处理。

表 10—9

中国建设银行　　银行汇票申请书

币别：　　　　　　　　年 月 日　　　　　　　　流水号：

会计主管：　　授权：　　　　复核：　　　　　　录入：

表 10—10

提示付款期自出票之日起壹个月

_____　银　行

银行汇票（卡片）　　1

汇票号码

表 10－11

	银　行	

银行汇票　2　　　　　汇票号码

提示付款期自出
票之日起壹个月

出票日期　　　　年 月 日	代理付款行：　　　行号：

收款人：	账号：

| 出票金额 | 人民币（大写） |

实际结算金额	人民币（大写）	亿	千	百	十	万	千	百	十	元	角	分

附件

申请人：＿＿＿＿＿　账号：＿＿＿＿＿＿＿＿

出票行：＿＿行号：＿＿

备　注：＿＿＿＿＿

| 密押 |

多余金额　分
亿	千	百	十	万	千	百	十	元	角	分
---	---	---	---	---	---	---	---	---	---	---

见票付款
出票行签章

复核　记账

此联代理付款行付款后作联行往账借方凭证

背面

被背书人：	被背书人：
	背书人签章：　　年 月 日
背书人签章：　　年 月 日	

（粘单处）

持票人向银行　　　　　身份证件名称
提示付款签章　　　　　号　　码
　　　　　　　　　　　发 证 机 关

表 10－12

提示付款期自出票之日起壹个月				

_____ 银　行

银行汇票 （解讫通知）　　　　汇票号码

出票日期		年　月　日	代理付款行：	行号：
（大写）				

收款人：　　　　　　账号：

出票金额	人民币（大写）

实际结算金额	人民币（大写）	亿	千	百	十	万	千	百	十	元	角	分

申请人：_____　　账号：_____

出票行：____　行号：____

备　注：_____

密押

多余金额

亿	千	百	十	万	千	百	十	元	角	分

见票付款

代理付款行签章

复核　记账

此联代理付款行兑付后随报单寄出票行，由出票行作多余款贷方凭证

表 10－13

提示付款期自出票之日起壹个月				

_____ 银　行

银行汇票 （多余款收账通知）　4　汇票号码

出票日期		年　月　日	代理付款行：	行号：
（大写）				

收款人：　　　　　　账　号：

出票金额	人民币（大写）

实际结算金额	人民币（大写）	亿	千	百	十	万	千	百	十	元	角	分

申请人：_____　　账号：_____

出票行：____　行号：____

备　注：_____

密押

多余金额

亿	千	百	十	万	千	百	十	元	角	分

左列退回多余金额

已收入你账户内

出票行签章

复核　记账

此联出票行结算多余款后交申请人

江苏省增值税专用发票

记账联（此联不作抵税凭证）

开票日期：　年　月　日

购货单位	名　　　称： 纳税人识别号： 地址、电话： 开户行及账号：					密码区			
货物及应税劳务的名称	规格型号	单位	数量	单价	金额		税率	税额
合　　计								
价税合计（大写）			（小写）					
销售单位	名　　　称： 纳税人识别号： 地址、电话： 开户行及账号：					备注			

收款人：　　　　复核：　　　开票人　　　　销货单位（章）

第一联　记账联　销货方记账凭证

表 10－14

江苏省增值税专用发票

记账联（此联不作抵税凭证）

开票日期：　年　月　日

购货单位	名　　　称： 纳税人识别号： 地址、电话： 开户行及账号：					密码区	略		
货物及应税劳务的名称	规格型号	单位	数量	单价	金额		税率	税额
合　　计								
价税合计（大写）			（小写）					
销售单位	名称： 纳税人识别号： 地址、电话： 开户银行及账号：					备注			

收款人：　　　　复核：　　　开票人　　　　销货单位（章）

第一联　记账联　销货方记账凭证

表 10－15

江苏省增值税专用发票

抵扣联

开票日期： 年 月 日

购货单位	名　　　称： 纳税人识别号： 地址、电话： 开户行及账号：					密码区	
货物及应税 劳务的名称	规格 型号	单位	数量	单价	金额	税率	税额
合　　　计							
价税合计（大写）			（小写）				
销售单位	名称： 纳税人识别号： 地址、电话： 开户银行及账号：					备注	

收款人： 　　复核： 　　开票人 　　销货单位（章）

第二联 抵扣联 购货方扣税凭证

表 10－16

江苏省增值税专用发票

发票联

开票日期： 年 月 日

购货单位	名　　　称： 纳税人识别号： 地址、电话： 开户行及账号：					密码区	
货物及应税 劳务的名称	规格 型号	单位	数量	单价	金额	税率	税额
合　　　计							
价税合计（大写）			（小写）				
销售单位	名称： 纳税人识别号： 地址、电话： 开户银行及账号：					备注	

收款人： 　　复核： 　　开票人 　　销货单位（章）

第三联 发票联 购货方记账凭证

表 10—17

出　库　单

年　月　日　　　　　　　成品仓库：

产品名称	单位	数　量	单价	金额	备注
合计					

负责人：　　　　　　　　　　　　　　　经手人：

表 10—18

中国工商银行进账单（收账通知）第　号

年　月　日

收款人	全称		付款人	全称									
	账号			账号									
	开户银行			开户银行									
人民币 （大写）					百	十	万	千	百	十	元	角	分
票据种类													
票据张数													
单位主管　会计　复核　记账				收款人开户行盖章									

表 10—19

收　料　单

供货单位：　　　　　　　　　　　　　　　材料类别：
发票号码：　　　　　　　年　月　日　　　材料仓库：

材料名称	单位	数　　量		实　际　成　本			
		应收	实收	单价	发票价格	运费	合计
						附单	

（三）银行承兑汇票

资料：2012 年 4 月 8 日，常州南方机械厂向武进延政商贸公司销售甲产品 400 公斤，单价 78 元，价款 31 200 元，增值税 5 304 元。取得武进延政商贸公司签发的银行承兑汇票一张，票面金额为 30 000 元，余款暂欠。

要求：（1）代购货方签发银行承兑汇票、收料单。

（2）代销货方开具增值税专用发票、出库单。

（3）代销货方登记应收票据登记簿。

（4）根据相关原始凭证代购销双方作出相关的账务处理。

表 10—20

银 行 承 兑 汇 票（卡片）　　　1

出票日期（大写）　年　月　日　　　　汇票号码

出票人全称		收款人	全　称										
出票人账号			账　号										
付款行全称			开户银行			行号							
出票金额	人民币（大写）				亿	千	百	十	万	千	百	十	元 角 元
汇票到期日（大写）		付款行	行号										
承兑协议编号			地址										

本汇票请你行承兑，此项汇票款我单位承兑协议于到期日前足额交存银行，到期请予以支付。

出票人签章

年　月　日

复核　记账

此联承兑行留存备查，到期支付票款时作借方凭证附件

表 10－21

银 行 承 兑 汇 票　2

出票日期
（大写）　　年　月　日　　　　　　汇票号码

出票人全称		收款人	全　称										
出票人账号			账　号										
付款行全称			开户银行					行号					
出票金额	人民币（大写）			亿	千	百	十	万	千	百	十	元	角分
汇票到期日（大写）		付款行	行号										
承兑协议编号			地址										

本汇票请你行承兑，到期无条件付款	本汇票已经承兑，到期日由本行付款	
	备注：	复核　记账
出票人签章 年　月　日		

右侧竖排：此联收款人开户行随托收凭证寄付款方作借方凭证附件

第二联背面

被背书人：	被背书人：	被背书人：
背书人签章 年　月　日	背书人签章 年　月　日	背书人签章 年　月　日

（粘单处）

表 10－22

银行承兑汇票（存根）　　　3

出票日期（大写）		年．　月　　日											汇票号码	
出票人全称			收款人	全　称										此联是出票人存查
出票人账号				账　号										
付款行全称				开户银行			行号							
出票金额	人民币（大写）				亿	千	百	十	万	千	百	十	元	角	元
汇票到期日（大写）			付款行	行号										
承兑协议编号				地址										
	出票人签章 年　月　日		备注：					复核　记账						

表 10－23

江苏省增值税专用发票

江苏省

记账联（此联不作报销凭证）

开票日期：　年　月　日

购货单位	名　　称： 纳税人识别号： 地址、电话： 开户行及账号：					密码区		第一联　记账联　销货方记账凭证
货物及应税 劳务的名称	规格型号	单位	数量	单价	金额		税率	税额
合　　计								
价税合计（大写）			（小写）					
销售单位	名　　称： 纳税人识别号： 地址、电话： 开户行及账号：					备注		

收款人：　　　复核：　　　开票人　　　销货单位（章）

表 10－24

江苏省增值税专用发票

开票日期：　年 月日

购货单位	名　　称： 纳税人识别号： 地址、电话： 开户行及账号：				密码区		略		
货物及应税劳务的名称	规格型号	单位	数量	单价	金额		税率	税额
合　　计								
价税合计（大写）			（小写）					
销售单位	名称： 纳税人识别号： 地址、电话： 开户银行及账号：				备注				

收款人：　　　复核：　　开票人　　销货单位（章）

第二联　抵扣联·购货方扣税凭证

表 10－25

江苏省增值税专用发票

开票日期：　年 月日

购货单位	名　　称： 纳税人识别号： 地址、电话： 开户行及账号：				密码区				
货物及应税劳务的名称	规格型号	单位	数量	单价	金额		税率	税额
合　　计								
价税合计（大写）				（小写）				
销售单位	名称： 纳税人识别号： 地址、电话： 开户银行及账号：				备注				

收款人：　　　复核：　　开票人　　销货单位（章）

第三联　发票联·购货方记账凭证

表 10－26

出　　库　　单

年　月　日　　　　　　　　成品仓库：

产品名称	单位	数量	单价	金额	备注
合计					

负责人：　　　　　　　　　　　　　　经手人：

表 10－27

收　　料　　单

供货单位：　　　　　　　　　　　　材料类别：

发票号码：　　　　　　年　月　日　　材料仓库：

材料名称	单位	数　　量		实　　际　　成　　本			
		应收	实收	单价	发票价格	运费	合计
						附单	

验收人：　　　　　　　　　　　　　　制单人：

表 10－28

应收票据备查登记簿

票据种类　　　　　　　　　　　　　　　　总第　页

分第　页

年		凭证		摘要	合同		票据基本情况				承兑人及单位名称	背书人及单位名称	贴现		承兑		转　　让		
月	日	字	号		字	号	号码	签发日期	到期日期	金额			日期	净额	日期	金额	日期	受理单位	票面金额	实收金额

(四) 委托收款结算方式

资料：2012 年 2 月 16 日，常州南方机械厂采用委托收款结算方式向武进延政商贸公司销售甲产品 500 公斤，单价 79 元，价款 39 500 元，增值税 6 715 元；乙产品 1 000 公斤，单价 13 元，价款 13 000 元，增值税 2 210 元。

武进延政商贸公司现金支付运杂费 900 元（不考虑进项税额抵扣问题，按重量标准分配）

要求：(1) 代销售方开具增值税专用发票、出库单；

(2) 代购货方填写运杂费分配表、收料单、委托收款结算凭证；

(3) 根据相关原始凭证写出购销双方的会计分录。

表 10－29

江苏省增值税专用发票
记账联（此联不作扣税凭证）

开票日期：　年　月　日

购货单位	名　　　称：						密码区		
	纳税人识别号：								
	地址、电话：								
	开户行及账号：								
货物及应税劳务的名称		规格型号	单位	数量	单价	金额		税率	税额
合　　　计									
价税合计（大写）				（小写）					
销售单位	名　　　称：						备注		
	纳税人识别号：								
	地址、电话：								
	开户行及账号：								

收款人：　　　　　复核：　　　　开票人　　　　　销货单位（章）

第一联　记账联　销货方记账凭证

表 10－30

江苏省增值税专用发票

江苏省
抵扣联

开票日期：　年 月 日

购货单位	名　　称： 纳税人识别号： 地址、电话： 开户行及账号：				密码区	略		
	货物及应税 劳务的名称	规格型号	单位	数量	单价	金额	税率	税额
	合　　　计							
	价税合计（大写）			（小写）				
销售单位	名称： 纳税人识别号： 地址、电话： 开户银行及账号：				备注			

收款人：　　　　　复核：　　开票人销货单位（章）

第二联　抵扣联　购货方扣税凭证

表 10－31

江苏省增值税专用发票

江苏省
发票联

开票日期：　年 月 日

购货单位	名　　称： 纳税人识别号： 地址、电话： 开户行及账号：				密码区			
	货物及应税 劳务的名称	规格型号	单位	数量	单价	金额	税率	税额
	合　　　计							
	价税合计（大写）			（小写）				
销售单位	名称： 纳税人识别号： 地址、电话： 开户银行及账号：				备注			

收款人：　　　　复核：开票人　　　　　销货单位（章）

第三联　发票联　购货方记账凭证

表 10－32

出　库　单

年　　月　　日　　　　成品仓库:

产品名称	单位	数　量	单价	金额	备注
合计					

负责人:　　　　　　　　　　　　　　　　　　　　　经手人:

表 10－33

江苏省汽车运输公司发票 （发票联）

客户名称：武进延政商贸公司　2012 年 2 月 16 日　　　　№ 220635

货物名称	单位	数量	运距(KM)	单位运价	金额
甲、乙材料	KG	1,500	60	0.01	900.00
合计(大写)	玖佰元整			￥900.00	

开票单位（章）　　　　　　　　　　　　　　制单:李品

表 10－34

运　费　分　配　表

年　　月　　日

材料名称	分配标准	分配率	分配金额
合　　计			

复核:　　　　　　　　　　　　　　　　制单:

表 10－35

江苏省汽车运输公司发票 （随货同运联）

客户名称：   2012 年 2 月 16 日   № 220635

货物名称	单位	数量	运距 (KM)	单位运价	金额
甲、乙材料	KG	1 500	60	0.01	900.00
			现金付讫		
合计（大写）	玖佰元整			￥900.00	

开票单位（章）   制单 :李品

表 10－36

收 料 单

供货单位：   材料类别：

发票号码：   年 月 日   材料仓库：

材料名称	单位	数 量		实 际 成 本			
		应收	实收	单价	发票价格	运费	合计
					附单		

验收人：   制单人：

表 10-37

委 托 收 款 结 算 凭 证 (付款通知)　　5　　委托号码

| 委邮 | 委托日期：　年　月　日 | 付款期限　　年　月　日 |
| | | 延期期限　　年　月　日 |

收款单位	全称		付款单位	全称	
	账号			账号	
	开户银行			开户银行	

委托金额	人民币（大写）					千	百	十	万	千	百	十	元	角	分

款项内容		委托收款凭据名称		附寄单证张数	

备注：	付款单位注意：
	1. 根据结算方式规定，上列委托收款，在付款期限内未拒付时，即视同全部同意付款，以此联代支款通知。
	2. 如需提前付款或多付少汇款时，应另写书面通知送银行办理。
	3. 如系全部或部分拒付时，应在付款期限内另填拒绝付款理由书送银行办理。

（五）汇兑结算方式

资料：2012年2月26日，武进延政商贸公司向常州南方机械厂电汇原购甲材料款6 504元。

要求：填写信汇结算凭证

表 10-38

中国工商银行信汇凭证 (回单)　　1

委托日期　年　月　日　　　　　　　　　第　号

收款人	全　称				汇款人	全　称													
	账号或住址					账号或住址													
	汇出地点	省	市县	汇入行名称		汇出地点	省	市县	汇入行名称										

金额	人民币（大写）							千	百	十	万	千	百	十	元	角	分

汇款用途	
上列款项已根据委托办理，如需查询，请持此回单来行面谈。	汇出行盖章
单位主管　会计　复核　记账	年　月　日

表 10－39

中国工商银行信汇凭证（收账通知联）　4

委托日期　年　月　日　　　　　　　　　　　第　号

收款人	全　称				汇款人	全　称			
	账　号或住址					账　号或住址			
	汇出地点	省	市县	汇入行名　称		汇出地点	省	市县	汇入行名　称

金额	人民币（大写）		千 百 十 万 千 百 十 元 角 分

汇款用途		汇出行盖章
上列款项已根据委托办理，如需查询，请持此回单来行面谈。		年　月　日

单位主管：　　　会计：　　　复核：　　　记账：

二、其他常用原始凭证的填写

（一）增值税普通发票

资料：2012 年 2 月 26 日，常州中联商场向常州北苑文印社销售 50 箱复印纸，单价 280 元。开票人为陈诚。

要求：填制普通发票。

表 10－40

江苏省增值税普通发票

开票日期：　年　月　日

购货单位	名　　　称：纳税人识别号：地址、电话：开户行及账号：					密码区		略	第一联
	货物及应税劳务的名称	规格型号	单位	数量	单价	金额	税率	税额	记账联
	合　　　计								
价税合计（大写）			（小写）						销货方记账
销售单位	名　　　称：纳税人识别号：地址、电话：开户银行及账号：					备注			

收款人：　　　复核：　　　开票人：　　　销货单位（章）

（二）借款单、收据等填写

资料：2012 年 2 月 22 日，常州星海有限公司业务员王强出差回来，出差时间为 2012 年 2 月 18 到 21 日，报销的有关票证：火车票 2 张，65 元/张；手续票 2 张，5 元/张；市内租车票 4 张，20 元/张；伙食补助每天 50 元；住宿 3 天，150 元/天。到财务报销差旅费。出纳张莉核对发现王强出差前借款 1 000 元，王强将多余款归还，张莉收款并开具收据。

要求：填制借款单、差旅费报销单和收据。

表 10—41

借　款　单

年　月　日

第一联　付款联　（付款人记账）

借款人：		所属部门	
借款原因：			
借款金额：人民币（大写）		小写	
付款方式：　　支票(号)　　电汇　　其他			
单位负责人意见：		借款人领款签字：	
财务主管核批：		出纳	
核销记录：			

表 10—42

差旅报销单

年　月　日

姓名		工作部门			出差事由			
日期		地点		车船费			深夜补贴	途中补贴	住勤费			旅馆费	金额合计
起	讫	起	讫	车次	时间	金额			地区	天数	补贴		

报销金额（大写）

补付金额：　　　　　　　　　　　退回金额：

领导批准　　会计主管　　部门负责人　　审核　　报销人

表 10-43

收　款　收　据　　　　　　　　　号码

日期：　年　月　日

交款单位：　　　　　　　　　　　收款方式：	第
人民币（大写）	一联
收款事由：　　　　　　　　　　　　　年　月　日	存根联

单位盖章　　会计主管：　　记账　　出纳：　　审核：　　经办

（三）领料单的填写

资料：2012 年 2 月 21 日，常州星海有限公司二车间生产产品领用 A 材料 200 公斤，每公斤单位成本 500 元。领料单编号：发 0221003；仓库：第二仓库。发料人：龙旭阳，领料人：王燕

要求：填制领料单。

表 10-44

材　料　领　用　单

领用单位：　　　　　　年　月　日　　　　编号：

项　目 用　途	材料名称		规格型号		计量单位	
	请　领	实　发	单位成本	总成本	备　注	

主管：　　审核：　　　领料人：　　会计：　　发料人：

（四）入库单的填写

资料：2012 年 2 月 28 日，常州星海有限公司一车间制作完工甲产品 10 000 件，交仓库验收。入库单编号：0228091；单位成本 85 元。经手人：王红，保管员兼审核：毛华梅

要求：填制入库单

表 10－45

产品入库单

年　月　日

产品编号	名称	规格	计量单位	数量	单价	金额	备注

编制：　　　　　　　　　　　　审核：

第十一章　记账凭证的编制与审核训练

一、企业基本情况

(1) 名称：泰州星辉股份有限公司

(2) 性质：某上市公司的控股子公司（增值税一般纳税人）

(3) 地址：泰州市人民路 598 号

(4) 开户银行：工行泰州分行　　基本户　　　账号 234800009876

　　　　　　　　　　　　　　　结算户　　　账号 234800009888

　　　　　　　　　　　　　　　证券保证金户　账号 234800005566

　　　　　　建行泰州分行　　　结算户　　　账号 112200003344

(5) 税务登记证号：320200187755112

(6) 企业法人代表（董事长）：王行

(7) 总经理：李大勤

(8) 财务负责人：陈远　　会计：万江 周惠　　出纳：陈刚

(9) 企业主要生产 A、B 两种产品，生产所耗材料为甲、乙两种。

二、主要会计政策及相关说明

(1) 存货按实际成本计算，出库单价按月末一次加权平均法计算，其中原材料出库单位成本保留四位小数，库存商品出库保留两位小数。

(2) 周转材料按一次摊销法核算。

(3) 产品成本采用品种法核算，设置直接材料、直接人工、制造费用三个成本项目；制造费用按直接人工比例在各种产品之间分配，分配率保留八位小数。生产费用在完工产品与月末在产品间分配采用约当产量法分配，分配率保留四位小数。

(4) 水费、电费的分配率均保留四位小数。

（5）企业每月末按实际天数计算提取贷款的利息支出，银行于每月 20 日收取其发放贷款的利息。

（6）B 产品为应纳消费税产品，消费税税率 10％。

（7）企业适用增值税率为 17％，适用企业所得税税率为 25％。按本月会计利润总额计算预缴本月所得税。

（8）应收款项（应收账款及其他应收款）的坏账准备按月计提，采用余额百分比法，计提比例为 5％。

（9）递延所得税按年确认。

（10）会计核算形式：采用科目汇总表核算形式。

三、2012 年 2 月初该公司有关总账及明细账余额表

2012 年 2 月初部分明细分类账期初余额一栏表

总账	明细账	借方余额	贷方余额
库存现金		4 500	
银行存款	基本户——工行（234800009876）	700 108.89	
银行存款	结算户——工行（234800009888）	200 000	
其他货币资金	存出投资款——工行（234800005566）	100 000	
应收票据	天元公司	6 000	
应收账款	昌盛公司	20 000	
	向阳公司	67 000	
其他应收款	李平	3 000	
坏账准备	应收账款		8 700
	其他应收款		300
预付账款	东方股份有限公司	60 000	
原材料	甲（2 000 千克）	18 884	
	乙（1 000 千克）	7 070	
周转材料	包装物（100 只）	5 000	
生产成本	B 产品	4 658	
库存商品	A 产品（1800 件）	396 000	
	B 产品（2 500 件）	300 000	
固定资产		2 007 313	
累计折旧			573 961
无形资产	专利权（56 号发明专利）	100 000	
累计摊销	专利权（56 号发明专利）		90 000
短期借款	工行（合同号 10229）		100 000
应付票据			18 000

总账	明细账	借方余额	贷方余额
应付账款	暂估应付账款（华林公司）		60 000
应付利息			138.89
应付职工薪酬	工资		398 000
	医疗保险		31 840
	养老保险		83 580
	失业保险		3 980
	住房公积金		39 800
	生育保险		3 184
	工伤保险		3 980
	职工教育经费		10 000
	工会经费		15 000
应交税费	未交增值税		82 000
	教育费附加		3 280
	城市建设税		5 740
实收资本			1 350 000
资本公积			112 420
盈余公积			266 000
本年利润			156 500
未分配利润			583 130
合　计		3 999 533.89	3 999 533.89

四、假定 2012 年 2 月该公司共发生 38 笔经济业务，业务资料见后面所附的原始凭证

五、要求

（1）根据上述资料填写相关原始凭证。

（2）根据上述资料编制记账凭证（如果同一编号的经济业务需要编制一张以上记账凭证，一律采用分数编号法）。

（3）编制科目汇总表。

（4）将泰州星辉股份有限公司 12 月份记账凭证及相关原始凭证整理装订成册。

（5）编制 2012 年 2 月 29 日资产负债表及 2012 年 2 月份利润表。

【业务1】（共1张凭证）

<u>原材料暂估入账清单</u>　　第三联（红冲联）

2012年1月31日

材料名称	合同号	供货单位	数量	合同单价	合同金额	入库日期
乙材料	099873	华林公司	6000	10	60000	2012.1.27

编制：万江　　　　　　审核：陈远

【业务2】（共6张凭证）

2-1

3200098220　　江苏省增值税专用发票

抵扣联　　　　　　开票日期：2012年2月1日

购货单位	名　　称：泰州星辉股份有限公司　纳税人识别号：320200187755112　地址、电话：人民路598号 63297110　开户行及账号：工行泰州分行234800009876		密码区			略	
货物及应税劳务的名称	规格型号	单位	数量	单价	金额	税率	税额
甲产品		千克	3 000	10	30 000.00	17%	5 100.00
乙产品		千克	5 000	8	40 000.00	17%	6 800.00
合　　计					￥70 000.00		￥11 900.00
价税合计（大写）	捌万壹仟玖佰元整				（小写）￥81 900.00		
销售单位	名称：东方股份有限公司　纳税人识别号：3201101871171231　地址、电话：泰州大桥路76号 32987622　开户银行及账号：工行泰州分行 298675209871		备注				

收款人：　　　　复核：　　　　开票人：丁海波　　　　销货单位（章）

第二联　抵扣联　购货方扣税凭证

2—2

全国统一发票监制章
国家税务总局监制

江苏省增值税专用发票

3200098220

发票联

开票日期：2012 年 2 月 1 日

第
二
联
抵
扣
联

购
货
方
扣
税
凭
证

购货单位	名 称：泰州星辉股份有限公司 纳税人识别号：320200187755112 地址、电话：人名 路 598 号 63297110 开户行及账号：工行泰州分行234800009876					密码区	略		
货物及应税劳务的名称	规格型号	单位	数量	单价	金额		税率	税额	
甲产品		千克	3 000	10	30 000.00		17%	5 100.00	
乙产品		千克	5 000	8	40 000.00		17%	6 800.00	
合　　计					￥70 000.00			￥11 900.00	
价税合计（大写）		捌万壹仟玖佰元整			（小写）￥ 81 900.00				
销售单位	名称：东方股份有限公司 纳税人识别号：320110187117231 地址、电话：泰州大桥路 76 号 32987622 开户银行及账号：工行 泰州分行 298675209871					备注			

收款人： 复核： 开票人：丁海波 销货单位（章）

2—3

全国统一发票监制章
江苏省泰州市
地方税务局监制

公路、内河货物运输业统一发票（代开）

发票代码 219867611101
发票号码 00786112

开票日期2012年2月01日

机打代码 机打号码 机器编号	219867611101 00786112 0886755652		税控码	略	
收货人及 纳税人识别号	泰州星辉股份有限公司 320200187755112		承运人及 纳税人识别号	泰州高成物流有限公司 320110764544115	
发货人及 纳税人识别号	东方股份有限公司 320110187117231		主管税务机关 及代码	泰州地税局四分局	
运输项目及金额	货物名称 数量 （重量） 单位运价 计费里程 金额 甲货物乙货物 　　　　　　　　　　　1 600.00		其他项目及金额	费用 金额 保险费 400.00	备注：
运费小计	1 600.00		其他费用小计		400.00
合计(大写)	贰仟元整				
代开单位 及代码	泰州地税局四分局		扣缴税额、税率 完税凭证号码		

代开单位盖章： 开票人：刘小波

2—4

公路、内河货物运输业统一发票(代开)

抵 扣 联

发票代码 219867611101
发票号码 00786112

开票日期2012年2月01日

机打代码	219867611101	税	略	
机打号码	00786112	控		
机器编号	0886755652	码		
收货人及 纳税人识别号	泰州星辉股份有限公司 320200187755112	承运人及 纳税人识别号	泰州高成物流有限公司 320110764544115	
发货人及 纳税人识别号	东方股份有限公司 320110187117231	主管税务机关 及代码	泰州地税局四分局	
运输 项目 及 金额	货物名称 数量(重量)单位运价 计费里程 金额 甲货物乙货物　　　　　1 600.00	其他 项目 及 金额	费用 金额 保险费 400.00	备注:
运费小计	1 600.00	其他费用小计		400.00
合计(大写)	贰仟元整			
代开单位 及代码	泰州地税局四分局	扣缴税额、税率 完税凭证号码		

代开单位盖章:　　　　　　　　　　　　　　　　开票人:刘小波

2—5

运 杂 费 分 配 表

年 月 日

材料名称	分配标准	分配率	分配金额
合　　计			

复核:　　　　　　制单:

注:按材料重量比例分配

2—6

收 料 单

供货单位：东方股份有限公司　　　　　　　　材料类别：

发票号码：42001　　2012 年 2 月 1 日　　　　材料仓库：

材料编号	名称	单位	规格	数量		实际成本			
				应收	实收	单价	发票价格	运杂费	合计
	甲材料			3 000	3 000				
	乙材料			5 000	5 000				
备注：运费按材料的重量比例分配（分配率保留四位小数）									

收料人：周虹国　　　　　　　　　交料人：贝洪涛

【业务 3】（共 3 张凭证）

3—1

3200098220

江苏省增值税专用发票

抵扣联　　　　开票日期：2012 年 2 月 3 日

购货单位	名　　　称：泰州星辉股份有限公司 纳税人识别号：320200187755112 地址、电话：人民路 598 号 63297110 开户行及账号：工行泰州分行 234800009876					密码区	略	
	货物及应税 劳务的名称	规格 型号	单位	数量	单价	金额	税率	税额
	打印纸		令	20	50	1 000.00	17％	170.00
	合　　计					￥1 000.00		￥170.00
	价税合计（大写）	壹仟壹佰柒拾元整				（小写）￥1 170.00		
销售单位	名　　　称：泰州文化用品商品 纳税人识别号：32050000214311 地址、电话：泰州中山路 32 号 76909821 开户行及账号：工行泰州中山支行 298675209871					备注	现金付讫	

收款人：　　复核：　　开票人：杨立平　　销货单位（章）

第二联　抵扣联　购货方扣税凭证

3—2

3200098220

江苏省增值税专用发票

发票联　　　　　开票日期：2012 年 2 月 3 日

购货单位	名　称：泰州星辉股份有限公司 纳税人识别号：320200187755112 地址、电话：人民路 598 号 63297110 开户行及账号：工行泰州分行 234800009876	密码区	略			

货物及应税 劳务的名称	规格 型号	单位	数量	单价	金额	税率	税额
打印纸		令	20	50	1 000.00	17％	170.00
合　　计					￥1 000.00		￥170.00

价税合计（大写）	壹仟壹佰柒拾元整	（小写）￥1 170.00

销售单位	名　称：泰州文化用品商品 纳税人识别号：32050000214311 地址、电话：泰州中山路 32 号 76909821 开户行及账号：工行泰州中山支行 　　　　　　　298675209871	备注	现金付讫

收款人：　　　复核：　　　开票人：杨立平　　　销货单位（章）

第二联　抵扣联　购货方扣税凭证

3—3

办公用品领用单

2012 年 2 月 3 日

领用部门	物品名称	数量	领用人
基本生产车间	打印纸	5 令	
办公室	打印纸	15 令	
合计		20 令	

发放人：达卡　　　　　　审核：陈远

【业务 4】（共 2 张凭证）

4－1

工资结算汇总表

2011 年 1 月 31 日

项目	类别	应付工资	养老保险	医疗保险	失业保险	公积金	个人所得税	实发金额
车间	A 产品工人	215 000						
	B 产品工人	37 000						
	管理人员	50 000						
管理部门		60 000						
福利部门		36 000						
合计		398 000	31 840	7 960	3 980	39 800	4 000	310 420

编制：万江　　　　　　　　　审核：陈远

4－2

中国工商银行
现金支票存银 （苏）

EF

02 3276751

附加信息＿＿＿＿＿＿＿＿＿＿＿

＿＿＿＿＿＿＿＿＿＿＿＿＿＿＿

出票日期 2012 年 2 月 3 日

收款人：泰州星辉股份有限公司
金额：￥310 420.00
用途：支付职工工资
备注：（234800009876）

单位主管　　　　　　　　　会计

【业务5】（共2张凭证）

5—1

泰州市同城票据（借）方补充凭证　　　29140936

发报行名称：国库泰州支库　　2012年2月3日　　　　　　　提交号 5598

发报行行号	102	汇（提）出行行号		收报行行号	802	汇（提）入行行号	
付款人	账号	234800009876		收款人	账号	276000	
	名称	泰州星辉股份有限公司			名称	代报解共享收入	
金额：捌万贰仟元整						￥82 000.00	
事由：11204201103004789808					业务种类：国税		
备注	签发日期：20111203 支付密码：678274047 地方密押 原凭证号码						

　　汇（提）入行序号　5598　打印日期　20111203　打印流水号　008874　电脑打印
手工无效

5—2

泰州市同城票据（借）方补充凭证　　　29140937

发报行名称：国库泰州支库　　2012年2月3日　　　　　　　提交号 5599

发报行行号	102	汇（提）出行行号		收报行行号	802	汇（提）入行行号	
付款人	账号	234800009876		收款人	账号	276000	
	名称	泰州星辉股份有限公司			名称	代报解共享收入	
金额：壹万叁仟零贰拾元整						￥13 020.00	
事由：11204201103004780541					业务种类：地税		
备注	签发日期：20111203 支付密码：67827047 地方密押 原凭证号码						

　　汇（提）入行序号　5599　　打印日期　20111203　　打印流水号　008875　电
脑打印　　手工无效

【业务 6】（共 4 张凭证）

6—1

3200098220　　　　江苏省增值税专用发票

抵扣联　　　　　　　开票日期：2012 年 2 月 3 日

购货单位	名　　称：泰州星辉股份有限公司 纳税人识别号：320200187755112 地址、电话：人民路 598 号 63297110 开户行及账号：工行泰州分行 234800009876					密码区		略	
货物及应税 劳务的名称	规格 型号	单位	数量	单价	金额		税率	税额	
乙产品		千克	6 000	10	60 000.00		17％	10 200.00	
合　　计					￥60 000.00			￥10 200.00	
价税合计（大写）		柒万零贰佰元整			（小写）￥70 200.00				
销售单位	名　　称：华林公司 纳税人识别号：32050000214311 地址、电话：苏州大仓路 32 号 76909821 开户行及账号：工行苏州大仓支行 　　　　　　　298675209871					备注			

收款人：　　　　复核：　　　　开票人：杨立平　　　　销货单位（章）

6—2

3200098220　　　　江苏省增值税专用发票

发票联　　　　　　　开票日期：2012 年 2 月 3 日

购货单位	名　　称：泰州星辉股份有限公司 纳税人识别号：320200187755112 地址、电话：人民路 598 号 63297110 开户行及账号：工行泰州分行 234800009876					密码区		略	
货物及应税 劳务的名称	规格 型号	单位	数量	单价	金额		税率	税额	
乙产品		千克	6000	10	60 000.00		17％	10 200.00	
合　　计					￥60 000.00			￥10 200.00	
价税合计（大写）		柒万零贰佰元整			（小写）￥70 200.00				
销售单位	名　　称：华林公司 纳税人识别号：32050000214311 地址、电话：苏州大仓路 32 号 76909821 开户行及账号：工行苏州大仓支行 　　　　　　　298675209871					备注		现金付讫	

收款人：　　　　复核：　　　　开票人：杨立平　　　　销货单位（章）

6－3

货　票

计划号或运输号码　南京铁路局限性　丙联　承运及收款凭证：发运站　托运人

发站	苏州	到站（局）	泰州		车种车号		货车标重			托运人装车	
经由		货物运到期限	3		施封号码或铁路篷布号码			现付费用			
运价里程	500	集装箱箱型			保价金额		费别	金额	费别	金额	
托运人名称及地址		华林公司					运费	380	印花税	1	
收货人名称及地址		泰州星辉股份有限公司					电化费	30	铁建基金	12	
货物品名	品名代码	件数	货物重量	计费重量	运价号	运价率	取送车费		保价费	20	
乙材料		1	6 000KG	6 000KG	5						
合计			6 000KG	6 000KG							
集装箱号码											
记事							车费合计		￥443.00		

发站承运日期戳　2012 年 2 月 3 日

6－4

收　料　单

供应单位：华林公司　　　　2012 年 2 月 5 日　　　　编号：42002

材料编号	名称	单位	规格	数量		实际成本			
				应收	实收	单价	发票价格	运杂费	合计
	乙材料			6 000	5 990				

备注：短缺部分为定额内损耗

收料人：周虹国　　　　　　　　　　交料人：丁涛

【业务 7】（共 1 张凭证）

7—1

3200098220

江苏省增值税专用发票

记账联（此联不作扣税凭证）

开票日期：2012 年 2 月 6 日

购货单位	名　　称：天宏股份有限公司					密码区		略		
	纳税人识别号：320400005431112									
	地址、电话：无锡太湖路 34 号 54426222									
	开户行及账号：工行无锡新分行 65433652221									
货物及应税劳务的名称	规格型号	单位	数量	单价	金额		税率	税额		
A 产品 包装箱		件 只	2 000 20	500 80	1 000 000.00 1 600		17%	170 000.00 272		
合　　计					￥1 001 600.00			￥170 272.00		
价税合计（大写）　壹佰壹拾柒万壹仟捌佰柒拾贰元整　　　（小写）￥1 171 872.00										
销售单位	名　　称：泰州星辉股份有限公司					备注		现金付讫		
	纳税人识别号：320200187755112									
	地址、电话：人名路 598 号 63297110									
	开户行及账号：工行泰州分行 234800009876									

收款人：　　　复核：　　　开票人：　周围　　　销货单位（章）

第一联　抵扣联　销货方记账凭证

【业务 8】（共 1 张凭证）

8—1

无形资产处置申请单

2012 年 2 月 7 日

无形资产名称	原价	累计摊销	净值	处置原因
专利权（56 号发明专利）	100 000	90 000	10 000	该专利已陈旧
无形资产管理部门意见： 同意报废 2012 年 2 月 7 日	财务部门意见： 同意报废 2012 年 2 月 7 日		单位领导意见： 同意报废 2012 年 2 月 7 日	

【业务9】（共3张凭证）

9—1

公路、内河货物运输业统一发票（代开）

发　票　联　　　　发票代码 412860943210

国家税务总局监制　　发票号码 12107600

开票日期 2012 年 2 月 7 日

机打代码 机打号码 机器编号	412860943210 12107600 2302135601	税 控 码	略		第 一 联
收货人及纳 税人识别号	天宏股份有限公司 320400005431112	承运人及纳 税人识别号	无锡宏达物流有限公司 320200065412112		发票联
发货人及纳 税人识别号	泰州星辉股份有限公司 3210200187755112	主管税务机 关及代码	无锡地税局三分局		付款方记账凭证（手写无效）
运输 项目 及金额	货物名称 数量（重量）单位运价 计价里程　金额 A货物　　　　　　 1 300.00	其他项目 及金额	费用　金额	备注	
运费小记	￥1 300.00	其他费用小记			
合计（大写）	壹仟叁佰元整				
代开单位及代码	无锡地税局三分局	扣缴税额、税率 完税凭证号码			

代开单位盖章：　　　　　　　　　开票人：丁力

9—2

公路、内河货物运输业统一发票（代开）

抵　扣　联　　　　发票代码 412860943210

国家税务总局监制　　发票号码 12107600

开票日期 2012 年 2 月 7 日

机打代码 机打号码 机器编号	412860943210 12107600 2302135601	税 控 码	略		第 一 联
收货人及纳 税人识别号	天宏股份有限公司 320400005431112	承运人及纳 税人识别号	无锡宏达物流有限公司 320200065412112		抵扣联
发货人及纳 税人识别号	泰州星辉股份有限公司 3210200187755112	主管税务机 关及代码	无锡地税局三分局		付款方抵扣凭证
运输 项目 及金额	货物名称 数量（重量）单位运价 计价里程　金额 A货物　　　　　　 1 300.00	其他项目 及金额	费用　金额	备注	
运费小记	￥1 300.00	其他费用小记			
合计（大写）	壹仟叁佰元整				
代开单位及代码	无锡地税局三分局	扣缴税额、税率 完税凭证号码			

代开单位盖章：　　　　　　　　　开票人：丁力

9—3

中国工商银行

现金支票存银（苏）

EF

02 1287604

附加信息 _____

_____

_____

出票日期 2012 年 2 月 7 日

收款人：无锡宏达物流有限公司	
金额：￥1 300.00	
用途：销售商品运输费	
备注：（234800009876）	

　　　　单位主管　　　　　　　　　　会计

【业务 10】（共 2 张凭证）

10—1

无锡市同城票据（借）方补充凭证　　　　**29141081**

发报行名称：国库无锡支库　　　2012 年 2 月 8 日　　提交号 5590

发报行行号		102	汇（提）出行行号		收报行行号	802	汇（提入行行号）	
付款人	账号	234800009876			收款人	账号	276000	
	名称	泰州星辉股份有限公司				名称	代报解共享收入	
金额	壹拾柒万零叁佰肆拾肆元整（社保费）						￥170 344.00	
事由：11204201103004780541						业务种类：地税		
备注	签发日期 20111203 支付密码 67827047 地方密押 原凭证号码							

汇（提）入序号 5599 打印日期 20111215 打印流水号 08875 电脑打印 手工无效

10—2

中国工商银行

转账支票存根（苏）

EF　3276752

　　02

附加信息

出票日期 2012 年 2 月 8 日

收款人：住房公积金中心	
金额：¥79 600.00	
用途：公积金	
备注：（234800009876）	

　　　　单位主管　　　　　　　　　　会计

【业务 11】（共 2 张凭证）

11—1

中国工商银行　托收凭证

（受理回单）

委托日期　2012 年 2 月 9 日

业务类型	委托收款（□邮划　□电划）			托收承付（□邮划　□电划）				
收款人	全称	天元股份有限公司	付款人	全称	泰州星辉股份有限公司			
	账号	23870000234		账号	234800009876			
	地址	浙江省杭州市	开户行	地址	江苏省无锡市	开户行	工行泰州分行	
金额	人民币（大写）陆仟元整			亿 千 百 十 万 千 百 十 元 角 分 　　　　　¥ 6 0 0 0 0 0				
款项内容	银行承兑到期	托收凭据名称	银行承兑汇票	附寄单子张数	1 张			
商品发运情况		合同名称号码						
备注		款项收妥日期			收款人开户银行签章 2012 年 2 月 9 日			
复核　　记账		年　月　日						

11—2

中国工商银行　业务收费凭证

第二联　客户回执

2012 年 2 月 9 日

付款人：泰州星辉股份有限公司			账号　234800009876		
项目名称	工本费	手续费	电子汇划费	邮费费	金额
委托收款		28		2	30

【业务 12】（共 4 张凭证）

12—1

3200098220　　　江苏省增值税专用发票　　NO. 29110977

抵扣联　　　开票日期：2012 年 2 月 10 日

购货单位	名　　称：泰州星辉股份有限公司 纳税人识别号：320200187755112 地址、电话：人民路 598 号 63297110 开户行及账号：工行泰州分行 234800009876				密码区		（略）	
货物或应税劳务名称	规格型号	单位	数量	单价	金额	税率	税额	
机器设备维修费		台	20	900	18 000.00	17％	3 060.00	
合　　计					18 000.00		3 060.00	
价格合计（大写）		人民币贰万壹仟零陆拾元整　　（小写）￥21 060.00						
销货单位	名　　称：泰州人和维修公司 纳税人识别号：3205117744334356 地址、电话：泰州市人民路 8 号 开户行及账户：农行泰州新区支行 　　　　　　3576222099887				备注			

收款人：　　　复核：　　　开票人：宁海琴　　　销货单位（章）

第二联　抵扣联　购货方抵扣用

12—2

3200098220   江苏省增值税专用发票   NO. 29110977

发票联   开票日期：2012 年 2 月 10 日

购货单位	名　　称：泰州星辉股份有限公司 纳税人识别号：320200187755112 地址、电话：人民路 598 号 63297110 开户行及账号：工行泰州分行 234800009876				密码区		（略）		
货物应税劳务名称	规格型号	单位	数量	单价	金额		税率	税额	
机器设备维修费		台	20	900	18 000.00		17％	3 060.00	
合　　计					18 000.00			3 060.00	
价格合计（大写）		人民币贰万壹仟零陆拾元整　　　（小写）￥21 060.00							
销货单位	名　　称：泰州人和维修公司 纳税人识别号：3205117744334356 地址、电话：泰州市人民路 8 号 开户行及账户：农行泰州新区支行 　　　3576222099887				备注				

收款人：　　　复核：　　　开票人：宁海琴　　　销货单位（章）

第三联　发票联　购货方购凭证入账

12—3

建筑业统一发票（自开）

发票代码：232000910030

开票日期 2012 年 2 月 9 日　　　　　发票号码：0329330

机打代码	232000910030	密码区		
机打号码	0329330			
机器号码				
付款方名称	泰州星辉股份有限公司	纳税人识别号		
收款方名称	泰州人和维修公司	纳税人识别号		
工程项目名称	工程项目编号	结算项目	金额（元）	完税凭证号
厂房维修		房屋修缮	10 000.00	
合计金额（大写）壹万元整			￥10 000.00	
备注		主管税务机关及代码		

开票人：ADMN　　　　　开票单位签章：略

12—4

中国工商银行
转账支票存根（苏）

EF　3276754

02

附加信息 _____

_____

_____

出票日期 2012 年 2 月 9 日

收款人：泰州人和维修公司	
金额：￥31 060.00	
用途：维修费	
备注：（234800009876）	

单位主管　　　　　　　　　　　会计

【业务 13】（共 2 张凭证）

13—1

江苏省扬州市中级人民法院破产公告

申请人昌胜有限公司清算组申请被申请人昌胜有限公司破产还债一案，本院经审理查明，被申请人已停止经营，且严重资不抵债并不能清偿到期债务呈连续状态，符合破产条件，按破产清算程序及债务比例，从清算收益中支付泰州星辉股份有限公司欠款 10 000 元。依据《中华人民共和国民事诉讼法》第一百九十九条、第二百零一条之规定，本院于 2012 年 2 月 15 日裁定宣告被申请人破产。

特此公告

江苏省扬州市中级人民法院

二〇一二年二月十五日

13—2

中国工商银行进账单

(收账通知) 第 48595 号

2012 年 2 月 15 日

收款人	全称	泰州星辉股份有限公司	付款人	全称	昌胜有限公司清算组
	账号	234800009876		账号	
	开户银行	工行泰州分行		开户银行	

人民币 (大写) 壹万元整	亿	千	百	十	万	千	百	十	元	角	分
					¥	1	0	0	0	0	0	0

票据种类	支票	票据张数	一张	
票据号码		120855687		收款人开户行盖章
复核		记账		

【业务 14】(共 1 张凭证)

14—1

3200098220

江苏省增值税专用发票

记账联 (此联不作扣税凭证)

开票日期:2012 年 2 月 19 日

购货单位	名 称:无锡文峰股份有限公司 纳税人识别号:320400005431112 地址、电话:无锡惠山路 34 号 54426222 开户行及账号:招行无锡新分行 1233342245				密码区		略		第一联
货物及应税劳务的名称	规格型号	单位	数量	单价	金额	税率	税额		记账联
B 产品		件	1000	200	200 000.00	17%	34 000.00		销货方记账凭证
合 计					¥200 000.00		¥34 000.00		
价税合计(大写)	贰拾叁万肆仟元整				(小写)¥234 000.00				
销售单位	名 称:泰州星辉股份有限公司 纳税人识别号:320200187755112 地址、电话:人名路 598 号 63297110 开户行及账号:工行泰州分行 234800009876				备注	付款条件: 2/10 1/20 N/30			

收款人: 复核: 开票人:周围 销货单位(章)

【业务 15】（共 1 张凭证）

15－1

中国工商银行贷款还款凭证

打印日期 2012 年 2 月 20 日

客户号：

借款单位：泰州星辉股份有限公司

贷款账号	归还金额	OSP 余额	备注
	100 000.00	0	合同号 10229

金额合计（大写）人民币壹拾万元　　　　　　　　¥100 000.00

付款账号：234800009876

合同编号：10229

交易业务员：

　　开票：周游　　　　　　　记账　　　　复核

【业务 16】（共 1 张凭证）

16－1

中国工商银行贷款还息凭证

打印日期 2012 年 2 月 20 日

客户号：

借款单位：泰州星辉股份有限公司

贷款账号	还息金额	OSP 余额	备注
	416.67	0	合同号 10229

金额合计（大写）人民币肆佰壹拾陆元陆角柒分　　　¥416.67

付款账号：234800009876

合同编号：10229

交易业务员：

　　开票：周游　　　　　　　记账　　　　复核

【业务 17】（共 3 张凭证）

17－1

中国工商银行（存款）利息清单

币别：人民币　　　　　　　　　　　　　　2012 年 2 月 20 日

户名：泰州星辉股份有限公司			账号：234800009876		
计算项目	起息日	结息日	积数	利率	利息金额
					380.00
合计（大写）叁佰捌拾元正					

17—2

中国工商银行（存款）利息清单

币别：人民币　　　　　　　　　　　　　　　　　2012 年 2 月 20 日

户名：泰州星辉股份有限公司			账号：234800005566		
计算项目	起息日	结息日	积数	利率	利息金额
					50.00
会计（大写）伍拾元正					

17—3

中国工商银行（存款）利息清单

币别：人民币　　　　　　　　　　　　　　　　　2012 年 2 月 20 日

户名：泰州星辉股份有限公司			账号：234800009888		
计算项目	起息日	结息日	积数	利率	利息金额
					100.00
会计（大写）壹佰元正					

【业务 18】（共 2 张凭证）

18—1

经理办公会议纪要
企业拟以每股不高于 17 元的价格购入长江电力股票 5 000 股，划为交易性金融资产。
参加人员：张三　王小燕　刘进　孙东
2012 年 2 月 21 日

18—2

成交过户交割单 买

股东编号	234800005566	成交证券	长江电力
资金账号	泰州星辉股份	成交数量	5 000
公司名称	有限公司	成交价格	16.55
申报编号		成交金额	82 750
申报时间	2012 年 2 月 22 日	佣金	289.63
成交时间	2012 年 2 月 22 日	过户费	
上次余额	100 000	印花税	
本次成交	83 370.63	应收金额	331
本次余额	16 629.37	到期日期	83 370.63
本次库存		到期金额	

经办单位：　　　　　　　　　　　　　　　客户签章

【业务19】（共2张凭证）

19—1

江苏省泰州市通用发票

发票联

付款单位：泰州星辉股份有限公司

收款单位：泰州市金陵培训处

项目	单位	数量	单价	金额	备注
员工培训费				5 000.00	

开票日期：2012 年 2 月 23 日

19—2

中国工商银行
现金支票存银（苏）

EF

02 3276751

附加信息 _____

_____

出票日期 2012 年 2 月 23 日

收款人：泰州市金陵培训处
金额：￥5 000.00
用途：支付员工培训费
备注：（234800009876）

单位主管　　　　　　　　　　　　　会计

【业务 20】（共 1 张凭证）

20—1

固定资产处置申请单
2012 年 2 月 23 日

固定资产名称	设备 K	单位	台	型号	（略）	数量	1
资产编号	0038	停用时间	2012.2	购建时间	2002.10	存放地点	一车间
已提折旧月数	111 月	原值	20 000.00	累计折旧		17 574.63	
有效使用年限	10	月折旧额	158.33	净值		2 425.37	
处置原因：使用期满							
财务部门意见： 同意出售 　　　　　2012 年 2 月 23 日				公司领导意见： 同意出售 　　　　　2012 年 2 月 23 日			

编制人：李一　　　　　　　使用部门负责人：黄洪清

20－2

3200098220　　　　江苏省增值税专用发票　　　NO. 097766704

记账联（此联不作扣税凭证）

开票日期：2012 年 2 月 23 日

购货单位	名　　称：镇江北固山股份有限公司 纳税人识别号：320400005431112 地址、电话：镇江市丁山路 78 号码 543226452 开户行及账号：农行镇江分行 0765542222	密码区	略

货物及应税 劳务的名称	规格 型号	单位	数量	单价	金额	税率	税额
设备 K		台	1	2 000	2 000.00	4%	80.00
合　　计					￥2 000.00		￥80.00

价税合计（大写）	贰仟零捌拾元整	（小写）￥2 080.00

销售单位	名　　称：泰州星辉股份有限公司 纳税人识别号：320200187755112 地址、电话：人民路 598 号 63297110 开户行及账号：工行泰州分行 234800009876	备注	

收款人：　　　复核：　　　开票人：　周围　　　销货单位（章）

第一联　记账联　销货方记账凭证

【业务 21】（共 1 张凭证）

21－1

中国工商银行进账单

（收账通知）第 48596 号

2012 年 2 月 27 日

收款人	全称	泰州星辉股份有限公司	付款人	全称	无锡文峰股份有限公司
	账号	234800009876		账号	1233342245
	开户银行	工行泰州分行		开户银行	招行无锡新分行

人民币 （大写）贰拾叁万元整		亿	千	百	十	万	千	百	十	元	角	分
				￥2	3	0	0	0	0	0	0	0

票据种类	支票	票据张数	一张	
票据号码		120886762		收款人开户行盖章
复核		记账		

【业务 22】（共 2 张）

22－1

固定资产盘盈盘亏报告表

部门：管理部门　　　　　　　　　　　　　　　　　　　2012 年 2 月 28 日

固定资产编号	固定资产名称	盘　盈			盘　亏				原因
		数量	重置价值	估计已提折旧额	数量	原价	账面已提折旧	月折旧额	
	电脑				5	38 000	8 000	600	被盗
合　计									

制单：万江　　　　　　　　　复核人：　陈远

22－2

固定资产盘盈盘亏报告表

部门：管理部门　　　　　　　　　　　　　　　　　　　2012 年 2 月 28 日

固定资产编号	固定资产名称	盘　盈			盘　亏				原因
		数量	重置价值	估计已提折旧额	数量	原价	账面已提折旧	月折旧额	
	电脑				5	38 000			被盗
合　计									
处理意见	使用部门		清查小组			审批部门			
			经批准予以转销			同意：王建生			

制单：万江　　　　　　　　　复核人：　陈远

【业务 23】（共 4 张凭证）

23—1

3200098220　　　　　江苏省增值税专用发票　　　NO. 38665431

抵扣联　　　开票日期：2012 年 2 月 29 日

购货单位	名　　　称：泰州星辉股份有限公司 纳税人识别号：320200187755112 地址、电话：人民路 598 号 63297110 开户行及账号：工行泰州分行 234800009876	密码区	（略）

货物或应税劳务的名称	规格型号	单位	数量	单价	金额	税率	税额
电费		度	5 400	1	5 400.00	17%	918.00
合　计					5 400.00		918.00

价格合计（大写）	人民币陆仟叁佰壹拾捌元整　　（小写）￥6 318.00

销货单位	名　　　称：江苏电力公司无锡供电公司 纳税人识别号：320200002102541 地址、电话：无锡市新湖路 32 号 开户行及账户：工行无锡新湖路支行 　　　　　　28675209871	备注	

收款人：　　　复核：　　　开票人：张平　　　销货单位（章）

第二联　抵扣联　购货方抵扣用

23—2

3200098220　　　　　江苏省增值税专用发票　　　NO. 38665431

发票联　　　开票日期：2012 年 2 月 29 日

购货单位	名　　　称：泰州星辉股份有限公司 纳税人识别号：320200187755112 地址、电话：人民路 598 号 63297110 开户行及账号：工行泰州分行 234800009876	密码区	（略）

货物或应税劳务的名称	规格型号	单位	数量	单价	金额	税率	税额
电费		度	5 400	1	5 400.00	17%	918.00
合　计					5 400.00		918.00

价格合计（大写）	人民币陆仟叁佰壹拾捌元整　　（小写）￥6 318.00

销货单位	名　　　称：江苏电力公司无锡供电公司 纳税人识别号：320200002102541 地址、电话：无锡市新湖路 32 号 开户行及账户：工行无锡新湖路支行 　　　　　　28675209871	备注	

收款人：　　　复核：　　　开票人：张平　　　销货单位（章）

第三联　发票联　购货方作购凭证入账

23—3

中国工商银行
转账支票存根（苏）

EF 3276755

02

附加信息 _____

_____

出票日期 2012 年 2 月 29 日

收款人：江苏电力公司无锡供电公司	
金额：￥6 318.00	
用途：电费	
备注：（234800009876）	

单位主管　　　　　　　　　　　　　会计

23—4

电费分配表
2012 年 2 月 29 日

部门	度数	分配率	金额
车间	2 200		
行政管理部门	3 200		
合计	5 400		

【业务 24】（共 2 张凭证）

24—1

3200098220

江苏省增值税专用发票 NO. 097766704

记账联（此联不作扣税凭证）

开票日期：2012 年 2 月 29 日

购货单位	名　称：无锡江南股份有限公司 纳税人识别号：320400005431112 地址、电话：无锡市丁山路 78 号码 543226452 开户行及账号：农村无锡分行 0765542222				密码区	略		
货物及应税 劳务的名称	规格 型号	单位	数量	单价	金额	税率	税额	
甲材料		千克	1 000	20	20 000.00	17％	3 400.00	
合　计					￥20 000.00		￥3 400.00	
价税合计（大写）		贰万叁仟肆佰元整			（小写）￥23 400.00			
销售单位	名　称：泰州星辉股份有限公司 纳税人识别号：320200187755112 地址、电话：人名路 598 号 63297110 开户行及账号：工行泰州分行 234800009876				备注			

收款人：　　　复核：　　　开票人：　周围　　　销货单位（章）

第一联　发票联　销货方记账凭证

24—2

中国工商银行　　进　账　单（收款通知）3

2012 年 2 月 29 日

出票人	全称	无锡江南股份有限公司	收款人	全称	泰州星辉股份有限公司										
	账号	0765542222		账号	234800009876										
	开户银行	农行无锡分行		开户银行	工行泰州分行										
金额	人名币 （大写）贰万叁仟肆佰元整			亿	千	百	十	万	千	百	十	元	角	分
							￥	2	3	4	0	0	0	0
票据种类	支票	票据张数	一张												
票据号码	208876662														
复核　　　记账			开户银行签章												

【业务 25】（共 1 张凭证）

25—1

金融资产公允价值变动损益及资产减值损失计算表

2010 年 12 月 31 日

证券代码	证券名称	持有数量	账面价值	收盘价	市值	公允价值变动	资产减值损失
600324	长江电力			22			

制单：　万江　　　　　　　　复核人：　陈远

【业务 26】（共 1 张凭证）

26—1

坏账准备计算表

2012 年 2 月 29 日

期末应收款项余额（元）	计提比例	计提金额（元）
合　计		

制单：　万江　　　　　　　　复核人：　陈远

【业务 27】（共 1 张凭证）

27—1

材料发料汇总表

2012 年 2 月 29 日

用途＼类别	甲材料		乙材料		包装物		合计
	数量	金额	数量	金额	数量	金额	
A 产品	1 685		1 000				
B 产品	800		500				
车间	278						
企业管理部门			200				
销售材料销售包装物							
合　　计			1700				

制单：　万江　　　　　　　　复核人：　陈远

【业务 28】（共 1 张凭证）

28—1

工资费用分配表

2012 年 2 月 29 日

应借账户		直接计入	分配计入			合计
			生产工时	分配率	分配金额	
	A 产品		45 000			
	B 产品		5 000			
小　计					250 000	
	车间	90 000				
	企业管理人员	80 000				
	福利人员	72 000				
合　计		242000				

制单：　万江　　　　　　　　　复核人：　陈远

【业务 29】（共 1 张凭证）

29—1

五险一金计算表

2012 年 2 月 29 日

应借账户		工资总额	医疗保险 8%	养老保险 21%	失业保险 1%	生育保险 0.8%	工伤保险 1%	公积金 10%
	A 产品							
	B 产品							
小　计								
	车间							
	企业管理人员							
	福利人员							
合　计								

制单：　万江　　　　　　　　　复核人：　陈远

【业务30】（共2张）

30—1

工会经费计算表

2012年2月29日

工资总额	比例	金额
	2%	

编制：董坤　　　　　　　审核：周小清

30—2

职工教育经费计算表

2012年2月29日

工资总额	比例	金额
	2.5%	

【业务31】（共1张凭证）

31—1

固定资产折旧计算表

2012年2月29日

部门 ＼ 类别	房屋		机器设备等	
	原价	月折旧额	原价	月折旧额
生产车间	885 417	3 400	644 792	5 000
管理部门	390 625	1 500	28 479	200

制单：万江　　　　　　　复核人：陈远

【业务32】（共1张凭证）

32—1

制造费用分配表

2012年2月29日

应借账户		车间			合计
		生产工时	分配率	金额	
	A产品				
	B产品				
合　计					

制单：万江　　　　　　　复核人：陈远

【业务 33】（共 3 张凭证）

33—1

产品成本计算单

2012 年 2 月 29 日

产品名称 A　　　　　完工产品 2140 件　　　　　　　　　在产品 100 件

　　　　　　　　　　完工程度：50%　　　　　　　　　　投料方式：一次投料

摘要	直接材料	直接人工	制造费用	合计
期初在产品成本				
本月发生费用				
生产费用合计				
完工产品成本				
月末在产品成本				

制单：万江　　　　　　　　　复核人：陈远

33—2

产品成本计算单

2012 年 2 月 29 日

产品名称 B　　　　　完工产品 300 件　　　　　　　　　在产品 60 件

　　　　　　　　　　完工程度：50%　　　　　　　　　　投料方式：逐步投料

摘要	自制半成品	直接人工	制造费用	合计
期初在产品成本	1 250	3 200	208	4 658
本月发生费用				
生产费用合计				
完工产品成本				
月末在产品成本				

制单：万江　　　　　　　　　复核人：陈远

33—3

产成品入库汇总表

2012 年 2 月 29 日

产品编号	名称	规格	计量单位	数量	单价	金额	备注
	A		件	2140			

交库人：林达　　　　　　　　收货人：林立平

【业务 34】（共 2 张凭证）

34－1

单位产品成本计算表

2012 年 2 月 29 日

产品名称	期初产成品		本月完工产品		加权平均价
	数量	金额	数量	金额	
A 产品					
B 产品					

制单：　万江　　　　　　　　复核人：　陈远

34－2

产品成本结转表

2012 年 2 月 29 日

项目	A 产品			B 产品		
	数量（件）	单位成本	总成本	数量（件）	单位成本	总成本
销售						
合计						

制单：　万江　　　　　　　　复核人：　陈远

【业务 35】（共 2 张凭证）

35－1

应交消费税计算表

2012 年 2 月 29 日

应税消费额	税　率	税　额
合　计		

制单：　万江　　　　　　　　复核人：　陈远

35－2

应交增值税计算表

2012 年 2 月 29 日

增值税	金额
（一）销项税额	
（二）进项税额	
（三）应交增值税	

制单：　万江　　　　　　　　复核人：　陈远

【业务 36】（共 1 张凭证）

36－1

城市维护建设税，教育费附加计算表

2012 年 2 月 29 日

税种	应税项目	计税依据	税率	应交金额
城市维护建设税			7％	
	小计			
教育费附加			4％	
	小计			

制单：　万江　　　　　　　　复核人：　陈远

【业务 37】（共 1 张凭证）

37－1

月度应交所得税计算表

2012 年 2 月 29 日

项目	金额
利润总额	
税率（25％）	
应纳所得税额	

制单：　万江　　　　　　　　复核人：　陈远

【业务 38】（共 1 张凭证）

38－1

损益类账户发生额结转表

2012 年 2 月 29 日

账户名称	借方累计发生额	贷方累计发生额

制单　万江　　　　　　　　　复核人　陈远

科目汇总表

__年__月__日—__月__日

会计科目	本期借方发生额	本期贷方发生额	会计科目	本期借方发生额	本期贷方发生额
库存现金			承前页		
银行存款					
其他货币资金					
应收票据					
应收账款					
其他应收款					
坏账准备					
原材料					

续　表

会计科目	本期借方发生额	本期贷方发生额	会计科目	本期借方发生额	本期贷方发生额
库存商品			主营业务收入		
生产成本			其他业务收入		
制造费用			营业外收入		
固定资产			主营业务成本		
累计折旧			其他业务成本		
应付账款			营业税金及附加		
应付职工薪酬			管理费用		
其他应付款			销售费用		
应交税费			资产减值损失		
预收账款			所得税费用		
盈余公积					
本年利润					
利润分配					
过次页			合计		

制单：　　万江　　　　　　　　　　　　复核人：　　陈远

资产负债表

编制单位：　　　　　　　　　　年　月　日　　　　　　　　　单位：元

资产	期初数	期末数	负债和所有者权益	期初数	期末数
流动资产：	略		流动负债：	略	
货币资金			短期借款		
交易性金融资产			应付股利		
应收票据			应付票据		
应收账款			应付账款		
预付款项			预收款项		
应收利息			应付职工薪酬		
其他应收款			应交税费		
存货			应付利息		
一年内到期的非流动资产			其他应付款		
其他流动资产			一年内到期的非流动负债		
流动资产合计			其他流动负债		
非流动资产：			流动负债合计		
可供出售金融资产			非流动负债：		
持有至到期投资			长期借款		
长期股权投资			应付债券		

续　表

资产	期初数	期末数	负债和所有者权益	期初数	期末数
投资性房地产			长期应付款		
固定资产			预计负债		
在建工程			其他非流动负债		
工程物资			非流动负债合计		
固定资产清理			负债合计		
无形资产			所有者权益：		
开发支出			实收资本		
长期待摊费用			资本公积		
其他非流动资产			盈余公积		
非流动资产合计			未分配利润		
			所有者权益合计		
资产总计			负债和所有者权益合计		

公司法定代表人：　　　　　主管会计工作负责人：　　　　　会计机构负责人：

<h2 align="center">利　润　表</h2>

编制单位：　　　　　　　　　　年　月　　　　　　　　　金额单位：元

项目	本期金额
一、营业收入	
减：营业成本	
营业税金及附加	
销售费用	
管理费用	
财务费用	
资产减值损失	
加：公允价值变动收益（损失以"－"号填列）	
投资收益（损失以"－"号填列）	
二、营业利润（亏损以"－"号填列）	
加：营业外收入	
减：营业外支出	
其中：非流动资产处置损失	
三、利润总额（亏损以"－"号填列）	
减：所得税费用	
四、净利润（亏损以"－"号填列）	

公司法定代表人：　　　　　主管会计工作负责人：　　　　　会计机构负责人：

第十二章　账簿设置与登记训练

一、企业基本资料

（1）企业名称：镇江机床有限公司

（2）地址：江苏省镇江市金山路

（3）开户行：基本存款户　　工行镇江分行　　　　账号　2389005890

　　　　　　　纳税专户　　　建行镇江金山支行　　账号　5543334000

（4）会计核算形式：科目汇总表核算形式（按旬汇总）

二、企业 2012 年 1 月份有关账户数据如下

账户名称	借方发生额	贷方发生额	借方余额	贷方余额
库存现金			8 000	
银行存款——基本存款户			415 000	
银行存款——纳税专户			150 000	
应收账款——镇江星臣厂			50 000	
其他应收款——王宏达			5 000	
原材料—A 材料（单价 10 元）			125 750	
生产成本——甲产品（直接材料）			5 000	
生产成本——甲产品（直接人工）			3 000	
生产成本——甲产品（制造费用）			2 000	
库存商品——甲产品（单价 7 400 元）			740 000	
库存商品——乙产品（单价 5 000 元）			100 000	
应交税费——未交增值税				50 000
主营业务收入——甲产品		150 000		
主营业务收入——乙产品		80 000		
管理费用——办公费	5 000			
管理费用——差旅费	1 000			
管理费用——业务招待费	1 200			

续 表

账户名称	借方发生额	贷方发生额	借方余额	贷方余额
管理费用——修理费	1 500			
管理费用——折旧费	1 300			
管理费用——水电费	2 000			
管理费用——工资	5 000			
管理费用——五险一金	1 080			
管理费用——工会经费	100			
管理费用——职工教育经费	125			

存货按实际成本计价，存货发出成本用先进先出法计算。

三、该企业 2 月份发生如下业务

（1）1 日，签发转账支票向 B 企业购入 A 材料 25 000KG，单价 10 元，增值税 42 500 元。材料尚未入库。

（2）3 日，向 B 企业购进的 A 材料有 5 000KG 因质量不符合要求而退货，其余全部入库。

（3）3 日，向镇江星臣厂销售甲产品 20 台，单价 8 500 元，价款 17 000 元，增值税 28 900 元，款项未收。

（4）5 日，用银行存款——纳税专户交纳上月欠缴的增值税。

（5）10 日，从基本存款户中提取现金 210 000 元，发放工资。

（6）10 日，开出转账支票支付车间机器设备维修费 2 340 元（含税）。

（7）12 日，采用委托收款结算方式支付水电费 12 430 元，其中生产车间耗用 10 000 元，管理部门耗用 1 000 元，增值税率 13％。

（8）13 日，销售给镇江星臣厂的甲产品有 10 台不符合质量要求而退货，本次销售的余款已收。

（9）14 日，签发转账支票支付应由本厂负担的产品销售运输费 2 500 元，企业取得运输单原件，可抵 7％的进项税额。

（10）14 日，王宏达报销差旅费 5 300 元，余款已补付现金。

（11）15 日，向镇江星臣厂销售甲产品 50 台，单价 8 894 元，增值税率 17％，款项未收。

（12）16 日，因产品质量问题星臣厂提出给予 10％的折让。

（13）16 日，向镇江星臣厂销售乙产品 60 台，单价 6 000 元，增值税率 17％，消费税率 10％，收到对方转账支票一张，金额 200 000 元，余款未收。

（14）17 日，以基本存款户支付厂部办公费 900 元。

（15）18 日，购设备价款 10 000 元，增值税 1 700 元，款项已通过基本存款户支付。

（16）22 日，车间领用新周转材料 1 100 元（一次摊销法）。

（17）28 日，以基本存款户报销业务招待费 1 200 元。

（18）31 日，根据发出汇总表，本月领用 A 材料 60 000KG 用于甲产品生产，B 材料 9 000KG 用于乙产品生产，车间一般耗用 A 材料 1 000KG。

（19）31 日，分配本月职工工资，甲产品生产工人工资 100 000 元，乙产品生产工人工资 110 000 元，车间管理人员工资 40 000 元，行政管理人员工资 30 000 元，医务人员工资 10 000 元，公司分别按照职工工资总额的 10％、12％、2％和 10.5％计提医疗保险费、养老保险费、失业保险费和住房公积金。

（20）31 日，分别按工资总额的 2％与 2.5％计提工会经费与职工教育经费。

（21）31 日，计提固定资产折旧 15 000 元，其中生产车间 11 000 元，厂部 4 000 元。

（22）31 日，计算本月应付的车船使用税 1 000 元。

（23）31 日，签发转账支票购印花税税票 1 000 元。

（24）31 日，分配本月制造费用（按工时标准分配，甲产品 10 000 小时，乙产品 20 000 小时）。

（25）31 日，完工产品验收入库：甲产品 100 件，乙产品 94 件，无月末在产品。

（26）31 日，结转已售产品成本。

（27）31 日，盘亏 A 材料 500 元，转出进项税额 85 元。

（28）31 日，转出未交（或多交）增值税。

（32）31 日，结转损益类账户。

四、操作要求

按要求登记下列账户并结账。

（1）从倒数第六行开始登记"银行存款——基本户"日记账。

（2）从第八行始登记"银行存款总账"。

（3）从第一行始登记"应收账款——镇江星臣厂"明细账。

（4）从第一行始登记"原材料——A 材料"明细账。

（5）从第一行始登记"其他应收款——王宏达"明细账。

（6）从第一行始登记"制造费用"明细账。

（7）从第一行始登记先登记"生产成本——甲产品"明细账相关数据并接着登记本月"生产成本——甲产品"明细账。

（8）从第一行始登记先登记"管理费用"明细账相关数据并接着登记本月"管理费用"明细账。

（9）从第一行始登记先登记"主营业务收入"明细账相关数据并接着登记本月"主营业务收入"明细账。

（10）从第一行始登记"应交费用——应交增值税"明细账。

第十三章 错账更正的方法训练

星海公司 2012 年 4 月 30 日结账前的试算平衡表，尽管试算平衡表平衡，但在审核记账凭证时仍发现以下错误。

要求：（1）指出各笔错账的更正方法，并填制更正的记账凭证。

（2）编制正确的发生额试算平衡表，填入结账后发生额试算平衡表。

结账前发生额试算平衡表

2012 年 4 月 30 日

会计科目	本期发生额	
	借方	贷方
库存现金	30 000	
银行存款	1 622 000	
应收账款	150 000	
原材料	70 000	
库存商品	568 000	
固定资产	2 000 000	
累计折旧		900 000
无形资产	108 000	
其他应收款	7 000	
坏账准备		5 000
应付账款		300 000
短期借款		100 000
长期借款		1 000 000
实收资本		2 250 000
盈余公积		
合　　计	4 555 000	4 555 000

（1）2012 年 4 月 1 日，车间生产乙产品领用原材料 8 000 元。会计人员

根据领料单编制记账凭证如下：转 1 号：借：制造费用 8 000 贷：原材料 8 000 会计人员审核时，没有发现问题并据以登记入账。记账凭证编号为记字第 2 号。

错账更正方法是：

更正的记账凭证为：

记 账 凭 证

年 月 日　　　　　　　　　第 号

摘　要	总账科目	明细科目	借方金额										贷方金额										记账
			百	十	万	千	百	十	元	角	分	百	十	万	千	百	十	元	角	分	
附件共　张	合　　计																				

核准：　　　复核：　　　记账：　　　出纳：　　　制单：

记 账 凭 证

年 月 日　　　　　　　　　第 号

摘　要	总账科目	明细科目	借方金额										贷方金额										记账
			百	十	万	千	百	十	元	角	分	百	十	万	千	百	十	元	角	分	
附件共　张	合　　计																				

核准：　　　复核：　　　记账：　　　出纳：　　　制单：

（2）4 月 2 日，预付第二季度厂部保险费 2 000.00 元。记账凭证记作：借：应付账款 2 000 贷：银行存款 2 000 会计人员审核时，没有发现问题并据以登记入账。记账凭证编号为记字第 8 号。

错账更正方法是：

更正的记账凭证为：

记 账 凭 证

年　月　日　　　　　　　　　第　号

摘　要	总账科目	明细科目	借方金额 百 十 万 千 百 十 元 角 分	贷方金额 百 十 万 千 百 十 元 角 分	记账
附件共　张	合　　计				

核准：　　　复核：　　　记账：　　　出纳：　　　制单：

（3）4 月 16 日，购买激光打印机一台，价值 3 000 元，误作为原材料登记入账，当时登记该业务的记账凭证编号为记字第 50 号。

错账更正方法是：

更正的记账凭证为：

记 账 凭 证

年　月　日　　　　　　　　　第　号

摘　要	总账科目	明细科目	借方金额 百 十 万 千 百 十 元 角 分	贷方金额 百 十 万 千 百 十 元 角 分	记账
附件共　张	合　　计				

核准：　　　复核：　　　记账：　　　出纳：　　　制单：

记 账 凭 证

年　月　日　　　　　　　　　第　号

摘　要	总账科目	明细科目	借方金额 百 十 万 千 百 十 元 角 分	贷方金额 百 十 万 千 百 十 元 角 分	记账
附件共　张	合　　计				

核准：　　　复核：　　　记账：　　　出纳：　　　制单：

结账后发生额试算平衡表

2012 年 4 月 30 日

会计科目	本期发生额	
	借方	贷方
库存现金		
银行存款		
应收账款		
原材料		
库存商品		
固定资产		
累计折旧		
无形资产		
其他应收款		
坏账准备		
应付账款		
短期借款		
长期借款		
实收资本		
盈余公积		
合　计		

第十四章　银行存款余额调节表的编制训练

　　常州龙海公司 2012 年 4 月 30 日银行存款日记账的余额为 480 230 元，银行对账单的公司存款余额为 564 607 元。龙海公司出纳员在进行逐笔勾对时发现以下情况：

　　(1) 4 月 28 日，银行对账单上记录有银行代公司支付本月水电费 4 800 元，公司尚未收到委托收款结算凭证的付款通知。

　　(2) 4 月 28 日，公司委托银行托收的货款 78 000 元，银行对账单上已有记录，但公司尚未收到托收承付结算凭证的收款通知。

　　(3) 4 月 28 日，公司签发现金支票一张，面值 15 000 元，但未见银行对账单记录该项业务。

　　(4) 4 月 29 日公司在登记支付货款的银行汇票时，将金额 56 370 元误记为 56 730 元。

　　(5) 4 月 29 日银行把星海公司 10 753 元的付款支票误记到公司头上。

　　(6) 4 月 30 日公司以一张短期汇票向银行申请贴现，公司尚未入账，银行对账单已将其作为公司存款入账，金额为 7 356 元。

　　(7) 4 月 30 日银行已扣手续费 266 元，公司尚未入账。

　　(8) 4 月 30 日银行代付单位电信话费 560 元，公司尚未入账。

　　要求：(1) 调整双方账目存在错误。

　　(2) 编制银行存款余额调节表。

　　常州长虹五金厂 4 月 25 日以后的银行存款日记账记录与 4 月 30 日收到的银行对账单记录如下（假定 25 日之前的记录全部相符，双方银行存款账目记录全部正确）：

银行存款余额调节表

开户银行：　　　　　　账号：　　　　　　　　　　　年　月　日止

摘　要	入账日期 凭证号	金　额									摘　要	入账日期 凭证号	金　额								
		千	百	十	万	千	百	十	元	角	分			千	百	十	万	千	百	十	元	角	分
《银行存款日记账》余额												《银行对账单》余额											
加：银行已收，企业未收：												加：企业已收，银行未收											
1																							
2																							
3																							
4																							
5																							
减：银行已付，企业未付：												减：企业已付，银行未付：											
1																							
2																							
3																							
4																							
调节后余额												调节后余额											

财会主管：　　　　　　　　　　　制表：

银行存款日记账　（简）

月	日	凭证号	摘　　要	借方	贷方
4	25	略	略	200 000	
	26	略	销售给机械厂收到支票	23 400	
	27	略	购45号钢材料		5 850
	28	略	销售甲产品	18 000	
	29	略	销售乙产品收到支票	4 300	
	30	略	现金支票购买5台电脑		26 200

银行对账单　（简）

月	日	凭证号	摘　　要	借方	贷方
4	25	略	略		220 000
	26	略	水电费	2 300	
	27	略	机械厂货款		23 400
	28	略	支票付钢材款	5 850	
	29	略	甲产品货款		18 000
	30	略	银行存款利息收入		400

要求：核查未达账项，并据此编制银行存款余额调节表，填入下表。

银行存款余额调节表

开户银行：　　　　　　账号：　　　　　　　　　　年　月　日止

摘要	入账日期凭证号	金额										摘要	入账日期凭证号	金额									
		千	百	十	万	千	百	十	元	角	分			千	百	十	万	千	百	十	元	角	分
《银行存款日记账》余额												《银行对账单》余额											
加：银行已收，企业未收：												加：企业已收，银行未收											
1																							
2																							
3																							
4																							
5																							
减：银行已付，企业未付：												减：企业已付，银行未付：											
1																							
2																							
3																							
4																							
调节后余额												调节后余额											

财会主管：　　　　　　　　　　制表：

第十五章　科目汇总表、汇总记账凭证的编制训练

一、科目汇总表的编制

资料：苏州华速公司 2012 年 6 月份 1～10 日发生下列经济业务：

（1）1 日，从银行提取现金 1 000 元备用。

（2）2 日，华丰厂购进材料一批，已验收入库，货款 5 000 元，增值税进项税 850 元，款项尚未支付。

（3）2 日，销售给向阳工厂 A 产品一批，货款为 10 000 元，增值税销项税 1 700 元，款项尚未收到。

（4）3 日，厂部的王凌出差，借支差旅费 500 元，以现金付讫。

（5）4 日，车间领用甲材料一批，其中用于 A 产品生产 3 000 元，用于车间一般消耗 500 元。

（6）5 日，销售给华远公司 A 产品一批，货款为 20 000 元，增值税销项税 3 400 元，款项尚未收到。

（7）5 日从江南公司购进乙材料一批，货款 8 000 元，增值税进项税 1 360 元，款项尚未支付。

（8）6 日，厂部李青出差，借支差旅费 400 元，用现金付讫。

（9）7 日，以银行存款 5 850 元，偿还前欠华丰工厂的购料款。

（10）8 日，从银行提出现金 1 000 元备用。

（11）8 日，接银行通知，向阳厂汇来前欠货款 11 700 元，已收妥入账。

（12）8 日，车间领用乙材料一批，其中用于 A 产品 5 000 元，用于车间一般消耗 1 000 元。

（13）9 日，以银行存款 9 360 元，偿还前欠江南公司购料款。

（14）10 日，接银行通知，华远公司汇来前欠货款 23 400 元，已收妥入账。

要求：

①根据以上经济业务编制专用记账凭证。

②根据所编记账凭证编制科目汇总表。

科 目 汇 总 表

年 月 日至 日   汇字 号

借方发生额	√	会计科目	贷方发生额	√	记账凭证起讫号数
					现收凭证
					__号至__号
					现付凭证
					__号至__号
					银收凭证
					__号至__号
					银付凭证
					__号至__号
					转账凭证
					__号至__号
合 计					

二、汇总付款凭证和汇总转账凭证的编制

资料：见上述业务题所编的记账凭证（会计分录）。

要求：根据记账凭证（会计分录），编制银行存款科目的汇总付款凭证和原材料科目的汇总转账凭证。

汇总付款凭证

贷方科目：　　　　　　　　　　年　月　　　　　　　　汇付字第　　号

| 借方科目 | 金　　额 | | | | 总账页数 |
	1—10 日	11～20 日	21～31 日	合计	
合计					
附　　　件	(1) 自＿＿日至＿＿日＿＿凭证　共＿＿张				
	(2) 自＿＿日至＿＿日＿＿凭证　共＿＿张				
	(3) 自＿＿日至＿＿日＿＿凭证　共＿＿张				

会计主管：　　　记账：　　　审核：　　　制表：

汇总转账凭证

贷方科目：　　　　　　　　　　年　月　　　　　　　　汇付字第　　号

| 借方科目 | 金　　额 | | | | 总账页数 |
	1—10 日	11～20 日	21～31 日	合计	
合计					
附　　　件	(1) 自＿＿日至＿＿日＿＿凭证　共＿＿张				
	(2) 自＿＿日至＿＿日＿＿凭证　共＿＿张				
	(3) 自＿＿日至＿＿日＿＿凭证　共＿＿张				

会计主管：　　　记账：　　　审核：　　　制表：

第十六章　会计报表的编制训练

一、利用试算平衡表及相关资料编制会计报表

黄海公司 2012 年 4 月的余额试算平衡表如下：

余额试算平衡表

2012 年 4 月 30 日

会计科目	期末余额	
	借方	贷方
库存现金	740	
银行存款	168 300	
应收账款	85 460	
坏账准备		6 500
原材料	66 500	
库存商品	101 200	
存货跌价准备		1 200
固定资产	468 900	
累计折旧		3 350
固定资产清理		5 600
长期待摊费用	14 500	
应付账款		93 000
预收账款		10 000
长期借款		250 000
实收资本		500 000
盈余公积		4 500
利润分配		19 300
本年利润		12 150
合计	905 600	905 600

补充资料：

（1）应收账款有关明细账期末余额情况为：

应收账款——长城公司 借方余额 98 000

应收账款——海天公司 贷方余额 12 540

(2) 长期待摊费用中含将于一年内摊销的金额 8 000 元。

(3) 应付账款有关明细账期末余额情况为：

应付账款——白云公司 借方余额 5 000

应付账款——文创公司 贷方余额 98 000

(4) 预收账款有关明细账期末余额情况为：

预收账款——方正公司 借方余额 2 000

预收账款——华裕公司 贷方余额 12 000

(5) 长期借款期末余额中将于一年内到期归还的长期借款数为100 000元。

要求：请代黄海公司完成下列资产负债表的编制。

资产负债表 （简表）

制表单位：黄海公司　　　　　　2012 年 4 月 30 日　　　　　　单位：元

资产	期初数	期末数	负债所有者权益	期初数	期末数
流动资产：	略		流动负债：	略	
货币资金		(1)	应付账款		(9)
应收账款		(2)	预收账款		(10)
预付账款		(3)	一年内到期的非流动负债		(11)
存货		(4)	流动负债合计		(12)
一年内到期的非流动资产		8 000	非流动负债：		
流动资产合计		(5)	长期借款		150 000
非流动资产：			非流动负债合计		150 000
固定资产		(6)	负债合计		(13)
固定资产清理		−5 600	所有者权益：		
长期待摊费用		(7)	实收资本		500 000
非流动资产合计		466 450	盈余公积		4 500
			未分配利润		(14)
			所有者权益合计		(15)
资产总计		(8)	负债及所有者权益总计		908 490

请列出相关数据的计算过程

(1)

(2)

(3)

(4)

(5)

（6）

（7）

（8）

（9）

（10）

（11）

（12）

（13）

（14）

（15）

二、利用账户余额资料编制会计报表

光辉公司 2011 年 12 月末有关账户余额如下（该企业利润采用表结法核算）。单位：元

账户名称	借方余额	账户名称	贷方余额
库存现金	355	短期借款	10 000
银行存款	3 160 000	应付票据	190 000
其他货币资金	2 725	应付账款——三环厂	1 076 600
交易性金融资产	741 800	应付账款——三洋厂	−29 200
应收票据	20 000	应交税费	−9 515
应收股利	95 000	应付职工薪酬	49 680
应收利息	10 000	应付股利	130 000
应收账款——星臣厂	87 100	应付利息	5 000
应收账款——光明厂	−175 000	其他应付款	78 000
坏账准备——应收账款	−8 000	递延所得税负债	4 000
其他应收款	41 027	长期借款	1 003 000
坏账准备——其他应收款	−1 060	其中：一年内到期	120 000
材料采购	2 100	应付债券	80 000
原材料	90 000	长期应付款	537 000
材料成本差异	−675	未实现融资费用	−26 000
周转材料——低值易耗品	1 000	实收资本	3 800 000
周转材料——包装物	2 000	资本公积	1 530 000
生产成本——甲产品	3 840	盈余公积	1 895 522
库存商品	977 550	利润分配	585 944
存货跌价准备	−40 985	主营业务收入	4 000 000
长期股权投资	500 000	其他业务收入	400 000

续　表

账户名称	借方余额	账户名称	贷方余额
其中：一年内到期的	100 000	投资收益	−13 000
长期股权投资减值准备	−10 000	公允价值变动损益	155 000
可供出售金融资产	160 000	营业外收入	170 000
持有至到期投资	140 000	主营业务成本	−2 400 000
投资性房地产	250 000	其他业务成本	−40 000
投资性房地产累计折旧	−50 000	营业税金及附加	−5 780
投资性房地产减值准备	−8 000	销售费用	−20 000
在建工程	1 010 000	管理费用	−332 000
固定资产	6 108 300	财务费用	43 000
累计折旧	−900 000	资产减值损失	−17 960
固定资产减值准备	−22 901	营业外支出	−49 400
无形资产	173 000	所得税费用	−486 715
累计摊销	−122 000		
无形资产减值准备	−4 000		
长期待摊费用	80 000		
合计	12 313 176	合计	12 313 176

要求：编制相关报表

资　产　负　债　表

编制单位：　　　　　　年　月　日　　　　　　　　　　　单位：

资产	期末余额	期初余额	负债及所有者权益	期末余额	期初余额
流动资产：			流动负债：		
货币资金			短期借款		
交易性金融资产			交易性金融负债		
应收票据			应付票据		
预付账款			应付账款		
其他应收款			预收账款		
应收利息			应付职工薪酬		
应收股利			应交税费		
存货			应付利息		
一年内到期非流动资产		略	应付股利		略
其他流动资产			其他应付款		
流动资产合计			一年内到期非流动负债		
非流动资产：			其他流动负债		
可供出售的金融资产			流动负债合计		

续　表

资产	期末余额	期初余额	负债及所有者权益	期末余额	期初余额
持有至到期的投资			非流动负债：		
长期应收款			长期借款		
长期股权投资			应付债券		
固定资产			递延所得税负债		
在建工程			其他非流动负债		
工程物资			非流动负债合计		
固定资产清理			负债合计		
无形资产			所有者权益：		
商誉			实收资本		
长期待摊费用			资本公积		
递延所得税资产			盈余公积		
其他非流动资产			未分配利润		
非流动资产合计			所有者权益合计		
资产总计			负债及所有者权益合计		

利　润　表

编制单位：　　　　　　　　　　　年　月　　　　　　　　　　　单位：

项　目	本期金额	本年累计
一、营业收入		
减：营业成本		
营业税金及附加		
销售费用		
管理费用		
财务费用		
资产减值损失		
加：公允价值变动收益		
投资收益		
二、营业利润		
加：营业外收入		
减：营业外支出		
三、利润总额		
减：所得税费用		
四、净利润